HUMANITIES AND SOCIETY

苏联的心灵

共产主义时代的俄国文化

Isaiah Berlin

[英国] 以赛亚 · 伯林 著　潘永强 刘北成 译

译林出版社

图书在版编目（CIP）数据

苏联的心灵/（英）伯林（Berin, I.）著；（英）哈代编；潘永强，刘北成译．—南京：译林出版社，2010.7（2024.8 重印）
（人文与社会译丛/刘东主编）
书名原文：The Soviet Mind
ISBN 978-7-5447-1147-0

Ⅰ.苏… Ⅱ.①伯… ②潘… ③刘… Ⅲ.文化史－研究－苏联
Ⅳ.K512.03

中国版本图书馆 CIP 数据核字（2009）第 233929 号

著作权合同登记号 图字：10-2015-548 号

苏联的心灵 ［英国］以赛亚·伯林 / 著 潘永强 刘北成 / 译

责任编辑 陶泽慧
装帧设计 胡 苨 黄 晨
责任印制 董 虎

原文出版 Brookings Institution Press, 2004
出版发行 译林出版社
地 址 南京市湖南路 1 号 A 楼
邮 箱 yilin@yilin.com
网 址 www.yilin.com
市场热线 025-86633278
排 版 南京展望文化发展有限公司
印 刷 江苏凤凰扬州鑫华印刷有限公司
开 本 880 毫米 × 1230 毫米 1/32
印 张 9.625
插 页 2
版 次 2010 年 7 月第 1 版
印 次 2024 年 8 月第 8 次印刷
书 号 ISBN 978-7-5447-1147-0
定 价 59.00 元

主 编 的 话

刘 东

总算不负几年来的苦心——该为这套书写篇短序了。

此项翻译工程的缘起,先要追溯到自己内心的某些变化。虽说越来越惯于乡间的生活,每天只打一两通电话,但这种离群索居并不意味着我已修炼到了出家遁世的地步。毋宁说,坚守沉默少语的状态,倒是为了咬定问题不放,而且在当下的世道中,若还有哪路学说能引我出神,就不能只是玄妙得叫人着魔,还要有助于思入所属的社群。如此嘈嘈切切鼓荡难平的心气,或不免受了世事的恶刺激,不过也恰是这道底线,帮我部分摆脱了中西"精神分裂症"——至少我可以倚仗着中国文化的本根,去参验外缘的社会学说了,既然儒学作为一种本真的心向,正是要从对现世生活的终极肯定出发,把人间问题当成全部灵感的源头。

不宁惟是,这种从人文思入社会的诉求,还同国际学界的发展不期相合。擅长把捉非确定性问题的哲学,看来有点走出自我囿闭的低潮,而这又跟它把焦点对准了社会不无关系。现行通则的加速崩解和相互证伪,使得就算今后仍有普适的基准可言,也要有待于更加透辟的思力,正是在文明的此一根基处,批判的事业又有了用武之地。由此就决定了,尽管同在关注世俗的事务与规则,但跟既定框架内的策论不同,真正体现出人文关怀的社会学说,决不会是医头医脚式的小修小补,而必须以激进亢奋的姿态,去怀疑、颠覆和重估全部的价值预设。有意思的是,也许再没有哪个时代,会有这么多书生想要焕发制度智慧,这既凸显了文明的深层危机,又表达了超越的不竭潜力。

于是自然就想到翻译——把这些制度智慧引进汉语世界来。需要说明的是,尽管此类翻译向称严肃的学业,无论编者、译者还是读者,都会因其理论色彩和语言风格而备尝艰涩,但该工程却绝非寻常意义上的“纯学术”。此中辩谈的话题和学理,将会贴近我们的伦常日用,渗入我们的表象世界,改铸我们的公民文化,根本不容任何学院人垄断。同样,尽管这些选题大多分量厚重,且多为国外学府指定的必读书,也不必将其标榜为“新经典”。此类方生方成的思想实验,仍要应付尖刻的批判围攻,保持着知识创化时的紧张度,尚没有资格被当成享受保护的“老残遗产”。所以说白了:除非来此对话者早已功力尽失,这里就只有激活思想的马刺。

主持此类工程之烦难,足以让任何聪明人望而却步,大约也惟有愚钝如我者,才会在十年苦熬之余再作冯妇。然则晨钟暮鼓黄卷青灯中,毕竟尚有历代的高僧暗中相伴,他们和我声应气求,不甘心被宿命贬低为人类的亚种,遂把迻译工作当成了日常功课,要以艰难的咀嚼咬穿文化的篱笆。师法着这些先烈,当初酝酿这套丛书时,我曾在哈佛费正清中心放胆讲道:“在作者、编者和读者间初步形成的这种‘良性循环’景象,作为整个社会多元分化进程的缩影,偏巧正跟我们的国运连在一起,如果我们至少眼下尚无理由否认,今后中国历史的主要变因之一,仍然在于大陆知识阶层的一念之中,那么我们就总还有权想像,在孔老夫子的故乡,中华民族其实就靠这么写着读着,而默默修持着自己的心念,而默默挑战着自身的极限!”惟愿认同此道者日众,则华夏一族虽历经劫难,终不致因我辈而沦为文化小国。

一九九九年六月于京郊溪翁庄

共产主义教育工作者的任务……主要是斯大林所谓的(人类灵魂)工程师的任务，亦即，对人进行调试，使得人们只会提出很容易获得答案的问题，让人们在成长过程中因最小的摩擦而顺其自然地适应所处的社会……好奇心本身、个人独立探索精神、创造和思考美好事物的愿望、寻求真理本身的愿望、追求某些目的的愿望(这些目的本身确是人类的目的，能够满足我们天性中某些深层欲望)，都是有害的，因为它们会扩大人们之间的差异，而不利于一个整体性社会的和谐发展。

以赛亚·伯林，《民主、共产主义和个人》
在曼荷莲女子学院的讲演，1949 年

目　录

导　言

斯特罗布·塔尔博特[①]

以赛亚·伯林相信观念起着非凡的作用，它不仅仅是知识分子头脑里的产物，而且是制度的创造者、治国的指南、政策的制定者，是文化的灵感和历史的引擎。这让他成为华盛顿布鲁金斯学会和其他同类机构的偶像人物。不论这些组织有何区别，它们都专注于观念在公共生活中的重要作用。它们的工作就是思考我们所处的社会、国家和世界所面临的最棘手的问题——并寻求解决之道。因此它们又被称为智库。

提起这些机构（和它们的昵称），伯林或许会嗤之以鼻，主要因为他对美国佬典型的自以为是，认为所有的问题都有答案，任何问题都能被彻底地解决表示怀疑。但偶尔造访一下马萨诸塞大街1775号我们自己的办公楼，伯林大概会很乐意。他会有种宾至如归的感觉，从1942年到1946年，他就一直在马萨诸塞大街3100号英国外交部供职。作为一位无与伦比、精力过人的健谈者，他会发现一层的餐厅格外让人惬意。每天中午到下午两点，那里总是汇聚了许多布鲁金斯的学者和其他来自智库大街的专家，他们经常聚集在一起，利用午餐时间将自己新出炉的想法当场拿出来探讨。如果以赛亚爵士也能加入我们中间，那该多么令人

① 斯特罗布·塔尔博特（Strobe Talbott），1946年4月生于美国俄亥俄州代顿市，原美国布鲁金斯学会主席，1994—2001年曾任克林顿政府的助理国务卿。——译注

兴奋,因为伯林既能给别人带来愉悦又懂得欣赏别人的快乐,愉悦本身也是生活——包括精神生活——的一个组成部分。他的继子彼得·哈尔本(Peter Halban)还记得伯林教他用俄式玩法玩挑圆片的游戏。他热衷
xi 于玩文字游戏,爱讲故事,喜欢闲聊。他对人类状况的评点总是随心所欲而又幽默风趣。

伯林或许也会很乐意在三层的图书馆待上一阵。在他看来,像文明、国家以及个人的观念大多来自我们的祖先。这些观念通过书籍流传下来。他没有把自己称作哲学家,而是自称为观念史学家。他并没有把自己看作是新真理的传播者,而是把自己当作古老真理的研究者、评论者、综合者和阐释者。他崇尚学问——重视对经验证据的分析、对前人研究的体味,把握它在当时和当下的内涵。

所有了解伯林的人,无论是直接与他本人接触还是通过他的著作,都会把他和一种品质联系起来,那就是思想开放。他不仅仅尊重他人的观点,而且尊重现实的复杂性——包括道德的复杂性。"多元主义",在他的词汇中,是少有的几个带此后缀而具有积极含义的词语。其他的各种"主义"不是让人怀疑就是令人厌恶。他是一位开明和宽容精神的提倡者,正是出于这种精神,共同体——比如大学的公共休息室,聚居的市民或民族——才会欢迎各种不同甚至通常相互冲突的真、善、美观念存在。

我最后一次见到伯林是在1994年,也就是在他逝世之前的两年多一些的时候。当时我正供职于国务院并在牛津举办了一次讲座,讲的是推进民主乃是美国外交政策的一项目标。从讲台上看下来,见他就坐在那里,我真的很紧张。他坐在前排,一身长袍,双目注视着我,眉似拱月。我的演讲结束后,他径直朝我走来,略带礼貌地向我提出他欣赏的一则忠告,但我怀疑提出这一忠告的政治家本人——塔列朗[①]——并非是他

① 塔列朗(全名为Charles Maurice de Talleyrand-Périgord,1754—1838),法国近代著名政治家、外交家。在外交上主张"民族国家利益至上"、"天然疆界"和"势力均衡"。——译注

所喜欢的那种人。“决不要太热情”(“Surtout pas trop de zèle”),他对我说。我当时感觉他并不是在指责我,而是让我明白他对凡是美国的都好得不得了这种论调的反感,自然也包括我们的外交政策。

他所谓的“目标冲突的不可避免性”,按他的话说,乃是“迄今为止我所能发现的唯一真理”。[①]“有些至高的善(the Great Goods)是无法共存的……我们注定要选择,而每一次选择势必会伴随着无法弥补的损失。”[②]可以说这是他的多元主义以及自由主义概念的一种推演。 xii

因此,对他而言,一切有意思的问题都是两难选择。唯一比犯错误还更糟糕的是认为你不可能犯错误。他确信我们不可避免地要面对那些我们不情愿看到的、有可能带来危害的结果,尽管我们确信我们做出了正确的选择。

假如伯林在这个问题上到此为止,那么他将置我们所有人——包括我们中从事智库这一行的人——于死胡同:道德的缺位、智识的缺失,更别提长期的迟疑不决。

但他并没有让我们面对这样的困境。他指出选择虽难但并不意味着我们可以不必做选择。即便意识到是一个悖论但也不能作为我们含糊、迟疑或不作为的借口。我们必须权衡利弊并决定下一步的行动。如果我们不这样做,别人就会做出决定,而这样做的那些人,他们的行动很可能是建立在这种或那种致命的**主义**基础之上的。总之,他相信,做出选择,尤其是做出艰难的选择,乃是“人之为人”的实质部分。

刺猬与狐狸,这个曾被他用作文章标题的短语,或许是伯林关于世界和人性的观念中最著名的一个短语。它源于古希腊诗人阿尔基洛科斯(Archilochus)的诗歌片段:“狐狸多机巧,刺猬仅一招。”伯林拿这句格

① 致让·弗洛(Jean Floud)的信,1968年7月5日;引自迈克尔·伊格纳季耶夫所著的《伯林传》(纽约/伦敦,1998),第246页。

② 《理想的追求》,引自《扭曲的人性之材》,亨利·哈代主编(伦敦,1990),第13页。

言来形容历史上的重要人物时,并没有厚此薄彼的意思。每个人都兼有这两种动物的特质,尽管所占比例和相互影响的程度不同。在这个意义上,这句格言并不很适合做一种适意生活的标签,因为伯林对任何口号和秘方都持谨慎的态度。

然而,他确然也有自己的一个大观念——他个人刺猬的一面——这(也是恰如其分地)有些自相矛盾,那就是对大观念的戒备心,尤其是当这些观念为政治领导人所利用的时候。

xiii 与多元论相对的是一元论。一元论主张像我们是谁、我们该怎么办、我们该如何统治和被统治这类问题都有唯一正确的答案。一旦掌权者声称对真善美拥有绝对的解释权,邪恶便会产生。一元论是在历史上引发巨大灾难的各种**主义**的共同理论基础,包括20世纪的两种极权主义。一个与希特勒的名字相连,另一个则与斯大林有关。在伯林论述苏联政治和文化的文章,包括1953年这位独裁者死后写的那些文章里,斯大林总是赫然浮现在背景中,有时则出现在前台。

乔治·凯南在仔细阅读了本书的手稿之后这样说道:“我一直把以赛亚,我在牛津几次短暂的居住期间与他有过非常亲密的交往,看作不仅仅是他那个时代最杰出、最重要的批判性知识分子,而且可谓是俄国问题尤其是俄国文学和政治评论界的一尊守护神。”

从种族上说,伯林本人并非俄罗斯人而是犹太人(在俄国社会里这一区别意味深长);确切地说,他也不是出生在俄国而是出生在位于帝国边缘的里加;当他举家从彼得格勒迁往英国的时候,他还是一个十一岁的孩子,而他在英国度过了他漫长的一生;而且他也仅仅回过俄国三次。但这并不影响他成为对这个国家的许多方面富有独到见地的观察家。早在孩提时代,他便能够在父亲的书房里尽情浏览用皮面装帧的托尔斯泰、屠格涅夫以及普希金的作品,在马林斯基剧院聆听夏里亚宾(Chaliapin)演唱鲍里斯·戈杜诺夫(Boris Godunov)的角色。当然,他没有忘记这门语言,这让他能够接近所有那些苏联的、苏联之前的、苏联之后的、非苏联的甚至反苏联的各种思想。他本人的思想以及我们将要读到的这本书无不受到这些思想的影响。

尽管伯林本人的思想贯穿几个世纪，关照整个人类，但他终其一生从未间断过思考、阅读、聆听、谈论、写作与俄国有关的问题，不仅把它当作一个伟大文化的发祥地，也把它看作是一元论恐怖实验的试验场。

在思索这场实验最终将向何处去时，伯林反对历史必然性的观点，因为在他看来这本身便是一种一元论。相反，他坚信所谓多元的可能 xiv
性。其中一种可能是，随着时间的推移，俄国将会打破自身的历史羁绊。他是在1945年，即在他与诗人阿赫玛托娃初次会面后不久表达这一主张的，并将其记录在《访问列宁格勒》和《与阿赫玛托娃和帕斯捷尔纳克的谈话》这两篇文章里。他从列宁格勒返回莫斯科的英国大使馆，当时他正在大使馆工作，并给伦敦的外交部写了一篇生动的报道。在这篇报道里他表达了一种期待，期待伟大而又充满活力的俄罗斯文化将经受住甚至最终战胜那些由“极为可恨的专制制度”所带来的一切“错误、荒谬、罪恶乃至灾难”；换句话说，俄国二元论中至善的一面终将战胜邪恶的一面。

阿赫玛托娃把伯林写进她的代表作《没有主人公的长诗》中，并称他为“来自未来的客人”。而在现实生活中，他本人却没有预言的能力。他没有想过自己能比苏联活得更长。1952年，在收入本书的一篇文章中，他提出了“人为的辩证法”的概念，他认为，共产党路线巧妙而具有策略的灵活性决不允许“整个制度变得太过疲软而无效，也不会放任其过分紧张而走向自我毁灭”。这是“斯大林元帅的原创，是他对统治术的主要贡献”——也是独裁者的一种生存之道。他担心发生这样的情况：

> 只要苏联的统治者继续熟练地掌控着统治机器并不断地从他们的秘密警察那里获得足够的情报，那么令人沮丧的独裁以及对其他人的肆意摆布似乎未必一定会导致政权内部的瓦解，甚至是

> 统治者智力和意志的衰退……尽管这一庞大的统治机器可能困难重重、危机四伏，但我们决不要低估它成功生存下去的能力。它的未来可能还不确定，甚至还不稳固；它可能犯错误，可能翻船，可能循序渐进也可能疾风骤雨，但是除非人性的善良一面得以彰显，否则它未必注定会失败。

某些人可能从这一论断中找到证据，证明伯林没有预见到将要降临的灾难，或者不如凯南那么具有远见。凯南早在1947年便已经觉察出
xv 苏维埃社会主义联盟的发展趋势，“它们最终必须找到自己的出路，要么解体，要么苏维埃政权变得日益成熟”[①]。

还有另一种解释或许更为贴近伯林那段话的意思。一方面，在斯大林统治的最后一年，苏联的高墙表面上看起来要比文字描写的坚固得多。另一方面，“未必注定会失败”不一定就意味着病入膏肓，也并不能证明它完全健康。总之，确切地说，伯林不相信必然性——正如约吉·贝拉(Yogi Berra)所说，尤其是有关未来的命运。

1968年夏天，也就是苏联的坦克开进捷克斯洛伐克镇压“布拉格之春”后不久，我采访了伯林。他说起话来语速飞快，语言华丽、渊博而又不失明晰。他谈到这次入侵恰恰证明了一个如此依赖强权的政权是多么的虚弱，这恰恰暴露出苏联体制及其意识形态的“衰弱”。

然而他仍然预期这种体制还将延续很长一段时间，我本人，实际上包括我认识的所有人都有类似的看法。1980年代中期，玛格丽特·撒切尔指责伯林正在变成一个悲观主义者，因为当时他认为要想在莫斯科发生我们今天所谓的“政权更替”这样的事情，除非发动一场战争。

---

① 《苏联行为的根源》(“The Sources of Soviet Conduct”)，《外交事务》25 No 4(1947年7月)，第566—582页，见第582页。此文以“X”为笔名发表，编辑对伯林的解释是“我们普通的匿名文章作者一般只标一个首字母”(见下文第xxxvi页——中文版编者按：见本书边码，下同)。

即便在1989年这个奇迹发生之年——高墙(不论是文字意义上还是实际意义上)轰然倒塌——其他人看到了历史的终结,而伯林却不打算宣布有任何东西要终结。在《不死的俄国知识分子》一文中,他为那些为蔓延于苏联各个加盟共和国的和平革命做出贡献的俄国人欢呼。他写道:他们是"一个伟大的民族,他们拥有无穷的创造力,一旦获得自由,说不准他们会给世界带来什么样的惊喜呢"。

但是即使在他处于,按他的话说,对中欧正在发生的事情"既惊讶又振奋又幸福"的时候,他想起了波拿巴夫人作为一代皇帝、三位国王和一位王后之母(即拿破仑及其兄弟、妹妹的母亲)接受朝贺时说的一句话:"Oui, pourvu que ça dure."("要是能一直这样下去就好了。")文章 xvi
的篇末再次重申了这种警示,它是这样结尾的:"出现一种新的野蛮状态并非没有可能,但目前我还看不到有任何迹象。邪恶终将被战胜,奴役正在走向灭亡,人类有理由为这一切而感到自豪。"

他相信历史,包括观念的历史,始终是在"不断进步"的。当历史看起来正朝着进步的方向前进时,我们可以承认甚至颂扬这种进步,但切莫过分地热情或绝对地肯定。

但是完全可以肯定地这样说:能与本书的出版沾上边是我们所有人的一个莫大荣幸。

与大多数由布鲁金斯出版的书相同,本书也是共同合作的成果。除了要感谢布鲁金斯出版社主编鲍勃·法赫蒂(Bob Faherty)之外,我还想表达我们对牛津大学沃尔夫森学院的亨利·哈代的感激,是他对伯林的这些文章、演讲和其他作品进行了编辑。哈代以其一贯的细致和技巧完成这项工作,在此之前他已经编辑完成了十四部伯林的作品集,其中的五部是在1997年伯林逝世后完成的。还有更多的伯林作品即将面世,第一本是伯林书信集第一卷(1928—1946),该书将和本书在同一季出版。

我和亨利都对艾琳·伯林(Aline Berlin)支持这项出版计划并和彼

得·哈尔本一道促成对书稿的圆桌讨论表示赞赏。于2003年7月7日召集的这次圆桌讨论得到了圣安东尼学院的大力支持。如果没有院长马拉克·古尔丁(Marrack Goulding)爵士和学院公共关系与发展事务办公室主任波莉·弗里德霍夫(Polly Friedhoff)的热情关照,举行这样的讨论是不可能的。这次讨论会聚集了许多学者以及伯林生前的同事和朋友,他们与我们共同分享了他们对伯林的回忆以及对伯林著作的理解。参加讨论会的还有:罗德里克·布雷思韦特(Rodric Braithwaite)爵士、阿奇·布朗(Archie Brown)教授、曹意强教授、拉里莎·哈斯克尔(Larissa Haskell)、卡米拉·霍恩比(Camilla Hornby)、彼得·奥本海默(Peter Oppenheimer)教授、亚历克斯·普拉芙达(Alex Pravda)博士、海伦·拉帕波特、罗伯特·瑟维斯(Robert Service)教授、布鲁克·希勒(Brooke Shearer)、哈利·舒克曼(Harry Shukman)博士以及帕特·乌捷欣(Pat
xvii Utechin)。

编者序言

亨利·哈代

他拥有聪明但也是严酷的外表，而他的所有面部表情都显示着一种狂热。他签署死刑令时眉头都不动一下。他的座右铭是“目的证明手段合理”。在一切按其计划进行之前，他从不停止工作。

以赛亚·伯林：《目的证明手段合理》(1921)①

我早就知道会有这本书。以赛亚·伯林散见各处的讨论苏联时期俄罗斯政治与文化的文章不但质、量俱佳，而且与众不同。

1991年，在《扭曲的人性之材》成功出版之后，针对苏联与东欧共产主义体制的解体，我向伯林建议，正好借此时机将他讨论苏联的文章结集出版。但他拒绝了，他说我所提到的那几篇东西大多数还不确定、没有什么特殊的价值，而且多少有些过时。当我重提此议，摆出值得出版的各种理由时，他给了我这样的答复：

不好。我理解你说的一切都非常在理，即使那些东西要出版，但时机不好。(……)我认为在这个苏联刚刚解体的时刻，增加一些幸灾乐祸的文字似乎不合时宜——这样的东西已经出得太多了——以各种方式痛陈马克思主义、共产主义以及苏联政府的缺 xix

① 引自他的《最初的与最后的》(纽约/伦敦，1999)，第9—19页，本段在第17页。

> 陷，揭露近来政变与革命发生的根源等等。而且我认为那几篇东西，如果它们有什么价值的话（你知道，对此我一直表示怀疑），还是在十到十五年之后（或许那时我已经不在了），而且顶多作为（像我一样的）亲历者对他们眼中的五十、六十、七十年代的有趣回顾来出版会更好些。相信我，我是对的。

十多年之后，也就是在伯林逝世大约六年后，看来我们应该把那些疑虑抛在一边了，尤其是前苏联并没有像许多人（不包括伯林本人）草率预言的那样迅速地转向西方的自由民主制度；相反，普遍看到的却是大量苏联时期的思想意识已经重新复活了产生这种思想的政治体制。至于伯林对自己作品价值（尤其是长远价值）的怀疑，凭良心说我通常不太当回事，他所谓“像我一样的亲历者”这样的话大大低估了他自己观点的独特性。

该计划在此特殊时刻得以付诸实现要感谢我的朋友斯特罗布·塔尔博特的好意，他计划将提到的这几篇文章定为一个讨论伯林对苏联研究之贡献的研讨班的研讨内容，并由布鲁金斯学会出版社出版。斯特罗布的前言很内行地将本书的内容置于伯林的全部作品中进行考察。

文章中除了后面标有“I.B.”（以赛亚·伯林的英文缩写）以外的所有注释都是编者加的。以下我对收入的各篇文章的背景作一些补充性的说明。

《斯大林统治下的俄罗斯艺术》

1945年秋，伯林访问苏联，当时他还是英国外交部的一名官员。这是自1920年他十一岁离开后第一次回到苏联。他与安娜·阿赫玛托娃和鲍里斯·帕斯捷尔纳克的著名会晤就发生在这次访问期间。直到三十五
xx 年后[1]他才记录下了这段回忆。

① 本书收入的是他的一个简写本。

但是当时他还写了两篇官方报告。在任期快要结束时，他整理了一份相当长的备忘录，记录下了俄罗斯文化的总体状况，并给它加了一个典型的伯林式的谦逊标题《关于1945年最后几个月苏维埃社会主义联邦共和国文艺状况的笔记》。

他还刻意贬低这份报告的内容。他将报告的复印件放进了1946年3月23日写给美国驻苏联大使埃夫里尔·哈里曼、祝贺他出任美国驻英国大使的信中。在这封写于英国驻华盛顿大使馆的信中，他对哈里曼说：

> 我附上一份又臭又长的关于俄罗斯文学的书面报告，委托弗兰克·罗伯茨[①]转交给您。我怀疑报告里是否有任何新鲜的或吸引人的内容——在这里只有乔克·巴富尔[②]读过，我怀疑外交部还有谁会愿意读。之所以要保密只是因为这东西要是被"他们"知道，那些可能的信息提供者就会遭受我们众所周知的结局。如果您能用外交部的邮袋将它寄还给我，地址写：牛津新学院，我将不甚感激。在牛津这个幽深的角落里我会想起那个我以为再也不会记起的世界，虽然略有一丝怀旧但也无怨无悔。

伯林在信中谦卑的行文当然极易让人产生误解。正如迈克尔·伊格纳季耶夫在伯林的传记中写道的：

> 这篇笔记谦虚的标题与它宏大的目标不相符：它相当于一部20世纪上半叶的俄国文化史，为注定不幸的阿赫玛托娃那一代人而作的编年史。它很可能是西方对斯大林发起的针对俄罗斯文化的那场战争的首次记载。在每一页上都有她以及楚科夫斯基和帕

---

① 英国驻莫斯科大使。

② 英国驻华盛顿大使。

xxi 斯捷尔纳克向他讲述的他们在身受迫害的年代里的亲身体验的痕迹。[①]

《访问列宁格勒》

伯林还写了一篇对1945年事件的即时记述。这是一篇对11月13—20日他历史性地访问列宁格勒的更为私人化的记述，此时距列宁格勒打破德军围困还不到两年时间。他刻意对(大概是)11月15—16日与阿赫玛托娃的会面做了低调处理，事实上是略加掩饰。但在给英国驻莫斯科临时代办弗兰克·罗伯茨的一封感谢信中，他写道，在他这次访问即将结束离开苏联时，他再次拜访阿赫玛托娃，她"专门为我题写了一首关于子夜会谈的新诗，我想这是我经历过的最激动人心的事情了"[②]。

《一位伟大的俄罗斯作家》

1998年1月28日在华盛顿的英国大使馆举行了一场以赛亚·伯林的"美国记忆"研讨。现场的一篇致词是由罗伯特·西尔弗斯[③]所做的，此人乃《纽约书评》的副主编，他与伯林有着超过三十年的交情。在发言过程中，他提到了接下来这篇文章的写作背景，以及他本人对伯林作品的印象：

> 在领悟以赛亚宏富的著作时，我觉得这位讲故事的天才所写的散文似乎才是其中的精华。那还是他在纽约的时候(1965年秋)，

---

① 迈克尔·伊格纳季耶夫，出处同前(前文第xii页，注①)，第161页。

② 1946年4月20日写的信。该诗是组诗《诗五首》(*Cinque*)中的第二首。

③ 在以赛亚·伯林的虚拟图书馆(后文缩写为IBVL)里，致词全文被冠以"Writing on Berlin"的标题。以赛亚·伯林文稿托管机构的网址是：http://berlin.wolf.ox.ac.uk/。

我更能直接地感受到这一点，当时出了一本讨论俄国诗人奥西普·曼德尔施塔姆作品的书，伯林答应就此写一篇文章。数日后，他告诉我他不久将要离开。我们商定，在某一天晚饭后他来《书评》办公室，拿着很快就能成文的稿子向我口授。在敲稿子的过程中，我体会到他对本世纪的俄国诗歌有着深情而又细致的理解。他口授完，我们一起走出办公室，漫步在57街上，庞大、漆黑的垃圾车从我们 xxii 身边隆隆驶过，他看了看手表说："凌晨三点了！曼德尔施塔姆！在这儿有谁会知道他呢？！"

《与阿赫玛托娃和帕斯捷尔纳克的交谈》

伯林的名篇《1945年和1956年与俄国作家的会面》于1980年在他的文集《个人印象》中全文发表。文中所讲述的故事在与此问题相关的任何一部书中都能见到，该文将此事叙述得如此清晰，使我打破不在两本不同的选集中出版同一篇文章的惯例，将该文的这篇缩写版从《关于人类的适当研究》一书中摘出，收入本书。值得一提的是，《关于人类的适当研究》一书与我编辑的其他伯林作品选有所不同，它是一部从其他文选中精选出来的伯林文粹。而此文是那部书中所收录的唯一一篇从未（以这一形式）在其他选集中发表过的文章。

自从1945年访问列宁格勒以来，伯林一直打算写一篇文章，记录下他在那儿的经历。直到1980年，当时《个人印象》正酝酿出版，他应牛津瓦德汉学院的邀请为（最后一期的）鲍勒讲座（Bowra Leature）做一次演讲，这时他才终于开始着手这项他早就打算却又拖延得太久的工作。他写出来的文章对于一小时的演讲来说太过冗长，因此他又对文章进行了缩减。结果便是收录于此的缩写版，《纽约书评》发表这篇演讲时还根据全版内容增补了一些材料。

《鲍里斯·帕斯捷尔纳克》

这篇鉴赏文章大概作于1958年。当年9月《日瓦戈医生》在英国出版,10月帕斯捷尔纳克获诺贝尔文学奖。伯林一直强烈反对提名帕斯捷尔纳克,因为《日瓦戈医生》已经给帕斯捷尔纳克带来了很大的麻烦,如果再将诺贝尔文学奖授予他,他与苏联当局之间的矛盾将会进一步激
xxiii 化。事实上,帕斯捷尔纳克在重压的逼迫下正式拒绝领奖。由于年事已高,加上体弱多病,他无力也不愿与苏联当局对抗;而且如果他真的领奖,他还担心他的生计(以及他的爱人奥尔加·伊文斯卡娅的生计)会受到威胁。此外,如果他离开苏联去领奖,他就再也不会被允许返回。

此文的写作过程多少显得有些离奇。伯林早先曾答应为《曼彻斯特卫报》写篇文章,想必与《日瓦戈医生》的出版有关;"不过在经历诺贝尔奖风波之后,我更愿意再等等看"[①]。只要瑞典皇家学院的决定一公布,他肯定还会被邀请写些推介性的东西。总之,稿子已经开始起草,但没有发表,至少我没有找到;或许它本来就是用来做资料而非一字不差地用来付梓印刷的。当我偶然发现打印稿时,我随即将一份编辑过的稿子拿给伯林看,他仔细读过并在几处空白处做了填补。他本人也无法说清该文写作的具体背景。

1958年岁末,最终付梓面世的是这篇伯林为《星期日泰晤士报》"年度图书"评选所写的《日瓦戈医生》赏析。

鲍里斯·帕斯捷尔纳克的《日瓦戈医生》在我看来是一部天才之作,它的出版是我们这个时代无与伦比的文学和道德事件。这部书在意大利出版的特殊背景,特别是,铁幕两边出于政治宣传目的对该书粗俗而又可耻的滥用,或许使人忽略了这样一个更为重要的事实:它是俄罗斯文学传统主流中一部伟大的史诗性的杰作,或

① 1958年10月27日写给David Astor的信。

许是这个传统中的最后一部，同时也是自然世界以及根植于他们那个时代历史与道德的社会的产物，是一份绝对直率、高贵和深刻的个人声明。

一些评论家一直倾向把这部小说的巨大成功归结为好奇心，或归结为因它的出版而引发的丑闻。我觉得这种观点毫无根据。它的主题是普世性的，与大多数人的生活（人的出生、衰老和死亡）密 xxiv
切相关。与屠格涅夫、托尔斯泰和契诃夫作品中的主人公一样，该书的主人公处于社会的边缘，与社会发展的趋势和命运密切相联，但又不与之同流合污，在面对各种毁灭社会、摧残和消灭许许多多其他同类的残暴事件时，仍然保持着人性、内在的良心和是非感。

像他的诗歌一样，帕斯捷尔纳克弥合了人与自然之间、生物与非生物之间的界限；他塑造的人物形象通常带有形而上学和宗教的色彩；但若试图给他的思想或小说中各个角色的思想加以归类，例如归为某种明确的社会或心理观念，或者用来支持某一特定的哲学或神学，对于他那压倒一切的完满生活图景来说却都是些无稽之谈。

作者为了表达他的整体意图，致力追求一种能够唤起感情的写作效果，它既抒情又反讽，既大胆地预言又充满了对俄罗斯往昔的怀念（这一点在我看来与众不同），其表现力到今日也无人企及。

这是一部非凡之作：尽管它的开头使人困惑，象征主义的手法时时让人捉摸不透，结尾又充满了神秘。用来收尾的那几首绝妙诗歌用英文也很难转达。但无论如何它不失为我们时代最伟大的作品之一。

1995年他应同一家报纸之邀为他们的“书架”栏目推选一部书时，他再次提到此书。由于他的评论对他在《与阿赫玛托娃和帕斯捷尔纳克的交谈》一文中所述说的内容做了明显的补充，因而我在这里将它们重印出来：

如果要举一本书给我留下深刻印象并让我仍然记忆犹新的，那要数鲍里斯·帕斯捷尔纳克的《日瓦戈医生》。1956年我和我的夫人在莫斯科住在英国大使馆。(1945年我还在大使馆工作时就已经和帕斯捷尔纳克见过面，随后我与他结交，并经常去看他。)我前往佩列杰利基诺的作家村去看他，他首先告诉我他已经完成了他的小说(在1945年我曾读过其中的一章)，而且与其他的任何一部早
xxv 期作品相比这部小说都更有可能成为他的最后遗言(毫无疑问，他轻描淡写提到的那些作品中也不乏天才之作)。他告诉我说小说的原稿已于前天寄给意大利出版家菲尔特里内利，因为他已经很清楚这部小说不可能在苏联出版。他送给我一份原稿的复印本，我躺在床上读了个通宵，直到第二天凌晨才读完，我被这部小说深深地打动了——我觉得在此之前或从此以后我还从未被哪本书如此打动过，或许《战争与和平》除外(这本书花一夜可读不完)。

我意识到《日瓦戈医生》作为一部小说并非完美无缺：小说的结构安排得并不是很恰当，大量的细节表面上生动、富有戏剧性，却显得矫揉造作，与主题无关，有几处甚至给人东拼西凑之感。但小说对公众欢迎二月革命的描写却极其精妙；当时我七岁，正好在彼得格勒，我还记得当时我的姑妈姨妈、堂表兄弟姐妹、我父母的朋友们以及其他人对此的反应，而帕斯捷尔纳克把对此的描述提升到一个天才的水准。他以既同情又嘲讽的笔调描述了温和派和自由派徒劳无功的努力，他对布尔什维克接管政权所表现出来的(也正如他所看到的)那股势不可挡的强大力量的描述，是我看到过的最生动的描述。

然而给我印象最深，而且从未改变的，是它关于男女主人公被咆哮的狼群围困在他们被大雪席卷的西伯利亚小村舍里的情景。

这段描写简直是无与伦比的。

爱情是多数小说的主题。尽管如此,伟大的法国小说家们所提到的爱情经常指的是痴迷,一种发生在男人和女人之间的短暂的,有时甚至是对立的相互戏弄。在俄罗斯文学中,在普希金和莱蒙托夫那里,爱情是一种浪漫激情的迸发;在陀思妥耶夫斯基那里,爱情是苦涩的,并交织着宗教的以及各种其他心理的情绪;在屠格涅夫那里,是对黯然结束的充满失落与痛苦的昔日爱情凄婉的描述。在英国文学中,在奥斯汀、狄更斯、乔治·艾略特、萨克雷、亨利·詹姆斯、哈代、D.H.劳伦斯那里,甚至在艾米莉·勃朗特那里,有的是满足了的或是没有满足的追求、渴望与期待,有的是不幸爱情的悲伤,有的是占有欲引来的嫉妒,有的是上帝之爱、自然之爱、财产之爱、家庭之爱、可爱的同伴之爱、信仰之爱,以及对未来幸福生活的魅力之爱。然而那种充满激情、义无反顾、全身心投入、毫无保留的,把世间万物都抛诸脑后的两情相悦的爱情已经难得寻觅了,我几乎只是在托尔斯泰的《安娜·卡列尼娜》(而不是在《战争与和平》或其他名著)那里,接着便只是在这部《日瓦戈医生》中,才找到了 xxvi 这样的爱情。正如那些曾经真正经历过爱情的人们所熟知的那样,这部小说反映的是一段真正的爱情经历;自莎翁以来还从未有人把爱情表达得如此充分、生动、细腻和恰到好处。

我被深深地震撼了,而当我第二天前去看望这位诗人时,他的夫人却恳求我说服她的丈夫不要在国外发表这部小说,因为她担心自己和他们的孩子会遭到制裁。他大发雷霆,说他不希望我来告诉他要做什么不要做什么,他已经和孩子们商量过了,他们已做好了最坏的打算。我对他表示了道歉。结果跟预想的一样。小说后来的命运大家都知道了,有关它的一些故事甚至还被搬上了美国的电影。我至死也不会忘记这段经历。这部小说描述的是一种整体的经验,而不是它的局部或片面:其他还有哪一部20世纪出自人类想象的作品敢这么说？[1]

《为什么苏联选择隔离自己》

1946年4月初伯林完成了战时在美国的使命后回国，一个月后，他受邀为伦敦查塔姆大楼内的皇家国际事务研究所讲“苏联的孤立主义”。他要求确定听众的构成并保证演讲的机密，他的要求得到了满足，于是6月27日他以我们这里所用的标题做了演讲。此文即在会议记录中记下的那次演讲的原文，因要收入本书而做了部分校订。我略去了主席哈利·海格爵士介绍性的发言以及讨论阶段的讲话，这些间接讲话的材料使用的是第三人称，它们作为原始记录部分都贴在以赛亚·伯林的官方网站上。为了增加可读性，我还在书中将间接讲话转换成直接讲话；
xxvii 但读者也不要视之为伯林演讲一字不落的抄本。

《人为的辩证法》

关于本书选自《外交事务》的几篇文章的故事，最好引用伯林写给杂志编辑汉密尔顿·菲什·阿姆斯特朗的几封有趣的信。喜欢伯林的读者应大大感激这位编辑，因为二十多年来他孜孜不倦地向伯林这位犹疑不决的作者索要文章。他成功了四回，以下便是他的两次成果。

《人为的辩证法》一文的成文轨迹始于1951年6月29日，当时阿姆斯

---

① 《星期日泰晤士报》，1995年11月7日，第7版（“图书”），第9页。读者或许希望了解伯林发表的其他一些篇幅较短的讨论帕斯捷尔纳克的文章：《帕斯捷尔纳克的能量》（“The Energy of Pasternak”），一篇关于帕斯捷尔纳克《文选》的书评，见《党派评论》（*Partisan Review* ）17(1950)，第748—751页，及维克多·埃利希（Victor Erlich）主编《帕斯捷尔纳克评论集》（*Pasternak: A Collection of Critical Essays,* Englewood Cliffs, NY, 1978）；还有一封谈到帕斯捷尔纳克的信，为的是回应加布里埃尔·乔西波维奇（Gabriel Josipovici）的一篇文章，见《泰晤士报文学副刊》（*Times Literary Supplement*），1990年2月16—22日，第171页。

特朗正催促伯林顺应1950年发表的《二十世纪政治思想》所引起的好评，再为他写篇稿子。伯林回复说他确实有篇“稿子”能用，并在1951年8月16日的一封信中解释了它的缘起：

> 情况是这样的：很多很多很多个月以前，马克斯·阿什科利不止一次地写信给我，抱怨我为你们写稿，为《纽约时报》写稿，为《大西洋月刊》写稿，却从未为他写过。说实话，我对他的《通讯员》杂志并没有什么好印象，但对他本人还是颇有好感的。不管怎样，我受到如此“要挟”，于是坐下来，写了篇东西，并寄给他，解释说或许那篇文章对他来说篇幅太长，而我宁可退稿、永不发表，也不愿被删减或修订（他曾批评发表在《外交事务》上的那篇文章篇幅太长，文中充斥着各种老生常谈，换他早就把这些内容删除云云）。他回信大大恭维了一番，并在圣诞节寄给我一只做得上好的火鸡，接着他就病了，有很长一段时间没有音信。我（有些羞于启齿）难得有此清静，写了封信给他（并非完全是真的）说我想把那篇文章要回来，做一些补充，这样无疑会更不符合他的要求。他把文章寄回来，我也确实用笔在上面加了一两行（就像所附手稿上的修改一样）。他要我在10月份把文章寄回给他，我决定无论发生什么我也不会这么做。我也不指望在《通讯员》杂志上露面，如今我与阿什科利之间的义务已经解除了；我总是宁愿按照文章的本来面目发表，如果你们不要，可以由《纽约时报》发，如果他们也不要，可以不发。这篇文章被这样搁置了三四个月后（尽管他向我保证已把它排在8月份发表），阿什科利也无可奈何。
>
> 第二点更为难：因为我在苏联有亲戚（我希望还有），而且我还拜访过许多无辜受害的苏联作家，所以我一直遵循着这样一条原 xxviii
> 则：不直接以我的真名发表任何有关苏联的文字，因为那样极易导致某些可怕的事情降临到我所提及的人身上。我无需夸大这种可

能性。因此如果我要发表任何关于Uncle Joe(斯大林)的内容,那肯定是匿名或用笔名,作者的身份必须确实地保密,而不是像乔治·凯南那样只是名义上保密。我为"人为的辩证法"发明了一个名字约翰·奥蒂斯(John Outis)。奥蒂斯(Outis)希腊语的意思是"无人",你会想起在奥德赛中有关于此的双关语,故事中奥德修斯就是用这个词骗了独目食人鬼。而且这个词听起来有点像立陶宛劳工或是捷克人或斯洛文尼亚人的名字,因此作为这样一篇文章的作者也比较可信。阿什科利,或许还有一位私密的打字员可能知道这个秘密。再没有其他人知道;而且他一定会感到荣幸,并且无论这篇文章在哪儿发表以及如何发表,无论他的感受如何,他都会把这个秘密藏在肚子里。你们曾发表过匿名的文章吗?如果没有,当然我也能充分地理解:因为你们就靠这个吃饭;很显然,我宁可完全不发表也不愿在这个问题上妥协——我真的别无选择。我只把此文拿给另外一个人看过——尼古拉·纳博科夫为他的《证据》(Preuves,一个巴黎的反苏机构),曾向我索要这篇文章。如果您想要这篇文章,只要您允许我在美国出版之后可以将它翻译成德文(《本月新闻》)和法文等其他语种:当然我自己绝不会向任何人大声吹嘘:我的作者身份必须尽可能的保守秘密:另外,如果纳博科夫正式答应我不在任何地方公开发表(在您答复之前),只是作为一封来历不明的信件为大家在非正式的讨论中提供各种不严密的观点的话,我可能会给他一份复本。很抱歉,唠唠叨叨这么些废话,尽是些稀奇古怪的情况,对过去的事情喋喋不休。希望你不介意,但如您所知我对我写的任何东西都不作评价:如果您对这篇文章不感兴趣,那么请您忘掉这封信。

阿姆斯特朗于8月30日回信。尽管他觉得"人们会看穿这层伪装",但还是同意用笔名发表。此后不久,一位同行读到这篇文章,发现它文风艰涩,结论也不尽如人意。阿姆斯特朗于9月10日巧妙地将这些观点转达给伯林(当时他还在缅因州),两天后伯林写了回信: xxix

想必您对我已经非常宽宏大量了。我很清楚,我的文章,如果还可以称得上文章的话,与我那些艰深难懂的演讲一样,是由一堆难以断句的词语组成的晦涩难懂的大杂烩,生硬、重复、臃肿,像雪崩一样把读者压得喘不过气来。结果呢,与上回一样,我当然会接受您的修改意见,并对您的费心修改深怀感激。您是世界上最好、最细致、最宽容、最聪明的编辑。因此,如果有这种情况出现,我总是很乐于接受您的加工润色——您客气地说成是审慎地剪裁。……

您觉得不可能完全地保密,无疑这一点您是对的,但从我在苏联的熟人和亲戚那里反馈回来的意见看,我认为在一个身份值得怀疑的作者和一个大声嚷嚷的作者之间还是有些差别的。所以我觉得最好还是仍然用笔名。但如果您认为O.Utis(不是"John")这个名字有点傻——我更倾向于这个名字——只要您和您的同事确实保证不泄露,并坚决保守秘密,您换任何其他的名字我都不介意。总而言之,我乐意听从各种建议。……

我不知道"人为的辩证法"("Artificial Dialectic")还是"合成的辩证法"("Synthetic Dialectic")究竟哪个题目更好,如果您能想出一个更简单易懂的题目——我会非常感激。……

我刚接到阿什科利的一个电话,说他很想再看到那篇文章——但他不会再看到了——您根本不必在乎,我会处理好这件事。

阿姆斯特朗(9月17日)感谢伯林对他的"过誉",旋即寄给伯林一份校订过的文稿,更详细地解释了修改结论的原因。在收到阿姆斯特朗发来的几份近乎绝望的电报后，伯林写道（10月30日）：

耽搁了那么久，一定请您原谅，但近来奥蒂斯先生一直操劳过度，身体欠佳。下周六他将前往纽约，但待的时间太短（只有四到五个小时），对谁来说也没用。但我想在我的重压下，他会在两周内完成他的工作，您将在最短的时间内获得结果。近来他对社交活动表现得极其厌恶，但希望至少在12月中旬之前，通过完成哪怕是一部分的工作，他心情会变得愉快一些。我一定会与您保持通信联络，告诉您这个极不让人省心的家伙的活动情况。

在接到您的电报之前我都已经写好了。我感觉您迄今为止建
xxx 立起来的这种交流手段可以说是一位耐心、坚忍而又富有同情心的编辑对付一位特别让人生气的低效能作者的可靠且并不陌生的方式。尽管作者在最后的答复中确实表达了歉意并写了稿，但这是在经过了快要让人发疯且不必要的耽搁之后才完成的，只有最宽宏大量的编辑才能原谅这种耽搁。但这回，我想让您了解以下的考虑：

(a) 奥蒂斯先生希望用一些时间来消化吸收与一帮聪明人在闲谈中所生发出的一些新的想法——就像苏联各种科学理论创新的节律是由科学之外的想法催生出来的一样——这一点倒适合为本地有着反反苏联头脑的科学家们所用。而且，他觉得有必要适当地对那种乐观主义情绪泼些凉水，因为那种情绪完全是出于一腔热血而不是出于理智。像X先生[1]那样的人认为某些事情已经糟糕到无法忍受，整个社会道德沦丧已经到了无以复加的地步；奥蒂斯先生不相信内在的腐蚀，而且这种看起来比较悲观的情绪似乎也值得商榷；他打算撤回那篇关于乘务员（waiter-steward）的故事，

① 见上文第xvi页，注①。

因为它或许有些模棱两可的味道。除非它能被恰当地置于整篇文章的开头作为题词，如此他才会重新提交那篇故事；但如果它被删减，哪怕改成这种更为简短且更具有神话色彩的形式[1]，他也会不大乐意；

(b) 毫无疑问，最好是在奥蒂斯先生的朋友离开那个国家，逃离不必要的窘迫和尴尬的处境之后再发表这篇文章。他打算在3月底或4月初乘船返回他的隐修院；

(c) A加B有一个附带的好处就是有可能吸收在此期间突然出现的一些新的事实依据。然而，奥蒂斯先生坚持他最初的决定；手稿在两三周内应在编辑手中完整地按其原貌随时准备出版。任何增加或修改——在这个阶段既非可能又非不可能——除非真的有必要，那也需要在相互同意的基础上才可以。奥蒂斯先生的全名是O.奥蒂斯。

我希望这不会让您太为难——我恳请您，不要因我完全超出了合理的和协商的范围而对我失去信心。我真的认为先前提出的方案是最好的解决方案。 xxxi

感到放心和满意的阿姆斯特朗于11月6日复函伯林，告知收到了修改稿，但他再次置疑是否有人会被笔名所蒙蔽；11月20日伯林寄来书信进一步表达了他的想法：

我看到在上周日的《纽约时报》上登载了一篇A.J.P.泰勒的文章，对U(ncle) J(oe)发表了多少有些不同的分析。[2]奥蒂斯先生还是坚持他的观点。我想署名最好还是按原来的计划办。一切到时候都

① 按照伯林的建议，该故事作为题词被加在后文（第98页）中。

② A. J. P.泰勒：《作为政治家的斯大林：档案一瞥》（"Stalin as Statesman: A Look at the Record"），《纽约时报杂志》（《纽约时报》第6版），第9页、第53—60页。

会显露端倪的,而且目前世上至少有一打的人都已经知道真相。尽管如此,在我看来,从那个国家正在接受审查的那些可能的受害者的观点出发,这种差别却是真实的;只要真名不被炫耀,只要还存在犹疑的余地,他们的生命(我乐于这么想)就不会(或者较少地)受到危害。多想想这些文字就会让我压制住所有这一切,因为你决不能将任何人置于如此可怕的境地,哪怕一丁点的可能也不行。(还从未有过这么多人从这么少人那里花这么长时间获得这么多东西。你或许应该庆幸,这句话没有出现在奥蒂斯先生的手稿里。)所以,我抛弃了这种想法,奥蒂斯先生是我隐藏真身的薄薄的屏障,这样我就可以躲在他的身后不很拿得准地将我所有那些很容易辨认出来的特征统统隐藏起来。

自从给你写完上一封信以来,奥蒂斯先生只挂念一件事,即是否不该将某个附加的观点再添加到草草写入原稿中的关于人为辩证法的生存机会那一部分。或许该提一提,这一切对普通的苏联公民来说多像是一次永久性的全民动员(军队生活);或许该想一想,当人们在军队中生活,他们真正接受的会是什么——特别是俄国人和德国人——如果一切真的都被军事化,不允许有一丝一毫的平民自由来破坏这种紧张,那么我们还有什么理由对它持续了那么长时间感到惊讶,还有什么理由去假设它内在的虚弱会注定使它崩溃。(像我们的朋友X先生,在我看来就太过固执地相信这一点。)某一天有人告诉我与两位苏联逃亡者中的一位(没有返回的那一位)谈话的情况,给我很深的印象。当他被问及他的同伴为什么要返回时(我记不清他们的名字了,我想其中的一位好像叫彼戈
xxxii 罗夫,但我已记不清他是留下的那位还是返回的那位了)。他回答说他们被带着游览了弗吉尼亚以后就被扔在纽约的一个公寓里,还给了一大笔钱,但却没有特别的事可做。最后返回的那位逃亡者觉得这比在苏联的劳动营更让人难以忍受。这或许有些夸张,但想

必也包含了许多真实的成分。显然,那些正在处置"叛逃者"的人也发现了同样的问题——如何以一种足够机动的、严密的时间分配方式把他们组织起来，避免曾经出现过的因过分悠闲而引发的问题。

如果您好好想想类似军队一样的生活，我是否可以请您——您现在对奥蒂斯先生和他令人生厌的文风和语法[1]已经如此熟悉——写上一两句话,收录在文章的相应部分,大致谈谈,他们操控下的行政官员或普通老百姓对这样一个让人如此神经紧绷同时又如此易于让人遭受不测的体制所带来的重负能忍受多久这样的问题或许是一个不该提的伪问题。一旦军队生活的条件和军队的纪律被强制实行，人们忍耐这种体制的时间比起待在表面上看起来更舒适更惬意的国家还要长得惊人；如果他们没有真切地体验过被杀戮或被伤害，农业人口对于对他们人身的统治或专横很少会表现出反抗的倾向。18和19世纪的俄国农民不得不忍耐在军队中服役数十年,这使得严重的叛乱绝迹并带来了农奴的解放,而在不到一个世纪前它的心理影响不及普遍的猜测或文明人所期待的那样。因紧张而发生断裂的可能性在一个一切都服从于一条僵化路线的体制里,比起一个将根本责任置于一帮神经紧张、手忙脚乱的警察手中的体制要小，尽管前一种体制既效率低下又付出了生命和财产的高昂代价;因此,尽管M.斯大林(我希望你能保留这个"M.")[2]统治时期压抑、专横而又残忍,但在此期间发生颠覆和叛乱

① 伯林旁注:"你知道'grammar'和'glamour'是同一个词吗?它从'grimoire'演变而来。如果还不明白,见面的时候我再向你详细解释。"

② 他这么做了;而我没有。斯大林已经死了这么久,这个称谓(文中满篇都是)已经失去了它曾经有过的任何意义。即便是阿姆斯特朗也有他自己的疑惑(11月28日):"我并不介意带着嘲讽口气的恭敬——事实上，还很喜欢——但我很反感用一个法语词来称呼另一个国籍的人。不管怎样,加上'Mr'显得很可笑,加'M.'也同样可笑。"

xxxiii 的可能性比后斯大林时期要小。但是或许我在文章中已经提到过这一点。要真是这样,我对这样重复我自己表示歉意。

11月28日,阿姆斯特朗万般无奈地接受了这个解释,尽管他曾要求过伯林做出删减;他只好将另一篇文章做了删减为伯林的文章腾出版面。当这一切都尘埃落定之后,这篇文章才付梓刊行。

《在苏联的四个星期》

本文基于一篇记述1956年伯林携新婚五个月的妻子艾琳访问苏联的未完成的手稿。他们是驻莫斯科的英国大使威廉·海特爵士邀请的客人。如果说伯林曾经有发表这篇文章的计划的话,那么当他以多少有过修改的形式,在随后的这篇文章的末尾部分增加了某些内容之后,他显然就已经放弃了发表的计划;但在这一过程中太多的内容被删除,不仅仅包括一些有趣的材料,因此完整地保留这篇更为个人化的叙述还是很有价值的。

在这篇由秘书通过录音记录下来的打印文稿中,特别是在它的结尾部分,包含了许多空白(一些空白还很大)和模糊不清之处;为了提供给读者一个连贯的文本,我在编辑过程中已把它们删去,我相信这并不会改变伯林的初衷。就在这篇打印稿的末尾有一句话显然与上下文不合,但或许可能是伯林后来想起来的原先想插入的内容:它看起来放在哪里都不合适,而且我也找不到一个合适的地方加进去,只好把它放在第127页的脚注里。

《苏俄文化》

本文最早是分两篇文章发表在《外交事务》杂志上,其中一篇使用笔名，这里将恢复它原始的统一面貌。要追溯本文的来历还要回到伯林与阿姆斯特朗的通信。我们还要从伯林1957年2月6日写的信说起，伯林应阿姆斯特朗之邀对当时发生的一系列事件提交了一篇题为《人为的辩证法》的论文： xxxiv

> 我的朋友奥蒂斯先生，正如你了解的，是个糟糕的通信者，并且很容易被太多琐碎和鸡毛蒜皮的想法分散注意力。您的褒扬让他飘飘欲仙，但他的情绪又变幻不定，尽管作为他唯一靠得住的朋友，我一直竭力担当他的道德支柱——他明显缺少的就是这一点——却很难替他做出任何许诺，指望他对你写的主题下定决心，尤其是在8月的第一周之前，是绝无保证的。因此**最最**有把握的就是对那篇文章不要抱**太**大的期望。我会尽量督促我那位可怜的朋友，但无须我告诉你，以前你已经和他打过那么多次交道，他的性格和行为古怪，经常弄得那些个信赖他的人恼羞成怒，彻底绝望。当然，我会告诉你事情进展情况——哎，要彻底改变他的性格是没有指望了。奥蒂斯天真地认为他不可靠的行为本身是一种让人放松甚至是一种亲切友好的品行。事实远非如此，但他已经老得学不动了，要不是与他有多年的交情——对此我不得不忍受——我老早就不理会这个烦人的家伙了。如果你决意那样做的话，我也不能，实际上谁也不能责怪你；在真实的世界里，是不容许有这样的行为的，不争气的奥蒂斯得到的宽容已经够多的，没什么好再要求了。您对他太仁慈，而他却不知悔改，把这一切都当成是理所当然了。

在随后的几个月里阿姆斯特朗不断地对伯林絮叨抱怨，仅仅六个月之后，他就收获了一篇稿子，与他先前建议的主题并非完全没有关联。它原来的题目是《俄国知识分子的现状》，但这篇稿子已经按典型的伯林式的低调说法改成《苏联文化笔记》。阿姆斯特朗在8月28日的致谢回函中写到："我已经接受了您的建议(大概是在一封信里,现在已经找不到了),我把前六部分署上您的名字,第七部分做一独立短篇,署名奥蒂斯,题目是《苏联孩人》('The Soviet Child-Man')。这似乎为我们提供了两个世界的最好写照。"

从阿姆斯特朗的下一封信(9月4日)中可以很明显看出,伯林来电
xxxv 对奥蒂斯那篇文章的题目——唯恐有人怀疑他就是作者——以及再用奥蒂斯做笔名表示了不同意见。阿姆斯特朗告诉伯林要改已经来不及了,因为杂志的那部分已经拿去印刷了。伯林一定是恳求过或坚持过(或兼而有之),因为9月9日阿姆斯特朗写到他现在已经"按您的要求做了改动",用"L"作为笔名,这样"就把这篇文章放到我们普通的以首字母署名的匿名文章系列里"。为了通融伯林,他不得不阻止出版社,并扣留《苏联知识阶层》的稿费,用以弥补相关的损失。

想必阿姆斯特朗在这件事情上憋了一肚子的气，唯一可以看到的是他在9月20日的信中写的一段话:他"只是不很明白如果本来就没有奥蒂斯这个人,那又何必再用Mr. L来署名他的文章。当然为了保护他,你也有充分的理由"。

这段插曲可谓编辑宽容的典型,肯定地说很难再做得更克制。我把伯林寄给阿姆斯特朗反馈信中的一段精彩的话作为我对这篇文章的总结:

> 我收到了素不相识的美国记者寄来的两封令人愉快的信。一封来自一位女士,并附了一封她写给约翰·福斯特·杜勒斯的信,就相同的问题对他的文章进行了评论，并让他注意我的更深入的事实——到此还一切顺利。然而她继续说那篇由不知姓名的L所写的文章在她看来对某些问题的刻画甚至比我自己那些完美无瑕的文章还要更真切——并希望我注意一篇值得我细细体味的文章。她

希望她没有伤害到我的感情，但是她确实认为内容越新越好，我本人的文章多少有些过时，另一篇文章无论在细节上还是整体上都完全略胜一筹。我左右为难，一方面谦虚地表达我对L天才的仰慕，一方面嫉妒地指责他是个粗俗的印象主义者，他在利用人们的无知，提供一种无人可以检验的说法，哪天一检查，也不过是一些华而不实的虚幻作品，但不幸的是把像她那样无知的人——甚至或许还把约翰·福斯特·杜勒斯——给蒙骗了。另一封出自一个哈佛的印度人，他对我的文章大加赞赏，指责“L”的文章是典型的美国记者做派，除了我那万世不变的抽象玄虚的华美笔调之外根本不值一提。我想这些反馈也许会给你带去快乐。 xxxvi

《不死的俄国知识阶层》

这篇对后苏联状况的评论为前一篇文章提供了一个有趣的补充，它记录了伯林的喜悦与惊讶，与伯林颇为悲观的预期相反，俄国知识阶层居然安然无恙地从苏联时期的梦魇中幸存下来。在随后的几年中他逐步确信了苏联时期的终结，尽管苏联解体后还存在许多严重问题，其中一些还非常容易让人回忆起曾经的共产主义体制。

人名汇编

伯林在这些文章中提到了大量的人名，为识别他们而在正文中插入大量的注解可能会分散阅读的注意力，于是我邀请了海伦·拉帕波特——她已经是这个领域的专家，《斯大林传记资料指南》（*Joseph Stalin: A Biographical Companion*）一书的作者——为那些对该书提到的人名尚不熟悉的读者编辑出一个汇编，重点放在对那些俄国人物的介绍。有三个人特别引起麻烦：《访问列宁格勒》一文中的犹太书商根纳季·莫伊谢耶维奇·拉赫林，《一位伟大的俄国作家》一文中的犹太裔苏联文学学者瑙姆·雅科夫列维奇·别尔科夫斯基，和《人为的辩证法》一文中的历史学家科恩教授；如果能从读者那儿获得信息使我们能够更充分地了解这些人，能让我们知道经过斯大林时期之后拉赫林和科恩教授是否幸存下来，我们将不胜感激。我们也十分感激读者能够向我们提供有关尼古拉·奥西波维奇·莱纳和弗拉基米尔·尼古拉耶维奇·奥尔洛夫的更多消息。

参考资料

收入本书的各篇文章的来源和原始出处详情如下：

《斯大林统治下的俄罗斯艺术》是基于保存在英国公共档案馆标号
xxxvii 为FO 371/56725的文件中的一个文本，最初是印来供内部传阅的。(原始的打印稿，日期标着1945年12月27日，保存在伯林档案中，标号为MS Berlin 571，fols 328—43。)本书刊行的版本合并了作者的两个本子——一个本子可能是没几年后(涉及到1945年之后的一些进展情况)，显然为一次演讲而准备的；另一个是在1992年，应一份将以俄文出版的备忘录而作。加琳娜·P. 安德烈耶夫娜节译的俄文版本题目是"Literatura i iskusstvo v RSFSR"(《俄罗斯苏维埃联邦社会主义共和国时期的文学和艺术》)，*Nezavisimaya gazeta*，1997年12月16日，选入*Kulisa NG* No 2的附录中，1997年12月，第4—5页；在2003年第7期(7月)的*Zvezda*(第126—142页)重印时保留了删节的部分。一个英文的删节版以现在这个题目发表在2000年10月19日的《纽约书评》上；删节的材料张贴在其网站上。本书是首次刊印该文的完整英文版。标题和注释(融合了海伦·拉帕波特提供的信息，对此我尤为感激)是我加的。

《访问列宁格勒》可以在英国公共档案馆标号为FO 371/56724的文件中找到；一个略微修改过的版本曾发表在《泰晤士报文学副刊》2001年3月第23期，第15—16页。

《一位伟大的俄罗斯作家》是一篇对奥西普·曼德尔施塔姆的评论，《奥西普·曼德尔施塔姆诗选》由克拉伦斯·布朗翻译，曾发表在1965年12月23日的《纽约书评》（第3—4页）上。

《与阿赫玛托娃和帕斯捷尔纳克的交谈》——《1945年和1956年与苏联作家的会面》一文的缩减版，该文曾发表在作者的《个人印象》（伦敦，1980；纽约，1981；第2版，伦敦，1998；普林斯顿，2001）一书中——曾发表在1980年11月20日的《纽约书评》第23—35页，并曾收入在作者的选集《关于人类的适当研究》（伦敦，1997；纽约，1998）一书中。 xxxviii

《鲍里斯·帕斯捷尔纳克》和《苏联为什么选择隔离自己》两篇文章此前从未发表。

《人为的辩证法：最高统帅斯大林与统治术》一文曾以笔名"O. Utis"（源自"outis"一词，希腊语意指"无人"）发表在《外交事务》第30卷（1952）。当时用的标题是现在这个副标题；现在的大标题是伯林自己加的。

《在苏联的四个星期》一文是首次在本书中发表。

《苏俄文化》曾发表在《外交事务》第36卷（1957），前六部分题为《苏联文化的沉默》，以伯林自己的名字发表，最后一部分作为独立一篇，题为《苏联知识阶层》，以"L"为笔名发表。

《不死的苏联知识阶层》是写给《新欧洲！》[*Granta*杂志第30期（1990年冬季号）的标题]中《1989年圣诞前夕的欧洲状况》一文的一则没有标题的文字。

这些文章原本都是分别写成，写作的时间跨度也很长，很自然会有某些内容的重叠。为了不破坏每篇文章的内在结构，我刻意不对这些内容做出调整。

致　谢

首先，我最应该感谢的是斯特罗布·塔尔博特，是他振奋人心的倡议促成了对这部文集的圆桌讨论，从而让它有机会适时地被取下书架，拂去尘灰，并最终付梓成书。否则它可能还要等上更长的时间才能与读者见面。他撰写的精彩导言更是为本书锦上添花。我还要感谢艾琳·伯林能够接受他的建议并同意本书的出版。

斯特罗布的助手安德烈亚什·克塞纳基斯（Andreas Xenachis），还有
xxxix 我自己的助手塞雷娜·摩尔（Serena Moore），自始至终给予了全面的帮助。贝蒂·科洪（Betty Colquhoun）打印出文稿。海伦·拉帕波特不但编辑出精确的人名汇编，还解决了大量涉及文章要旨的疑难，一有要求她就马上提供原始的笔记，并能够很有风度地面对我无休止地要求解释每个细节的催促。还有其他许多圆桌讨论的参加者，特别是罗德里克·布雷斯韦特、阿奇·布朗、拉里莎·哈斯克尔和哈利·舒克曼，他们提出了许多很有价值的建议并更正了本书草稿中的多处错误。在牛津大学波德莱恩图书馆管理伯林档案的档案保管员迈克尔·休斯十分友好地帮我发掘出一些我在前面使用到的背景资料。大卫·金收藏室的大卫·金慷慨地提供了两张奥西普·曼德尔施塔姆的照片。对于以上所有人，以及

其他我忘记提到的人，我致以我最衷心的感谢。

最后提一下本书要题献给的人——帕特·乌捷欣。在我认识以赛亚·伯林（在1972年）之前直到1997年伯林逝世，她都一直担任伯林的秘书。这些年来，她给了我的工作以无尽的支持和帮助，没有她我是不可能完成这些工作的。我一直希望把一部伯林的文集献给她：想起她嫁了一位专攻本书主题的俄国人，这也正好反映出她本人的知识和志趣，因此选这本书献给她也许再恰当不过了。以此向她表达我的敬意。

亨利·哈代

2003年8月于丹麦北西兰岛，Tisvilde Lunde xl

斯大林统治下的俄罗斯艺术

1945年12月

苏联的文艺界非常独特，从西方的观点进行类比是难以理解的。由于各种原因，俄罗斯在各个历史时期一直与世界上的其他国家保持某种程度的隔绝，因而也从未真正成为西方传统的一部分。事实上，在她的文学中，对于她与西方之间不轻松的关系，始终流露着一种特别矛盾的心态：时而表现为一种希望融入并成为欧洲生活主流的狂热而毫不餍足的渴求；时而又表现出对西方价值带着怨恨（“西徐亚人式的”）的轻蔑，而且这绝不仅仅限于公开表明信仰的斯拉夫派；但更常见的是将这两种相互对立的情绪既未妥善也不自然地结合起来。这种交织着爱与恨的情绪渗透在几乎每一位著名的俄罗斯作家的作品中，有时在抵制这样或那样的外来影响的过程中还会上升成为强烈的感情，影响着格里鲍耶陀夫、普希金、果戈理、涅克拉索夫、陀思妥耶夫斯基、赫尔岑、托尔斯泰、契诃夫以及勃洛克的伟大作品。

十月革命使俄国更为彻底地与世隔绝，她的发展也势必变得更加自怜自艾，与邻国的发展大相径庭。我的目的不是从历史的角度去追溯这种状况是怎么形成的，但如果对以往的情况没有起码的了解，就绝难理解今天的现实。因此我把俄国近期的发展划分为三个主要阶段：1900—1928年；1928—1937年；1937年至今；这样也许会比较方便，而且

1 不至于过分误导，当然这样的划分显然是人为的且有过于简单之嫌。

1900—1928

20世纪头二十五年是一个急剧动荡且又灾难深重的时代，在此期间，俄罗斯文学，尤其是诗歌（与戏剧和芭蕾舞一样），主要在（尽管今天谁也不允许这么说）法国的影响下，在某种程度上也包括德国的影响下，达到了它自普希金、莱蒙托夫和果戈理的古典时代以来的一个巅峰。虽然十月革命对它造成了猛烈的冲击，但也无法阻遏其高涨的势头。全神贯注且不厌其烦地沉浸于对社会和道德问题的思考，或许是整个俄罗斯艺术和思想的一个最为引人注目的特征；这一特征极大地影响了十月革命，而且在革命胜利后还引发了一场旷日持久的激烈论战。论战的一方主要是那些艺术上的叛逆者，他们指望革命能够实现他们最激进的"反资产阶级"的主张（并形成一种普遍的态度）；另一方主要是那些务实的政治家，他们希望所有的艺术和知识活动都能够直接服从于革命的社会和经济目标。

严格的书报检查制度只允许发表经过仔细筛选的作者的作品和观点，许多与政治无关的艺术形式（特别是琐碎题材的作品：通俗的爱情故事、神秘故事和侦探小说，以及一切传奇故事和各种乌七八糟的作品）又遭到反对或禁止，自然就把公众阅读的注意力集中到新的实验性的作品上来。这些作品，就像在以往的俄罗斯文学史上经常出现的那样，充满了各种激动人心且往往新奇而富于幻想的社会观念。或许是因为在政治和经济这些显然更加危险的领域进行论战极易被认为太过于危言耸听，所以文学和艺术领域（就像一个世纪前梅特涅统治下的德意志文学和艺术一样）就成了各种观念进行角逐的唯一真正的战场；即便今天的各种文学期刊，虽然肯定也很平淡，但由于相同的原因，也要比那些单调乏味、强求一致的日报以及那些纯粹政治性的出版物更加可读。

1920年代中前期的主要交锋，是在那些自由的、带着些无政府主义色彩的文学实验者与布尔什维克的狂热分子之间展开的，即使有卢那察尔斯基和布勒诺夫[1]这样的人物出面调停，也未能结束这场纷争。这 2
场论战到1927—1928年达到了顶峰。文学评论家阿韦尔巴赫是严格的无产阶级集体主义文化最顽固的狂热信徒，起初他所领导的臭名昭著的"拉普"(RAPP，无产阶级作家联合会)在论战中获得了胜利，接着(在三十年代)似乎当局觉得它革命过火，甚至把它看作是托洛茨基分子，又导致了它的最终崩溃并遭到清洗。随之而来的是，在斯大林及其务实的合作者共同组织策划的"和平化"稳定化时期，出现了一个新的传统，主要是针对出现任何可能扰乱从而分散对当前经济任务注意力的观念。这导致了一种放之四海而皆准的绝对标准。那个伟大时代唯一幸存下来的古典作家马克西姆·高尔基，据他的一些朋友说，最终也带着无尽的失望，无可奈何地接受了这个标准。

1928—1937

新的正统随着1928年托洛茨基的垮台而最终建立起来，从而彻底结束了这段苏联艺术的孵化期。苏联最杰出的诗人、小说家、剧作家，事实上还包括作曲家和电影制片人，正是在这个时期创作了他们最富原创性的、最令人难忘的作品。它标志着动荡不安的1920年代中晚期的落幕，在那段时期，西方的访问者曾为瓦赫坦戈夫的戏剧而惊讶甚至感到

---

① 出任苏联[文化与]教育(俄语"prosveshchenie"一词的含义包括了文化和教育，原文的翻译值得商榷)人民委员一职的头两位负责人：他们的详细情况参见"人名汇编"。

震惊;[1]也是在那个时期,当时尚未成为电影制片人的爱森斯坦,在莫斯
科商人废弃的剧场里发现的舞台上导演了他有趣的未来主义实验影
片;伟大的制片人梅耶荷德,他的艺术生涯可以说是他的国家艺术生活
的一个缩影,而他的天才至今不为人知,也是在那段时期进行了他最为
3 大胆、最令人难忘的戏剧实验。苏联思想在1928年之前发生了一次巨大
的震荡。早些年的确是由反叛和挑战西方艺术的精神所激发,以为是对资本主义最后的殊死搏斗的那种思想,如今则被强大、年轻、唯物主义和务实的无产阶级文化扫荡出艺术和所有其他的各条战线。这个以其冷酷的简单性和粗鲁的狂热新世界观而自诩的无产阶级文化,正是由一直在痛苦挣扎但却高歌猛进的苏联孕育出来的。

这种新雅各宾主义的传令官和主要精神权威是诗人马雅可夫斯基,他和他的学生一道建立了"列夫"(LEF[2],左翼艺术阵线)。尽管在这个时期可能存在许多自命不凡、虚伪粗俗的好出风头者,显得既幼稚又愚蠢,但也不乏活力四射的人物。一般来说,充满道德说教的共产主义理论并不那么反自由,在这一点上倒是与1914年以前的意大利未来主义有许多相似之处。这是一个诞生杰作的时代,像平民"保民官"马雅可夫斯基那样的诗人就是在此期间创作出自己最好的作品。他即使不是一位伟大的诗人,也算得上一位激进的文学革新者,一个能够产生惊人的活力、感染力,尤其是影响力的解放者;这也是帕斯捷尔纳克、阿赫玛托娃(直到她1923年开始保持沉默)、谢尔文斯基、阿谢耶夫、巴格里茨基、曼德尔施塔姆的时代;是小说家阿列克谢·托尔斯泰(他在1920年代从巴黎回国)、普里什文、卡达耶夫、左琴科、皮里尼亚克、巴别尔、伊里夫和彼得罗夫的时代;是剧作家布尔加科夫和已成名的文学评论家兼

① 叶甫盖尼·巴格拉季奥诺维奇·瓦赫坦戈夫(1883—1923),演员、导演和戏剧教师,斯坦尼斯拉夫斯基的学生,以其1920年代早期在莫斯科艺术剧院上演的具有独创性的戏剧作品而闻名于世。

② "Levyi front isskustva"(Left Front of Art)的缩写。

学者蒂尼亚诺夫、艾亨鲍姆、托马舍夫斯基、什克洛夫斯基、莱纳、楚科夫斯基、日尔蒙斯基、列昂尼德·格罗斯曼的时代。而像蒲宁、茨维塔耶娃、霍达谢维奇、纳博科夫等流亡作家则几乎不为人所知。高尔基的侨居和归国完全是另外一个故事。

国家控制贯穿始终。1917年2月至10月是俄国现代史上唯一一段没有书报检查制度的自由时期。1934年，布尔什维克政权通过采取分级监控的办法进一步强化了这项古老的制度——首先通过作协，然后经相应的国家委任的人民委员，最终由党的中央委员会作出决定。党制定文 4
学"路线"：起初要建设的是声名狼藉的"无产阶级文化"(Proletkul't)，要求无产阶级作家团体对苏联的新主题进行集体创作；其后又推崇苏联时期和苏联之前的英雄人物。尽管如此，直到1937年之前，一些富有魅力和原创性的艺术家并不总是对全能的国家卑躬屈膝；有时，他们如果甘冒足够的风险，还可能设法让当局转而承认某些非正统方法的价值(像剧作家布尔加科夫所做的那样)；有时某些非正统的观点，如果不直接针对苏联的信仰，还是留有一些发表的余地，作为普通苏联人日常餐桌上一种未必不受欢迎的调味品，有时还特别刺激(例如蒂尼亚诺夫、卡达耶夫特别是左琴科早期的那些轻松而又辛辣的讽刺作品)。当然这种情况不允许走得过头或频繁发生，但可能性总是存在的。作家们不得不锻炼他们把握分寸的能力，在不打破正统的框架或招致直接的罪名和惩罚的前提下来表达他们非正统的观念。这在某种程度上激发出他们的聪明才智。

这种情况在斯大林掌权以及新的正统开始实行以后又延续了一段时间。高尔基直到1935年才逝世；而只要他还健在，就会利用其巨大的个人权威和声望保护一些杰出的引人注目的作家免受过分的监管与迫害；他自觉地扮演着"俄国人民的良心"的角色，延续了卢那察尔斯基(甚至是托洛茨基)的传统，保护着有前途的艺术家免遭官僚统治机构的毒手。在官方马克思主义理论界一种不宽容和狭隘的"辩证唯物主义”确实占着统治地位，但作为一门学说，相关的内部争论还是允许的，比方说在布哈林的追随者和更带书生气的梁赞诺夫或德波林的追随者之间，各种唯物主义哲学流派之间，以及那些视列宁为普列汉诺夫的嫡系传人的“孟什维克”和那些强调他们分歧的人之间，都还存在着各种各样的争论。

5 猎巫运动开始了；异端邪说，不论是左还是右，不断地被“揭露”出来，那些被指控为异端的人面临着恐怖的结局；然而就是如此残忍的意识形态论争，惴惴不安地不知道会因支持哪一方而被定罪遭到清洗，也给知识界带来了一种严酷的生命力，结果这一时期无论是原创性还是评论性的作品，虽然带片面夸张之弊，却很少显得乏味，这也预示着在思想艺术的各个领域仍将有一番持续的动荡。那些同情苏联文坛的观察家可能很喜欢拿这些文学活动，与维亚切斯拉夫、伊万诺夫、巴尔蒙特、梅列日科夫斯基、季娜依达·吉皮乌斯、库普林等在法国的老一代俄国移民作家的逐渐沉沦进行比较，尽管这些作家的文学技巧，在大多数时候，即使是他们在莫斯科时，也公认要比许许多多的苏联文坛先锋高超得多。

1937年至今

随之而来的大崩溃，对每一位作家和艺术家来说简直就是另一次圣巴托罗缪之夜——似乎很少有人会完全忘记那个黑暗的日子，时至今日除了窃窃私语很少有人公开提及此事。政府显然已经感觉到自己的统治基础不稳固，或是担心在西方，或者可能与西方会有一场大战，于是对那些完全出于假设的“可疑”分子，以及无数的清白无辜者下手，其残忍和极端的程度只有遥远的西班牙宗教裁判所和反宗教改革运动可与之相比。

1937年和1938年的大清洗和大审判对苏联文学界和艺术界的改变超乎所有人的想象。在此期间，特别是在叶若夫恐怖时期，许许多多的作家和艺术家被驱逐和消灭，以至于1939年呈现在世人面前的俄国文学和思想界就像一个被战争摧毁的地区，只有一些宏伟的建筑仍然相对完好，孤独地矗立在一片片废墟和荒野之上。像梅耶荷德那样的戏剧创作天才、曼德尔施塔姆那样的天才诗人，以及巴别尔、皮里尼亚克、亚什维里、塔比泽等极富天赋的人物，和最近回国的“伦敦流亡王子”D. S. 米尔斯基，还有评论家阿韦尔巴赫(只能列举最著名的几个人物)， 6
均受到“迫害”，不是被杀就是以这种或那种方式被消灭。如今似乎没有人知道此后发生了什么。外界也再没有看到过这些作家和艺术家的踪影。有传言说他们中的某些人还活着，比如1918年开枪刺伤列宁的多拉·卡普兰，还有梅耶荷德，据说他还在哈萨克斯坦首都阿拉木图搞戏剧创作；但这些似乎都是苏联政府散播的传言，几乎可以肯定地说绝不真实。[①]一位对苏联明显太过同情的英国记者试图让我相信米尔斯基还活着，并一直在莫斯科隐姓埋名坚持写作。显然他并不真的相信此事，我也一样。1939年从巴黎回国的女诗人玛琳娜·茨维塔耶娃遭到官方的冷落，大概于1942年早期自杀身亡。[②]冉冉升起的年轻作曲家肖斯塔科维奇在1937年遭到了猛烈的批判，而且是来自一位很高的上层人物，理由是“形式主义”与“资产阶级的颓废”，以至于他在两年时间里既不得演奏也不能被提及，之后通过缓慢而又痛苦的忏悔，最终他采取了一种更符合当前苏联官方要求的新的作曲风格。此后他只是在两种情况下才被召来，一是定制作曲，一是忏悔；普罗科菲耶夫也和他有着相同的命运。大量不为西方所知的年轻作家，据说在这个时期都已显露出有很好的前途，前面提到的就是这么一位，此后就再也没有听说过了。尽管

---

① 多拉(她的真名是Fanya)·卡普兰事实上在被捕四天后即1918年9月4日即被枪决。梅耶荷德于1940年2月2日被枪决。

② 事实上是在1941年8月31日。

不总是那么有把握,但他们幸存下来的可能性不大。此前,诗人叶赛宁和马雅可夫斯基已经自杀。官方至今否认这是因为他们对现政权已经不抱任何幻想。同样的事情还在继续。

高尔基的逝世使知识分子失去了他们唯一强有力的保护者，同时也失去了与早先相对比较自由的革命艺术传统的最后一丝联系。那个时代最杰出的幸存者如今都默默无闻,战战兢兢,唯恐犯了某条违反党的路线的死罪,至于是什么路线,无论是战前的大批判时期还是之后,
7 都不是很清楚。处境最艰难的是那些与西欧即法国和英国有密切联系的作家和作者，自从苏联的外交政策由李维诺夫的集体安全政策转向以苏德条约为标志的孤立主义之后，许多被认为与西方国家有联系的人都被安上了亲西方政策的大恶名。

对权威的卑躬屈膝达到了前所未闻的程度。解救被判死罪的异端通常都来得太迟;无论如何,它都给从那段恐怖时期幸存下来的人们留下了一段永远难以忘却的痛苦而又耻辱的回忆。叶若夫的放逐令把成千上万的知识分子送进了地狱，显然到1938年他的行径已经太过离谱甚至影响到国内的稳定。斯大林在一次讲话中宣布大清洗已经开展得有些过火,这场浩劫才最终叫停。接下来有一段“喘息的间隙”。那些古老的民族传统又重新获得了尊重,古典作品再次得到尊崇,一些古老的街道名称又重新取代了革命时期的命名。从1936年的宪法开始,到1938年《联共(布)党史简明教程》的发表,完成了对理想信念的最终表述。1938年到1940年间，共产党进一步加快了加强中央集权的步伐——此前控制得已经够紧的了——虽然这些年正从1938年的创伤中缓慢恢复过来,但对于具有创造性和批判性的艺术来说却仍然是一片空白。

卫国战争

接着,战争爆发了,局面再次发生了改变。所有的一切都被动员起

来为战争服务。那些在大清洗中幸存下来的,以及那些不向国家卑躬屈膝、竭力保持自身自由的著名作家，对这股真诚的爱国主义狂潮的反应,依我看来,比起那些正统的苏联作家似乎还要深沉得多。但是由于他们的经历太复杂，显然不能把他们的艺术作品作为表达民族感情的直接载体。帕斯捷尔纳克和阿赫玛托娃所创作的最出色的战争诗篇,皆 8
发乎最深挚的情感，却被认为太过于追求纯粹的艺术性而不具备足够的主导宣传价值，因而遭到了掌控官方作协前途的共产党文学官僚的鄙夷。

这种不以为然的态度隐含着对其基本的忠诚的怀疑，结果极大地刺激了帕斯捷尔纳克的神经，使得这位极其洁身自好的艺术家绞尽脑汁创作了大量的作品,几乎主导了整个战争的宣传,这听起来有些不可思议。党的评论家批评这些作品不够有力不够充分。在他们看来,像薇拉·英培尔写的《普尔科沃子午线》这样的应时之作和她的关于列宁格勒之围的战争日记，以及奥尔加·别尔戈利茨那些更富才华的作品,才更容易被接受。

但是随后出现的情况可能多少会让当局和作家们感到惊讶：帕斯捷尔纳克(还没有人敢否认他的诗歌天才)创作的不带什么政治性的、多数是纯粹抒发个人感情的诗歌出乎意料地在前线的士兵中流行起来。流行的诗人中在世的还包括像阿赫玛托娃这样的顶尖诗人,不在世的(革命后去世的)包括勃洛克、别雷甚至勃留索夫、索洛古勃、茨维塔耶娃以及马雅可夫斯基。那些在世的最杰出的诗人尚未发表的作品,私下以手稿的形式传给了几位朋友,并互相传抄,前线的士兵像读爱伦堡在苏联日报上发表的雄辩的社论，或这个时期最受欢迎的正统的爱国主义小说一样,以惊人的热情并怀着深深的喜爱相互传阅。才华出众但至今仍然遭受猜疑的孤独的作家们，尤其是帕斯捷尔纳克和阿赫玛托娃,开始收到大批来自前线的信件,信中引用了他们已经出版和尚未出版的作品,还向他们索求照片并请求他们确认某些文本的真实性,其中的有些文本还只是以手稿的形式存在，甚而请求他们对这样或那样的问题发表自己的看法。

这种情况最后不能不引起党的相关领导人的高度重视，官方对这
9 些作家的态度也变得有些缓和。就好像文学官员们开始意识到他们的价值将来某一天会成为国家引以为豪的一部分，结果他们的地位提高了，个人的安全也得到了更好的保障。然而这些不可能持久:党和它的文学代表们并不真正喜欢阿赫玛托娃和帕斯捷尔纳克。既不愿成为宣传的喉舌又要保存自己，你就必须保持低调:显然阿赫玛托娃和帕斯捷尔纳克太受欢迎了，以致他们难逃猜疑。

现　在

国家审查官相对比较仁慈的态度，即使并没有放松警惕，已经使成名的作家中头脑比较灵活的那些人开始调整自己以适应新的形势，他们希望得到的只不过是一些相对有保障的工作；一些人已经公开宣誓献身国家的事业，并宣称他们忠实地履行他们的诺言，并非出于被迫，而是因为他们是真正的信仰者（阿列克谢·托尔斯泰就是这样做的，他对其著名的小说《苦难的历程》做了彻底的修订，此书最初还讲到一位英国的英雄，而他关于伊凡雷帝的戏剧实际上是在为大清洗做辩护）。其他人各自细细盘算自己能放弃多少以满足国家宣传的需要，又能为自己保留多少以维护自己完整的人格。还有些人则试图与国家保持一种友好的中立关系，既不妨碍国家，也不希望国家妨碍自己，谨小慎微，不做违法之事，即使过着毫无报酬、不被认可的生活，也已经心满意足了。

党的路线从开始以来已经历了多次改变，作家和艺术家们都从党的中央委员会获悉最新的重要指示。制定党的路线虽然经过层层审议，

但最终是由党的中央委员会做出决定。时下做出官方最高指示的是中央政治局委员米哈伊尔·苏斯洛夫，他在这个位置上接替的是格奥尔基·亚历山德罗夫。据说，亚历山德罗夫去职是因为他写了一本书，书中仅仅把卡尔·马克思当成是最伟大的哲学家的代表，与别的哲学家相比没有什么不同，并没有比同类的哲学家更伟大。我猜想这就好比把伽利略说成是最伟大的占星学家一样，是一种大不敬。苏斯洛夫负责党的宣 10
传和出版；作协中把党的路线变成其他作协成员职责的是作协主席，尤其是作协的书记，书记是由党的中央执行委员会直接任命的，而且本人通常连作家都不是（因此后来的谢尔巴科夫，一个纯粹的政客，1945年死之前是政治局中的当权派，也曾一度当过作协的书记）。

每当有关图书、戏剧或其他“文化现象”的评论偶尔犯了错误，也即在某一点上偏离了党的路线，那么不单要让评论者个人意识到他的错误可能带来的严重后果，而且要发表一种与原来的评论针锋相对的评论，指出原来评论的错误并标明官方对所评著作的态度，以此来纠正原来的错误。有些时候还更严厉。前任的作协主席是老派的、不太有进取心的诗人尼古拉·吉洪诺夫。他由于默许新出现的所谓纯粹的文学而被取代：由政治绝对坚定的法捷耶夫来接替他。

作家一般被看作是需要严密监视的人群，因为他们打交道的是观念这种危险品，因而要比对其他思想性不那么强的职业更加小心，杜绝他们与外国人进行私下的个人联系。像演员、舞蹈演员和音乐家，他们往往被认为不太容易受观念力量的影响，因而也更不容易受国外的不良影响。这个由安全部门抓住的特征看来基本上是正确的，因为外国访问者（比方说，这篇备忘录的作者）只有通过与作家及其朋友们的谈话，才能获得有关苏联体制在私人和艺术生活中如何运作的一些有条理的见地，完全不同于断断续续、浮光掠影的几瞥。其他艺术家已经完全习惯于下意识地避免对这么危险的话题感兴趣，更不要说讨论了。虽然被人知道与外国人接触并不是任何时候都会让人名誉扫地或遭到迫害

［尽管通常紧随而来的是苏联内务人民委员会(NKVD)尖锐的讯问］,但
11 那些较为胆小的作家，尤其是那些地位还没有完全稳固并成为党的路线喉舌的作家，则避免公开地与外国人单独会面——即使是那些应苏联官方邀请前来参观访问的、已被证明是忠诚的共产党人,包括他们的随行人员。

苏联作家,无论是创作型的还是评论型的,除了要完全确保自己不被怀疑有任何心存异志的企图，还必须在任何特定的场合坚定正确的文学目标。苏联政府绝不允许他们在这个问题上有半点迟疑。以往,西方的“价值观念”,除非是公开地反苏或被认为是反动的,偶尔用用也不致被认为太不光彩而受到孤立,很大程度上是被默许的,如今这些价值再次遭到抨击。似乎只有古典作家才能超然于政治批判之外。在早先马克思主义批判盛行的时候,莎士比亚和但丁与普希金、果戈理当然还有陀思妥耶夫斯基一起,被斥为大众文化或争取自由的敌人,如今这些批判被视为一种幼稚的过火行为。那些伟大的苏联作家,包括像陀思妥耶夫斯基和列斯科夫这样的政治上的反动人物,至少在1945年以前,又重回圣殿,不断地成为人们崇拜和研究的对象。对外国的经典作家也大体一样,即使像杰克·伦敦、厄普顿·辛克莱以及约翰·博因顿·普里斯特利(还有在我看来是无名之辈的詹姆斯·阿尔德里奇和沃尔特·格林伍德)这样的作家,也凭其政治的而非文学的价值进入到文学的万神殿。

如今俄语评论写作的主要任务是复兴一切俄语的东西，尤其是在抽象的思想领域内,表现得好像没有从西方获得一点启发;同时也旨在歌颂那些活跃在俄罗斯帝国历史上的俄罗斯的(偶尔也有非俄罗斯裔的)科学和艺术的先驱们。这种状况因近来发生的一个事实而有所改变:近来出现了许多觉醒的迹象,意识到马克思主义的方法因过分热衷于战时过度的俄罗斯民族主义而有被放弃的危险，如果像它表现出来的那样发展成为地区民族主义,那么它将成为一股破坏性的力量。结果
12 像塔尔列等历史学家,尤其是鞑靼、巴什基尔、哈萨克及其他少数民族

的历史学家，遭到了官方的指责，说他们背离了马克思主义而滑向了民族主义和地区主义。

除了历史上的联系，正统的马克思主义，或更确切地说是“列宁—斯大林主义”，尤其是共产党，依然是苏联最强大的凝聚力量。共产党乃是帝俄时代俄罗斯给非俄罗斯臣民造成的创伤的治疗者。因此极有必要重申以平等主义为核心的马克思主义学说，并与任何滑向简单的民族主义的动向作斗争。最尖锐的攻击指向与德国有关的一切；马克思和恩格斯的身世是不容置疑的，但黑格尔不同，虽然早期的马克思主义者包括列宁在内，对这位直接的先驱自然是必恭必敬，而如今，他却和其他浪漫主义时期的德国思想家和历史学家一道，被视为法西斯主义的前身和泛德意志主义的鼓吹者而遭到猛烈的抨击，照他们看来，他没什么可学的，而且虽然他对俄国思想的影响不可能完全被掩盖，但这种影响不是多余的就是可有可无的。

相比较而言，法国和英国的思想家要幸运得多。谨慎的俄国作家，包括历史学家和文学家，还可以继续允许自己对英法哲学和科学传统中的反教权主义和“反神秘主义”的经验主义者、唯物主义者以及理性主义者，表达一丝谨慎的敬意。

最杰出的老一代作家生怕引起官方的不满，已经是处处提防，步步小心，但仍感到自己处在一种奇怪的境况之中：一方面受到读者们的吹捧，另一方面又得到当局半信半疑的宽大；虽然得到年轻一代作家的敬仰，却又不能被他们完全理解；一小群虽已伤亡惨重但仍不失杰出的诗人，一方面异常的封闭，生活在对欧洲主要是法国和德国的记忆之中，一方面又为祖国的军队胜利地打败法西斯而感到自豪，为日益得到年轻一代的尊敬和关注而感到慰藉。因此诗人鲍里斯·帕斯捷尔纳克告诉
我说，当他在公众面前朗读自己的诗歌时，偶尔顿一顿，总是会有十几 13
位听众马上出来提醒他，还是凭着记忆，而且能够很清晰地继续朗诵下去，要多长有多长。

无论是何原因——是出于纯粹内在的趣味还是未受到粗制滥造的作品的侵蚀，事实上毫无疑问的是，今天或许还没有哪个国家，她的诗歌，不管是新的还是老的，优秀的还是微不足道的，销量会有苏联那么好，阅读的热情会有苏联那么高。这不可能不对同类的评论家和诗人产生强大的刺激。只有在俄国，诗歌才称得上字字珠玑；一位成功的诗人可以得到国家的资助，而且待遇相对来说还要比一般的苏联国家公务员好。剧本通常也十分畅销。如果按照黑格尔的教导，量变会引起质变，那么苏联的文学前景理应比其他任何国家都要光明。而事实上可能还有比这位曾经对俄国的思想影响如此深远如此巨大，如今却在俄国变得声名狼藉的德国形而上学家的先验推理更好的、更可靠的依据。

由于老一代作家的作品根植于过去，必然受到一直困扰着他们的政治立场问题的影响。有些人只是偶尔打破彻底的沉默写上一首新的抒情诗，或一篇评论文章；要不就是守口如瓶地靠抚恤金过活，如果真的够杰出的话，还能住上由国家提供给他们的或在城市或在乡村的房子。有些人则转向不会触犯政治的艺术形式，比如儿歌或打油诗；像楚科夫斯基的童谣就是一首首精彩绝伦的打油诗，堪和爱德华·李尔的作品相媲美。普里什文继续创作他的在我看来极出色的动物小说。另外一条出路是翻译艺术，如今这一领域可谓群贤毕集，一如既往地汇集了俄罗斯最杰出的天才。有些让人惊讶的是还没有哪个国家把这些天真无邪而又与政治无关的艺术演绎得如此完美。但近来也出现了一种反对它们的倾向。

高水准的翻译当然不仅仅是由于它可以作为一种卓有成效的方式来回避政治上的危险论调，还应归功于翻译外国语言的高超的艺术传
14 统。俄国这个以往在智识上长期依靠外国文学的国家，在19世纪逐渐发展出这样一种翻译传统。结果是许多具有超凡感受力和文学天赋的人把伟大的西方经典翻译过来，而雇用廉价文人的翻译（大多数俄文的英译本仍属此类）在俄国简直闻所未闻。对翻译如此关注多少还要归功于

如今对苏联边远地区生活的强调，这也直接导致了政治上对翻译像乌克兰语、格鲁吉亚语、亚美尼亚语、乌兹别克语、塔吉克语这些流行语言的重视，一些颇具天赋的俄国作家在这个领域进行了卓有成效的尝试，结果大大增进了地区与地区之间的善意。事实上，这或许可以说是斯大林本人对苏联文学的发展所做出的唯一最有价值的贡献。

至于小说，最常见的路数是像费定、卡达耶夫、革拉特科夫、列昂诺夫、谢尔盖耶夫—岑斯基、法捷耶夫这些稳妥可靠、彻头彻尾的二流小说家，和像波戈廷与（刚刚去世的）特列涅夫这样的剧作家创作的作品，他们中的某些人还沉湎于革命时期多姿多彩的个人经历之中。[①]如今，他们无一不遵照他们的政治领导所指示的方式行事，留下来的大多是一些以专业的笔法，模仿19世纪末的作品创作的极其平庸的作品，冗长、符合要求、政治方向正确，诚恳，有时颇为可读，但总体上水平一般。显然，1937年和1938年的大清洗已把1917年革命刚刚燃起的俄罗斯现代艺术的熊熊烈焰彻底扑灭了，如果没有政治上那么早就开始的破坏，新近的战争决不可能如此之快地将这股烈焰熄灭。

整个俄罗斯文坛笼罩在一种万马齐喑的奇怪氛围之中，哪怕一丝微风也未尝拂过这潭死水。或许这是下一波惊涛骇浪来临之前的平静，
然而我们还看不到有任何新鲜的事物将要在苏联出现的迹象。既不是 15
对过去的心满意足，也不需要什么新的体验来刺激疲劳了的审美趣味。俄国的老百姓并不比欧洲其他国家的老百姓更厌烦享乐，而专家们，只要还有的话，都会为他的领域不受让人担惊受怕的政治风云的影响而兴高采烈，并与政治和平共处。当前的气候对知识界或艺术界并不十分有利；当局会热切地欢迎技术领域的发明和发现，但似乎还未意识到自由研究的不可或缺，研究的自由是不可能被指定在某些前沿上的。看来当前为了安全已经牺牲了创新；除非并且直到这种状况有所改变，俄国

① 这些作家，如今大多已被遗忘，他们的作品也几乎无人问津，然而他们却曾经是最成功的、读者最广的社会主义现实主义作家中的一员（详见人物汇编）。

几乎不可能做出什么重要的贡献，至少是在人文艺术和人文研究领域是这样。

或许有人会问，那些年轻的作家呢？没有哪一位苏联文坛的外国观察家不为苏联老一代与年轻一代作家之间的鸿沟而感到震惊。老一代作家忠诚中带着一丝忧郁，对这个从各方面都可谓超级稳定的政府来说不可能有任何威胁。而年轻一代作家下笔如飞，似乎思考本身还赶不上写作的速度（或许是因为他们中有太多的人根本就不思考），而且以如此赤诚的忠心和充沛的精力不知疲倦地重复相同的写作模式和公式，几乎无法想象会有什么真正的疑团让他们感到过困惑，无论他们是作为艺术家还是作为一个普通的人。

或许我们从不远的过去就可以找到答案。大清洗扫荡了整个文学的基础，而战争又提供了新的创作主题和激情。突然之间涌现出一大批作家，他们轻率、幼稚而又多产，从粗糙、呆板的正统作品到充满大量文学技巧的文章无所不写，有时能让人潸然泪下，有时又能给人带来真正的愉悦，并且通常采用的是生动的新闻报道风格。这种情况既适用于诗歌、散文，也适用于小说和戏剧。小说家、剧作家和诗人康斯坦丁·西蒙诺夫是此类人中最成功也最具代表性的人物。他滔滔不绝地写了大量质量低劣但完全迎合正统观点的作品，歌颂苏联的英雄典型，勇敢、清廉、简朴、高尚、无私，完全投身于祖国的事业。在西蒙诺夫背后还有其
16 他许多同类的作家；描写发生在集体农庄（kolkhozes）、工厂或前线的英雄事迹的小说家；反映爱国主题的打油诗和戏剧的作者，这些作品嘲讽资本主义世界或挖苦俄国原本就有的老派且名声败坏的自由文化，与现在完全被标准化了的那种意志顽强、充满热心、才华出众、坚决果断、专心致志的年轻工程师或政治委员（“人类灵魂的工程师”），或军队指挥员，害羞、少言寡语而又充满男子气概的恋人，重大事件的执行者，“斯大林的战鹰”（“Stalin's eagles”），由满怀爱国激情、道德完美、英勇无畏的年轻女性簇拥着，所有的五年计划最终都是依靠这些人来实现的。

老一代作家并不隐讳他们的观点，他们认为这种虽然庸俗但还一丝不苟的批量文学生产自有其价值，像与文学密切相关的海报也应该属于严肃的艺术。尽管那些受到国家需要的鼓舞并直接为其服务的作品不可避免地会如雨后春笋般迅速地增加,但是,如果与此同时在年轻作家中——我是说那些四十岁以下的作家——也能发现一些比较深刻而又新颖的东西,他们也许就不会那么挑剔了。他们指出,根本没有理由说，当代苏联生活不能产生真正严肃的“社会主义现实主义”作品——毕竟,肖洛霍夫描写内战期间哥萨克人与农民的小说《静静的顿河》,如果说有的地方显得枯燥乏味、情节拖沓、过于冗长,但从各方面来看都不失为一部真正富有想象力的作品。

老一代作家提出的最常见的批评——这类“自我批评”是允许发表的——包括:从浮光掠影的创作和粗陋的标准化英雄崇拜的正统理论中,不可能诞生真正的艺术作品;战争中的英雄人物本身就值得进行更细致、更新颖的剖析;经历战争在民族发展的历程中有着深远的意义,只有通过一种更有力、更感人、更精致的艺术形式才能展现这段重要的历程,而时下出版的大多数战争小说,自诩是描述士兵和老百姓的苦难经历，实则是对士兵和老百姓生活的粗暴扭曲和莫大侮辱；最后一点（这一点从未公开发表过），内心的冲突——唯此就能成就一位艺术家——已被人为删定的政治提纲的过分简略的条文非常轻易地抹除掉,政治提纲不允许对最终的目标有任何的怀疑,也不允许对实现目标 17
的手段有太多的不一致。或许是因为大清洗以及它所带来的生理和心理的后果,迄今为止政治纲领也没有提出它自己的艺术规范和标准。有鉴于此，我们就不难想象今日的俄国会出现某种不亚于中世纪宗教艺术的既恪守陈规又虔诚玄奥的东西。目前我也看不到有多大改变的希望。诗人谢利温斯基对社会主义浪漫主义的呼吁——既然社会主义现实主义都可以,为什么社会主义浪漫主义[1]就不行? ——便遭到了无情的封杀。

同时这些流行的年轻作家的经济收入，并未因他们遭到评论家的指摘而受到影响,这使他们有资格与西方国家的畅销书作者相提并论,因为还没有一个词能表达这样的情形:小说和诗歌,不论是好是坏,一出版就立即被销售一空并四处传播——这反映了公众对文学的饥渴以及文学的供不应求。由于世俗小说充满了风险,因而历史小说的主题,除了战争期间和战后的宣传主题之外，大多是描述像伊凡四世和彼得一世这样得到官方认可的俄国历史上的英雄人物,像苏沃洛夫、库图佐夫、纳希莫夫和马卡罗夫这样的军事家和航海家,以及那些备受阿谀的法官和不忠的贵族阴谋陷害而屡遭磨难与挫折的忠诚的爱国者和真正的俄罗斯人的生平故事。他们的性格与英勇行为,为极富传奇色彩和爱国情感的历史背景与很显然服务于现时需要的政治或道德说教之间的结合提供了契机。

虽然这股潮流并没有真正开始,但晚年的阿列克谢·托尔斯泰[他于今年(1945年)去世]却给了它最强有力的推动。这个新帝国已经激发起他丰富的想象力,使他展示出惊人的文学天赋,或许他一个人就拥有了成为新帝国的维吉尔的勃勃雄心和全部条件。

在戏剧、音乐和芭蕾舞等其他艺术领域中我们同样也可以看到年
18 轻人与年长者之间的鸿沟。只要没有与辉煌的过去彻底的决裂,还对革命前的传统有所依赖,无论发生了什么,由于紧紧固守着这样古老可靠的传统,一切新的发展都试图将它的标准保持到今天。因此,虽然普遍认为莫斯科艺术剧院与其黄金时期的卓越水准相比已经是大不如前了,那时候契诃夫和高尔基都为它创作剧本,尽管如此,它在个人表演和整体演出方面仍保持了一种足以让世界继续艳羡不已的高水准。自

① 更确切地说是“社会主义象征主义”,它允许作家处理更为广泛的重大主题——除了拖拉机和鼓风炉——而不必牺牲政治上的忠诚。

1937年以后的那个时期以来，它的保留节目不是传统的剧目就是那些新的平淡无奇、循规蹈矩的作品，相对来说它们没有什么自身特点，只不过是用来供那些极富天赋的演员展示他们华丽而又老套的表演技巧的工具；在多数情况下，公众所能记住的只是表演而不是剧日。同样莫斯科小剧院也继续上演奥斯特洛夫斯基精彩绝伦的喜剧，那可是它19世纪的主演剧目；十月革命后小剧院试验的剧目，不论是古典的还是现代的，其表演往往很容易就沦落到本·格里特或弗兰克·本森这类演出公司的水平。只有一两个较小的莫斯科剧院还以极大的热情和丰富的想象力演出古典剧目，比如叶尔莫洛娃的剧院和交通剧院（the Transport Theatre），以及一两个列宁格勒的小剧院。即使在这些剧场里上演的剧目中，水平最高的也是那些古典作品；比方说哥尔多尼、谢立丹、斯克里布的作品；现代剧演得就没有那么好，究其原因，与其说是表演方法陈旧，不如说是内容本身乏善可陈。

至于歌剧和芭蕾舞，只要是以往的传统还存在影响的地方，它表现得还比较体面，尽管略显单调。当一些新的剧目上演之后，比如今年在列宁格勒上演的由亚美尼亚作曲家哈恰图良导演的新芭蕾舞剧《加雅涅》，就能够去表现活力和激情，演员们在表演中表现出来的热情和喜悦让检察官也挑不出任何毛病。但是，尤其在莫斯科，它的布景、制作（还包括音乐）也可能沦落到极其庸俗的地步，这种庸俗即使是在第二
帝国时期的巴黎也难出其右。生硬堆砌起来的豪华布景让莫斯科大剧 19
院显得如此奢华，此种布景的灵感除了来自奥芬巴赫节的所见所闻，同时也来自十年乃至二十年前早期好莱坞极尽奢华的影响。由乌兰诺娃这样真正伟大的诗剧和戏剧舞蹈演员，或由杜金斯卡娅、列别辛斯卡娅这样无可挑剔的新秀，以及日臻成熟的谢苗诺娃、普列奥布拉任斯基、谢尔盖耶夫和叶尔莫拉耶夫这些富有个性的天才，来演出如此粗俗的节目，让一切都显得格外的怪诞和别扭。另外，它没有将一丝不苟、冷酷无情的训练与思想上的原创性以及宽广的视野很好地结合起来，而正

是力度、抒情和优雅的完美结合，曾将俄罗斯的芭蕾艺术提升到一个前所未有的高度。

在莫斯科和列宁格勒的两家大歌剧院那里，我们依然看不到一丝新生活的迹象。它们把自己的演出仅仅局限在一些高度模式化的保留剧目上，都是些最著名的俄罗斯和意大利的作品，偶尔才会上演像《卡门》这样的作品。各家小剧场则致力于搜寻一些不涉及政治的娱乐节目，向观众奉献奥芬巴赫、勒科克和埃尔韦等人的轻歌剧，尽管表演更多的是激情而算不上精致，但却大受欢迎，因为它与苏联日常单调乏味的生活形成了鲜明的对照。年龄的差别再次显现出来，尤其在戏剧舞台上要比在芭蕾舞台上更为明显（在芭蕾舞台上如果不是不断地吸收年轻演员，将难以为继）。近十年的戏剧舞台上几乎没有出现什么突出的男演员或女演员。观众显然也意识到了这一点，每当我在莫斯科各个剧院向不知名的邻座提到这一点时，所得到的回答都是一致的赞同，而且回答得如此干脆，就好像这是一个非常明白的常识一样。这些在剧院里偶尔邂逅的邻座无一不沮丧地谈到年轻人中遗憾地缺少戏剧天才，更遗憾的是缺少良好的感受力。而那些老演员正是凭借极其丰富的感受
20 力依然活跃在舞台上（他们中的某些人的表演生涯甚至可以回溯到本世纪初）。个别人已经开始怀疑是否西方的剧院比苏联培养出了更好的年轻演员，也许“传统在那里没有那样的严格和令人压抑”。即使是艺术剧院似乎也在观念和技艺上固步自封——否则将不得不退回到一战之前的情形。

反对一切创新——像梅耶荷德这样遭受迫害的作家的名字很少敢被大声提起——加上大力提倡这样的戏剧，两者结合，在不远的将来势必——除非发生什么事情打断这一进程——加剧表演风格的分裂，要么技艺纯熟却脱离现实，要么反映当代主题但技法陈腐老套。从另一个方面看，应该说苏联的读者和苏联的戏剧观众那孩子般的饥渴和热情，或许是世界上任何国家无法比拟的。整个苏联拥有遍及各处的国立剧

场和歌剧院以及地方出版社，这不仅仅是政府规划的一部分，同时也是为了满足大众极其真切而又无法得到满足的需求。由于早些时候马克思主义的盛行以及俄罗斯乃至外国经典作品的广为流传，特别是被翻译成苏联各“加盟共和国”不同的语言，在此刺激下，苏联的识字率有了大幅的提高，从而造就了一个公共文艺群体，他们的反响乃是西方的作家和剧作家所羡慕不已的。人满为患的书店货架上总是供不应求，使政府安然运作的政府雇员所表现出来的如饥似渴的兴致，甚至像《真理报》和《消息报》这样的报纸在报亭待不了多久就很快被销售一空，这些事实都进一步证明了苏联公众这种对文艺的饥渴。

因而，如果高高在上的政府操控有所改变，如果允许艺术家有更大的表达自由的话，那么我们没有理由怀疑在这样一个对艺术创作如此饥渴的社会，在这样一个仍然如此渴望体验，仍然如此年轻，对一切看起来新鲜乃至真实的事物如此着迷的国家，总之一个拥有无穷的生命力，能够扫除各种戕害文化的荒诞事物、获得辉煌的原创艺术的国家，不会在将来的哪一天重新复活。

或许在西方的观察家看来，苏联观众对经典戏剧作品的反应显得出奇地幼稚。比如当一出莎士比亚或格里鲍耶陀夫的戏剧上演时，观众
很容易为舞台上的表演所触动，就好像演的是当代的生活一样；演员所 21
说的台词马上会引来赞成或不赞成的低声议论，而且很容易自然而然地变得激动。这些人或许和欧里庇得斯与莎士比亚写作时代的那类普通观众没有多大的区别，而在前线的士兵也如此经常地将他们的上司与苏联爱国主义小说中常见的英雄进行比较，小说对他们来说往往并不是对日常生活的一种概括，这些事实似乎告诉我们，他们仍然用聪明伶俐的小孩那种机敏的想象和无邪的眼睛来看待这个世界，他们正是小说家、剧作家和诗人心中理想的公众。这片肥沃的土壤，仍然没怎么开垦，即便是最低产的种子似乎也能在上面迅速而又繁茂地生根发芽，不可能不产生艺术家。或许恰恰是由于缺少这种公众的反响才使得英

国和法国的艺术通常显得死板、乏味、矫揉造作。

就目前而言，苏联对新鲜事物的极端渴求和不加批判地接受现有的低劣精神产品之间的巨大反差，是当前苏联文化最显著的一个现象。

苏联作家喜欢在文章或专栏里强调公众是带着某种超乎寻常的热情来阅读或观看这本书或那本书，这部电影或那部电影，这出戏剧或那出戏剧的。诚然，他们说的基本无误；但有两个方面的事实却从未被提到，当然这并不奇怪。第一是无论官方做了怎样的宣传，对好的艺术和坏的艺术——比方说一方面是19世纪的经典作品及流传下来的极少的文学杰作，另一方面则是单调乏味的爱国主义文学——的强烈感受以及几乎是与生俱来的辨别力尚未完全泯灭，而苏联知识分子中的精英（比如那些幸存者）所一直担心的对文学趣味的标准化，至少到目前为止似乎也还没有像预期的那样发生。

第二个条件是苏联仍然存在一批虽年事已高但思路依然清晰的真正的知识分子精英，尽管他们处境艰难而且人数在不断减少。他们涵养深厚，感觉敏锐，一丝不苟且明察秋毫，他们还保持着俄国知识分子在
22 革命前的那种未受侵蚀的极高的批判标准，在某些方面可以说是世界上最纯粹最严格的批判标准。这些人如今只能在一些政治上不那么重要的政府部门、大学和出版社才能找到，他们如果没有明确受到国家的照顾，也就不会遭受很大的烦扰；他们往往很悲观或好挖苦人，因为他们在下一代中找不到他们自己的继承者，而且据说主要是因为年轻人，不论男女，只要稍微表现出一些独立精神和创新观念，都会作为社会危险分子被无情地赶到中亚或北亚地区。

许许多多显露出独立艺术家和评论家天赋的年轻人，据说在1937—1938年间已被一扫而光（“就像用扫帚扫一样”，一位年轻的俄罗斯小伙在火车站对我这么说，他觉得在那儿不会被人注意）。尽管如此，我们在大学里或者外文翻译以及芭蕾舞编剧（在苏联那可是稀缺人才）

中仍能找到一些这样的人。但很难说他们是否仅靠自身的力量就能给知识界带来生气勃勃的景象，比如说托洛茨基和卢那察尔斯基就曾不懈地追求这一目标，而他们的后辈似乎对此并不怎么关心。年龄较大的知识分子，要是他们坦率直言的话，他们会对他们生存的环境直言不讳；他们中的大多数仍属于我们所说的“惊弓之鸟”，他们还没有完全从那场大清洗的噩梦中苏醒过来——但其中有一部分人已经有了正在觉醒的迹象。他们指出官方的控制，尽管不像从前全力猎巫那样疯狂，但对艺术和生活的各个领域的控制是如此严密，那些监控艺术和文学的胆小怕事而又极其粗鲁的官员执行禁令是如此严格，以致那些雄心勃勃的年轻人稍有些新鲜和原创的想法，都自然而然地会被引导向非艺术的领域——自然科学或技术类学科——它们更鼓励进步而不必担心异乎寻常的结果。

至于其他艺术，比如俄罗斯绘画，还从未得到过充分的解说或讨论。而今天它所表现出来的水准似乎已经降到了自19世纪俄国自然主义和印象主义绘画以来的最低点，起码那些绘画还有价值，它以大量鲜 23
活的画面阐释了那个时代的社会和政治冲突以及各种公认的观念。至于革命前后出现的现代派绘画，在苏联早期仍然存在并繁荣起来，对此我只能说确有其事。

音乐的状况也大同小异。除了普罗科菲耶夫和肖斯塔科维奇复杂难懂的作品之外（尽管当局很可能对后者的作品风格极其不满，但政治压力几乎没有让他的作品风格有所改善——而且他还很年轻），要么是清一色的学院对传统的“斯拉夫式的”和“悦耳的”，如今已经不怎么时髦的（就像取之不尽的思想宝库米亚斯科夫斯基和学院派格里埃尔一样）柴可夫斯基—拉赫玛尼诺夫风格的单调复制，要么就已经沿着一条最简单可行的路线转向发掘苏联各个加盟共和国那些充满生活气息、通俗易懂、有时巧妙甚至经常让人感到无比欢快的民歌。也许将音乐还原成其最原始的形态，最终来看是为了便于巴拉拉卡（balalaika）交响乐团的演奏。即使像谢巴林和卡巴列夫斯基这样相当出色的作曲家,也已经采取了这条阻力最小的路线，并和他们的模仿者一道成了那种平庸得不能再平庸的无聊音乐的单调乏味而又不知疲倦的创作者。

那么建筑的情况怎样呢？要么是在大张旗鼓地搞古建筑的修缮或以高超的技艺模仿一些古老的建筑，要么在建一些又阴暗又单调的庞大建筑,即便按西方最次的标准也瞧不上眼。只有电影还透出些真正的活力，但是苏联电影虽然在它的黄金时代在启发人的灵感上确实具有革命性,而且鼓励实验创新,可如今除了个别突出的例外(比如爱森斯坦和他的学生们仍然很活跃),看起来似乎也已经被一些更为粗俗的东西所取代。

总体而言，苏联的知识分子似乎还深深地陷于对大清洗和随之而来的战争谣言,以及随后的战乱、饥荒和家破人亡等许许多多刚刚过去不久的痛苦的记忆之中。他们或许会对平淡的现状感到遗憾,但要指望
24 那些比普通俄国人经历过更多的心理和生理创伤的人们兴高采烈地去迎接一种新的“革命局面”,几乎是不可能的。因此,在多数苏联知识分子中弥漫着一种安于现状、沉湎于失败的情绪。即使是那些最具有反抗精神和独立个性的人也几乎不做任何抗争。苏联的现实太过波诡云谲,政治压力太过沉重,道德标准太不确定,对整齐划一所做的补偿,不论是物质上的还是精神上的,都太难以抗拒。被认为具有价值的知识分子在物质生活上是无忧的,他们受到大众的崇拜和信任,他们的社会地位很高。即使大多数人对出访西方国家(他们往往对西方国家的文化与精神生活抱有非常不切实际的幻想）怀有一种难以言喻的热情，并抱怨“在这个国家好多事情都管得太严”,但还会有人,而且绝非等闲之辈,会说国家管制也有其积极的方面。虽然那些有创造力的艺术家遭到了俄国历史上空前的禁锢,但正如一位杰出的儿童作家告诉我的,这确实给了艺术家一种感觉,觉得无论如何,党和国家总的来说对他们的工作还是高度关注的，觉得艺术家还是被看作可以发挥很大影响的重要人

物，觉得沿着正确的路线进行创作既是他自己又是他在意识形态上的导师的重要职责，而且还觉得如果抛开所有的恐怖、奴役和羞辱不说，这种体制对他的刺激远比那些生活在资产阶级国家，相对来说遭到忽视的艺术家同行所能受到的刺激要大得多。

当然，从历史的角度看，在专制体制下，艺术也有过繁荣，无疑这其中一定有它的道理。只要荣誉与地位是对成功的奖赏，如果说在禁锢的环境中没有哪类知识天才或艺术天才能够获得成功，这或许是一个极其不切实际的道德误判。但就苏联的情况而言，事实胜于理论。当代的苏联文化并没有以其以往那种坚定、自信甚或是满怀希望的步伐大步前进，有的只是一种空虚感，死气沉沉，没有一丝生气，最明显的一个例子就是，那些有创造力的天才非常容易就把精力转移到对各个加盟共和国，尤其是那些地处中亚的加盟共和国的“民族”文化进行普及和研究（通常既带有学术性又充满想象力）这类大众传播事业上。这或许只是高潮间的一个间隙，一个在竭力镇压国内外敌人之后身心有些疲劳、 25
行为有些僵硬的喘息时期。或许如此吧。当然，今天在意识形态的表面也没有一丝波动。人们看起来已不再阅读德国人的著作，开始培养整个苏联的（而不是地方的或地区的）民族自豪感，首先他们已经不再去探究俄国各种制度的非俄国起源或俄国思想的外部资源，似乎要重新回到正统的列宁斯大林主义，避免在战时泛滥的各种变幻莫测的非马克思主义的爱国思想。但与布哈林时代那些激烈的、甚至通常有些粗鲁的有关马克思主义的意识形态论战没有丝毫相同之处，至少那时的论战至今仍让人感到印象深刻，激情犹存。

然而如果遗漏了一个事实，这篇报告就会让人产生误会。尽管那些具有独立性格又受过独立教育的人们在俄国经常会觉得自己处境艰难，甚至感到绝望，但他们仍能够在知识上和社会地位上获得某种快乐，还能够以一种表面极其荒唐可笑却又常常蕴藏深意的方式，热情地关注着他们的国内外大事。这让生活对他们来说不仅仅是可以忍受的，而且还有价值；并且使得他们的感受和言谈在外国访问者看来也显得既庄重又诙谐。

当然苏联艺术和知识界的现状表明内在的巨大冲动已经过去，同时也表明苏联在思想领域要出现一些新的引人注目的、突破由当局在既成传统框架中严格设定的成规定制的东西尚需时日。俄国作家为之忧心忡忡乃至魂牵梦绕的俄国传统社会，在某种意义上与雅典社会十分相似。其中一小部分知识渊博、品德高尚，兼具不俗的品位以及无与伦比的想象力的精英，由一大群无知、卑微、愚钝、半野蛮的农奴所供养着，尽管我们关于农奴已经谈得够多了，但是正如马克思主义者和其他持不同政见者正确地指出的，我们对他们的了解少得可怜，特别是那些满怀好意对他们谈论最多并自以为为了或者代表他们利益的人，实际
26 上最不了解他们。

如果在列宁主义政策中存在着一条一以贯之的线索的话，那就是希望将这些乌合之众改造成健全的人，能够完全自立，并被他们那些依然居高自傲的西方邻居们平等对待甚或敬仰的人。为此将不惜任何代价；物质资料的集中被视为其他一切政策的基础；如果思想乃至公民自由被认为会阻碍或延缓苏联各民族进入一个能够理解和应对科技高度发达的崭新的后自由社会的进程，那么这些“奢侈品”势必会被牺牲掉；至少暂时被搁置起来。

在苏联，每位公民不同程度上都已将这一点铭记在心，如果有人还表现出内心的抵触，那一定是表述得还不够明确，执行得不够有效。尽管如此，在经历过十月革命的狂热而又单纯的那一代人之后，这一残酷的过程是否还能如此严格地坚持下来仍很成问题。一批新冒出的被解放的俄罗斯天才把主要的希望寄托在那仍未耗尽的生命力，尚未泯灭的好奇心，以及这个最富想象力和宽大胸怀的民族对道德和知识的令人难以置信的尚未泯灭的渴望之上。尽管眼下束缚它的重重锁链给它造成的损害骇人听闻，但在利用其巨大的物质资源，以及出于同样的原

因，同时在艺术和科学上取得巨大成就上，它仍显示出比当代其他社会 27
拥有更大的潜能。

访问列宁格勒
1945

列车驶离莫斯科和到达列宁格勒都非常准点，而且在我们的包厢两侧也没有发现明显的内务部(NKVD)人员。在前往列宁格勒的途中没有提供食物，只是在返程的路上才以出乎寻常的价格供应一些颇能吊人胃口的夹心小面包[①]。在往返的途中,警卫手中的俄式茶炊倒是一直没有闲着,每个人都很有礼貌,举止得当,一路上我们都没有遇到醉醺醺的苏联军官的刁难。

列宁格勒市中心几乎看不出遭到过任何破坏，而且备受瞩目的公共建筑的修复与翻新看起来也已经完成；它们在晴朗的冬日里闪耀着自豪而又壮丽的光辉。公共雕像与纪念碑又重新映入人们的眼帘,埃尔米塔什博物馆重新开放(还都保留了西班牙、法国和英国的展厅),据说正为即将开始的展览准备它所搜集的德国展品——主要是来自德累斯顿和柏林的绘画作品。莫斯科保留了德累斯顿的全部绘画,多少有些让人嫉妒,但看起来似乎又是必然的。

街道上的人们看起来比莫斯科的居民衣衫更加破旧，形容也更加憔悴。毫无疑问主要是围城造成的。围城笼罩着所有人的记忆,渗透在每一次的交谈当中。但也很可能是因为在列宁格勒看不到那么多土包

① belegte Broetchen,三明治。

子。你看到的更多是衣衫褴褛的旧派知识分子或给人类似印象的人,他们身上破旧的衣衫被刺骨的风雪掀起的样子，看起来要比披在更为粗 28
鲁、吃得更好的莫斯科居民身上更让人同情。各条街道要比莫斯科冷清得多,这也使得涅瓦大街(主要街道)得以幸免,通常这里就像莫斯科的奥霍特尼利亚德(Okhotny Ryad)一样人满为患;和苏联的其他地方一样,这里的无轨电车也总是挤得满满当当。而有轨电车更呈现出一幅奇特的景象,它们就像受了伤的大黄蜂覆盖着藤壶般的人们蹒跚前进,其中的一些人不可避免地被那些试图上下车的人们撞倒，接着传来高声的咒骂和抱怨,并把身体向后靠以便站稳脚跟。我几乎是吃尽了苦头才知道,事实上有轨电车与文学中的死亡陷阱惊人地相似。甚至在下午的四点和晚上七点半,所有的座位还是满满的。

据说每天都有越来越多的人从农村来到列宁格勒，从而使住房问题变得十分尖锐,尽管可能还没有莫斯科那么严重。至少我拜访的那些作家所居住的房间要比他们在莫斯科的同行住的要更美观更宽敞,之所以更漂亮,是因为总的说来列宁格勒的城市建设要比莫斯科好,莫斯科带有更浓厚的外省风格。之所以更宽敞,是因为正如我先前说的,大量的家具,其中不乏年代久远、外形美观的家具,在围城期间被用作燃料,如今的替代品与它们完全不可同日而语。今天列宁格勒的燃料仍然十分短缺;即使是阿斯托利亚饭店,更别说像埃尔米塔什这样的公共博物馆和画廊,都得不到充足的供暖。特里普小姐[①]发现在一家科学研究所的图书馆里根本就没有供暖,只在两间小屋里由简易的小火炉供暖,每天早晨由图书馆员自己点燃。在特里普小姐的印象中,私人只能通过出卖自己的面包配额或者卖出自己在市场上有销路的家私才能换来取 29
暖用的木料。而且卖出的价钱要比在莫斯科低得多(谣言例外)。从代售

① Brenda Muriel Howard Tripp(生于1906年),英国文化协会驻苏联代表(从事与苏联科学院进行非军事类科技文章的交流工作),同时也是具有外交身份的正式的外交部文化参赞,因为在当时,英国文化协会尚未得到苏联官方的认可。

商店的地毯、大钢琴、二手书（价格大约只有莫斯科的三分之一），到瓦西列夫斯基岛集市上的胡萝卜和向日葵种子。

至于郊区，据我所知皇村和彼得夏宫仍是一片瓦砾，加特契纳仍是残垣断壁；前往巴甫洛夫斯克的道路遭到严重的破坏，看来也难以通行。至少我自己想去那儿的建议被认为是不切实际的："路途遥远而铁路又遭到了严重的破坏"，尽管距皇村仅有短短的几英里。后来听女诗人薇拉·英培尔说巴甫洛夫斯克宫很快就得到了修复，将在新年到来之前完工。我要求参观奥拉宁堡的建议更被否决掉，因而我不得不放弃这项计划。

尽管苏联国际旅行社的女导游毫不掩饰地怀疑各种演出的质量，我还是前往马林斯基剧院看了一场《伊凡·苏萨宁》，如今剧院又恢复了传统的蓝色与金色色调；歌剧的演唱和表演水平比起莫斯科大剧院的确相去甚远。交响乐团的乐谱仍称是"献给沙皇"，这引起了我周围的红军观众的一片哗然。但列宁格勒的芭蕾确实名不虚传。我同特里普小姐一同观看了《睡美人》，还和特里普小姐与伦道夫·丘吉尔先生一道欣赏了由民间作曲家阿拉姆·哈恰图良编排的亚美尼亚芭蕾舞剧《加雅涅》，它们的水平远远高出莫斯科的一般演出，特别是《加雅涅》，该剧是非常典型的反映苏联集体农庄出来的单纯政治家的故事（Kolkhoz-Boy-Scout）的正统道德伦理剧，通过一系列高加索和里海地区的民族舞蹈生动地表现出来，其舞蹈的精神和技巧简直非同凡响。这与今天那些在俄国芭蕾舞剧演出中——甚至柴可夫斯基作品也不例外——所表现出来的索然无味的排场和泛泛的表演水平形成了鲜明的对比，今天的列宁格勒足可以把它当作其艺术繁荣的硕果之一。

列宁格勒有着太多的伤心事，伤害着这座城市的自尊，一座曾经威
30 严堂皇、笑傲四方的古老帝都，如今却被那些莫斯科的新贵们看作是过气的老古董，而它也只能以极其尖厉但底气又不那么足的轻蔑加以回应。人们看起来要比莫斯科更穷，过得也不好；我见到的作家看起来也

不怎么富有，他们的表情和语气一般也比他们的莫斯科同行显得更为悲观，也更绅士、更絮叨。另一方面他们的政治生活则要宽松得多。我敢说在列宁格勒我没有被任何人跟踪，与普通苏联公民的接触也要比在莫斯科容易得多。我被允许与当地的作家待了三个长夜，有时是面对面单独相处，他们中胆子最小的那一位告诉我，他在莫斯科谨小慎微，尽量避免与外国人接触，而一般来说在其他地方，比如列宁格勒，则不需要那么谨慎。我是在涅瓦大街作家书店经理的办公室这类地方与这些作家会面的，这位经理可是一位圆熟的家伙，有必要先对他本人做个简短的介绍。①

根纳季·莫伊谢耶维奇·拉赫林是一个矮小瘦弱、长着红头发但略微有些秃顶的快活的犹太人，既絮叨又精明，真的是非常的和蔼可亲，而且他可能还是全苏联信息最灵通，读者最喜欢，也最具魄力的图书销售商。虽然他与其他国有书店的经理一样，不能从他的销售中获得法定的提成，完全靠国家发给的工资生活，但是他对提高图书销量的兴致和热情绝不亚于任何一个西方国家的书商。他是列宁格勒两家最重要的书店的老板，因而他决定着这座城市的图书定价，他只要稍微打个招呼就能从其他书店要到图书，所以他能够比其他著名的图书代理商更高效地满足顾客的需求。19世纪那些著名的图书销售商在他脑海中留下了深刻的印象，他们几乎同时既作为文学的出版者，又作为文学的传播者和赞助人——他自己的书店就挨着斯米尔金②的著名出版社的原址，因而他一直怀有某种朦胧的浪漫主义文学梦想，他在他的书店里单辟出一间屋子作为作家和其他贵宾的聚会场所。我和特里普小姐也经常 31
被热情地邀请到这间屋子来，在这里，我不但能够非常惬意地购买到各种图书，这在莫斯科是不可想象的，而且还能够结交许多著名的文学人

① 阿纳托利·奈曼告诉我，拉赫林很可能是国家安全委员会(NKGB，后来的克格勃)的特务。

② 斯米尔金(1795—1857)，俄国著名出版商，曾出版普希金、果戈理等人的著作。

士，比如左琴科、阿赫玛托娃、奥尔洛夫、杜金等等。无论何时，只要我招呼，就会有三到四个人——艺术家、学者或者作家——到这间屋子来，他们表面上环顾书架，但几乎没有取走过任何东西，或许他们更希望在这寒冷的天气里待在一间温暖的屋子里与朋友们聚会，而不是购物。在这个小沙龙里人们轻松自由地谈论着文学、学术乃至政治等各种话题。正是借着在那儿相识的机缘，我登门拜访了一位杰出的文学人士[1]，并在她那里遇见了其他几位列宁格勒著名的知识分子。拉赫林本人也积极地参与这些谈话，尽管很显然他的主顾们并没有把他看成是他们的知识同行，而是把他看作是一个非常能干的文学勤杂工（他的确也是）。和他交往是一件令人愉快的事，因为他扮演着整个列宁格勒的费加罗的角色，他能弄到剧院的门票，开设各类讲座，举办每月一次的文学晚宴，传播知识，散布流言，总之从事无数琐碎的工作，而他所做的这些让生活变得更加有趣，更加愉快，事实上是变得更加可以忍受。

拉赫林每次提到在莫斯科经常受到劳伦斯先生和雷维先生[2]的盛情款待，总是兴致勃勃，充满感激，看起来他非常希望能和英国大使馆的人员继续保持这种联系。每次说起从1942年以来他成功地卖给英国和美国官员与记者的图书数量时，他总是引以自豪。在这方面他确实表现出社会传感器的作用，他对一个英国记者在最近的一本书中嘲笑他暴跳如雷，他觉得这毫无道理，也有失公允。他还谈到要在莫斯科开一
32 家书店的计划，书店起码要有五个房间，其中一间专门用来接待外国侨民，从而让他的外国顾客能够逡巡其他房间，或许能够遇见有共同兴趣爱好的与众不同的莫斯科人。他似乎完全没有意识到推进这样一项旨在促进苏联公民与外国人交往的计划可能遇到的那种困难，事实上这种对莫斯科隔离程度的无知，在与我交谈的大多数列宁格勒作家那里普遍存在。

---

① 安娜·阿赫玛托娃。

② 约翰·劳伦斯（后来被授予爵士头衔），使馆新闻官；乔治·雷维，俄文翻译。

当伦道夫·丘吉尔先生表示说希望看到“苏联内部的真实面目”时，他在莫斯科没能如愿，我问拉赫林，当时他恰好因感冒卧病在床，是否介意接受丘吉尔先生的拜访并和他谈谈他在围城时期的经历，因为丘吉尔对此非常感兴趣。看起来拉赫林非常乐意，于是我和丘吉尔在11月16日下午三点左右拜访了他。拉赫林躺在床上，但他还是抑制不住兴奋向我们谈起了他自己和那次围城，并热心而愉快地回答了丘吉尔先生提出的所有问题。不一会儿，他的夫人还拿出伏特加和鱼肉鸡肉盛情款待我们。他家的公寓坐落在涅瓦大街的尽头，有三个房间；虽然面积小光线暗但装修得还算不错，很像我们在克拉肯韦尔或伊斯灵顿[1]看到的那种公寓，室内很空，只摆放着1880和1890年代在俄国很流行的沉重的德国家具，没有其他任何装饰品。拉赫林提到在围城的那段日子里，125克面包就是老百姓可以获得的最大的也是全部的食物配额。他还说到当时尽管许多家庭因身故或搬迁卖给了他大量的书，但他的主顾们却因吃不饱饭而没有力气将厚重的图书搬走，只能挑一些薄的或破旧的小说和历史书，穿过冰冻的街道分批带走。他向我们讲述了埋葬死者时所遇到的困难的恐怖细节，并绘声绘色地描述了木匠使用的胶水的味道，他曾将它用冷水稀释后当汤喝。 33

尽管有关波普科夫[2]而非日丹诺夫被列宁格勒的市民当作是城市的救世主的传闻已经传到莫斯科，而拉赫林仍然坚持普遍的看法，即认为日丹诺夫比其他任何人都更有力地支撑着这座城市的士气。他还说如果不是日丹诺夫的运输队在结冰的拉加多湖上穿过，他，也就是拉赫

---

① 克拉肯韦尔和伊斯灵顿是伦敦中心区的两个地名。——译注

② 彼得·S. 波普科夫，列宁格勒州委第一书记（同时也是列宁格勒市市长），负责保障穿越拉多加湖的供给线；给作家配给食物并组织他们撤退。斯大林始终感觉受到了列宁格勒地方政府权力的威胁，并对波普科夫成为当地的英雄心怀嫉恨，于是后来他将波普科夫以及大多数战时列宁格勒市政府的成员一起清洗掉。波普科夫在1949—1950年著名的“列宁格勒事件”中受到审判，随后被枪决。

林，就救不了他在战争中奇迹般幸存下来的老母亲。这一时期成千上万的老人和孩子失去了生命，所有人的谈话都让我们确信，单单因饥饿而死亡的总人数差不多就达20万到30万人之多。[1]谈到他的顾客，拉赫林非常自豪地提到莫洛托夫、贝利亚（NKVD的头目）、大主教阿列克西斯[2]以及列宁格勒的拉比——他说他经常参加列宁格勒犹太教中心会堂的各种典礼，那里通常都十分拥挤，而且那年教堂还从敖德萨请来一位非常棒的唱诗班“领唱”——他不知道能否有朝一日被邀请到英国去看一看“真正”的书店是怎样运作的。访问即将结束的时候，他拿出一本关于列宁格勒的书给丘吉尔先生看，这本书与丘吉尔本人还有某种关联，这是一本1912年出版的纪念1812年拿破仑撤退的书，这本书与一位狂热的拿破仑物品收藏者有关，他的名字是温斯顿·丘吉尔，也就是伦道夫的父亲。

拉赫林关于围城的骇人听闻的故事得到了其他人的进一步证实。评论家奥尔洛夫告诉我，事实上，出生在那个时期的孩子没有活下来的，他本人之所以还活着，仅仅是因为知识分子能够得到被认为是与之
34 相称的特殊的配额，比如说他自己和拉赫林，按照划分等级的标准，拉赫林被列为“二等作家”（那些“一等”和“经典”作家相对来说待遇要好些）。实际上遵照斯大林的直接指示乘坐专机撤离，先经德国领空飞到莫斯科，而后又前往塔什干的，只有短篇小说家左琴科和女诗人阿赫玛托娃两个人。起初他们两人都拒绝撤离，但最终都不得不屈从当局的压力。他们和奥尔洛夫都曾提到他们的大部分朋友都死于围城期间，由于他们是无足轻重的老百姓，官方规定的食品和燃料的优先分配权实际上等于判了他们死刑。有人说如今的列宁格勒对他个人来说就是一座墓地。还有人告诉特里普小姐，许多经历过围城的人们仍然遭受着头晕的折磨，结果是总体的健康状况急剧恶化——在未来的几年里死亡率

① 这个数字估计得太低：今天认为人数接近100万。

② 阿列克西斯·希曼斯基，列宁格勒中心城区1945年2月选举出的大主教。

将很可能上升，只有采取各种改善营养的措施才能避免，但这似乎是不可能的。

所有和我交谈的作家都渴望获得英文书籍，他们说要想从VOKS[1]那里得到英文书出奇地难，那简直就是一个低效无能而又碍手碍脚的机构；他们还透露了一些其他获得英文书的途径。我们畅谈了英国和美国的文学，在与我深谈过的四位作家中有三位提到了最近普里斯特利先生的来访以及他在作家俱乐部的演讲。他们非常坚决地表示他们对他作为一位作家的评价并不高，尽管他确实具有很高的专业技巧。让他们觉得难以相信的是，他在英国被看作是他们国家最伟大的作家之一，伟大的狄更斯衣钵的继承人——虽然他是这么告诉他们的。虽然他们发现他作为个人还是非常的和蔼可亲，但他在写给《莫斯科文学报》一篇讨论英国文学现状的文章中，对与他同时代的每一个人都进行了不同程度的冷嘲热讽，处处表明他们后来的作品总是代表着从某个充满 35
希望的开端的衰落，这又让他们费解。其中的一位最后径直问道，为什么贵国政府会选择普里斯特利作英国的文学大使，作为一名剧作家他的作品无论在思想性还是在艺术性上并没有什么特别重要的建树（知道他的小说也不多）。我尽力解释说普里斯特利这次的行程是由苏联对外文化联络协会而不是英国政府安排的，但这一举动在莫斯科和列宁格勒都遭到了质疑，那里的人们似乎并没有注意到普里斯特利先生对英国社会秩序的批评，至少在那些已经功成名就的作家那里，你能听到关于他的非常类似的评论。

我与列宁格勒的作家们就俄国生活状况和文学状况有过一两次坦率的对话，他们说在不到四十岁的俄国作家中他们尚未发现格外具有天赋的，尽管其中不乏充满激情和活力而且相当勤奋的。按照当前的路线指示，人们的注意力都集中到苏联那些较不为人知的地区，比如西伯

① “Vsesoyuznoe obshchestvo kul’turnoi svyazi s zagranitisei”（全苏对外文化联络协会）的缩写。

利亚和塔吉克斯坦，它们被当作是苏联培养更多杰出的、接受过先进教育和公民意识的跃跃欲试的新人才的摇篮。或许从长远看这样会获得一定的回报，但在当前却容易产生误导，导致鼓励和宣扬一大批假冒的古代抒情诗、伪造的民谣和史诗以及普遍意义上的官体诗。这些作品完全失去了原本存在于这些原始或半原始民族中的任何原创性。他们非常自豪地宣称列宁格勒的文学作品很好地避免了这一问题，莫斯科的文学周刊到处充斥着这样的作品，但对格鲁吉亚和亚美尼亚文学的推崇是个例外，它们当中确有一些天才之作。就他们自身而言，他们一直都为拥有普希金和勃洛克、波德莱尔和凡尔哈伦的传统而自豪，他们也不会愿意拿乌兹别克和阿塞拜疆全部的诗歌财富(不管它是不是莫斯科的时尚)以及更多的遵循相同路线的文学作品来取代他们的传统。

他们谈了按照战前他们就已熟知的“欧洲”标准来培养他们的孩子面临诸多困难，他们还说尽管困难重重，但在列宁格勒还是要比在莫斯
36 科容易一些。因为列宁格勒在公立学校之外接受良好教育的人数仍然要比其他地方多得多，因而孩子们能得到更多的文化熏陶，避免变成标准化的技术专家——甚至在文学上也一样——要不然他们很容易就会误入歧途。他们还谈了很多关于“人文主义的价值”以及反对当时被认为是主流的“美国主义”和“野蛮主义”的一般文化问题。实际上，通过我与一位刚从柏林回来、其父在多年前遭到清洗的年轻红军战士的私人会晤，我敢说他是一位很有教养的饱学之士，思想独立而又一丝不苟，几乎到了思想偏执的程度，不亚于大多数毕业于牛津或剑桥的受人尊敬的知识分子。虽然我找的这个例子非常特殊，但这样的例子在列宁格勒或许还要比在苏联的其他地方多。既然前面提到的那位年轻人表明已经读过普鲁斯特和乔伊斯的原著(尽管他从未离开过苏联)，那我能非常确信事实就是如此，我还确信单从一个令人吃惊的例子是不可能得出任何普遍的结论的。

我很小心地向我刚结识的作家朋友谈及政治服从程度的问题，为

了避免麻烦他们只能服从。他们说共产党和非共产党之间的区别仍然十分明显，加入党组织的最主要的好处是能够获得更好的物质生活条件，因为大部分分给国家出版公司和文学杂志社的订单都是由忠诚的党员下发的；但不利之处主要是必须耗费大量的时间参加频繁而冗长的、死气沉沉的政府宣传活动(这是一种较为温和隐讳的说法,但意思绝不会错)。当我问起他们是如何看待像作协主席、诗人吉洪诺夫这样的忠心耿耿的党员时,他们的回答是,他是“老板”,所以是不能议论的。给我的总体印象是人们对苏联作家作品的真实质量几乎不抱什么幻想,开诚布公地讨论也有,但公开发表的文字还实属罕见。因此所有人 37
似乎都想当然,比如鲍里斯·帕斯捷尔纳克是一位天才的诗人,而西蒙诺夫是一个伶牙俐齿的记者,仅此而已。

据我所知,旅行是有一定限制的,比如说,没有接到作协主席或作协党委书记的邀请,任何作家是不能仅凭个人意愿就到莫斯科旅行的。当然偶尔也能通过间接的渠道实现,但通常来说很难做到,做了也很丢人。当地的作家们极其迫切地想了解国外作家,尤其是理查德·奥尔丁顿和约翰·多斯·帕索斯的情况。在用英文写作的严肃的小说家里,海明威是被阅读得最广泛的一位,在英国作家中,则是克罗宁医生,尽管在那些自诩博学的知识分子眼里他就是一个畅销作家，只是水平略高一些而已。有关英国文学的知识显然是基于被认可的翻译资料,还有较少的一些是基于VOKS允许提供给个别人阅读的外文资料。结果有时让人啼笑皆非:比如在列宁格勒,人们不知道弗吉尼亚·伍尔夫和E.M.福斯特(曾在普里斯特利的文章里提到过)的名字,却听说过梅森、格林伍德和阿尔德里奇。莫斯科是外文书的主要来源,但即使在那里也很难弄到,如果能想出一些办法帮他们弄到一些盎格鲁—撒克逊国家的能激发人想象的文学作品,他们会高兴得不得了。一篇发表在《都柏林评论》上的讨论她的诗歌的文章和一篇研究她作品的博士论文被博洛尼亚大学接受的消息,就让安娜·阿赫玛托娃欣喜若狂。两位作者都曾和她通过信。

更显赫的列宁格勒作家居住在谢列梅捷夫富丽堂皇的喷泉宫[①],那
38 是一座坐落在喷泉河上的荷兰式宫殿，普希金曾经常来此造访——事实上他所有最有名的肖像画都是在这座宫殿的晨间起居室完成的。它是一座建于18世纪晚期的建筑,房前围着一圈精致的铁栅栏和几扇门,它们圈起了一块栽满树木的宽敞的四方庭院，从庭院往上走过狭长的台阶就通向一间间高大、精巧、堂皇的房间。食物和燃料的问题仍然十分尖锐，在我所见过的作家里可以说没有一个真正过得舒适的——事实上他们仍然要为生活必需品操不少的心。我深有感触地觉得,他们非常期望,随着列宁格勒逐渐发展成为一个与外界交流的港口城市,越来越多的资讯会传入,甚或越来越多的外国人会来列宁格勒访问,从而使他们能与世界接触，他们似乎已经非常深刻地感受到他们与世界的隔阂。我自己的那些访问，虽然是由一位我在书店结识的朋友公开安排的，但据说已是自1917年以来外国人的第一次——真正的第一次——来访,即使我不大张旗鼓地提到这一事实,这次访问给我的印象也很不错。我提到的那些作家说他们如饥似渴地阅读《英国同盟者》(*Britansky soyuznik*),其中提到俄罗斯文学成就的,比方说书评等诸如此类的文章都是最受欢迎的。

在列宁格勒我没有发现任何仇外的迹象,而在莫斯科,即使是一些最开明的知识分子的思想里也能看到这种仇外的情绪，更别说诸如政府官员这类人了。事实上,列宁格勒仍在某种程度上把自己看作是“向西看”的思想家和艺术家的家园。文学报刊上的作家、剧场里的演员和我买书的六七家书店的店员,以及电车和公共汽车上的乘客,他们的教

① 这是一个误会。苏联作协占用的是谢列梅捷夫的另一座宫殿,几乎正对着利捷内大街上的“大房子”(Bolshoy Dom)，NKGB的总部。 阿赫玛托娃之所以住在喷泉宫(因喷泉河而得名),是因为她是艺术史学家和评论家尼古拉·普宁(她的第三任丈夫)的妻子(不久便成了前妻),他在那里占有一套房子。我是从阿纳托利·奈曼那里知道这件事的。

养似乎都要比他们在莫斯科过得更舒适也更粗俗的同行稍微好一些。
如果我的印象没错的话,我们能在这片土地上播下的任何种子,一定会
比在苏联的其他地方更快地发芽成长。如果在列宁格勒建一个英国领
事馆,接触是否仍然会像现在一样相对比较容易,不那么正式呢,这是
否可行当然是另一个非常现实的问题。眼下可以自由地四处活动,很可 39
能是因为没有外国机构和政府的常驻代表,这使得对那些必须(出奇地
舒服)出入阿斯托利亚饭店十字旋转门的人的监控任务相对变得容易 40
一些,也使当局更踏实一些。

一位伟大的俄罗斯作家

1965

奥西普·艾米里耶维奇·曼德尔施塔姆1891年生于圣彼得堡，死于苏联的集中营。他属于反叛俄国象征派的那一代作家，对象征派那种泛滥的神秘主义、装腔作势的形而上学幻梦以及刻意表现的"颓废"十分反感。他们这一代的精神导师是才华出众却一直被低估的诗人因诺肯季·安年斯基(1855—1909)，那位在著名的皇村公立中学教授希腊语的孤僻而又苛刻的古典学教师。安年斯基是一位专注而又坚忍的教书匠，远离他那个年代的政治激情，严峻、唯美、喜欢沉思冥想，说得大一些，他可谓俄罗斯诗歌的古典传统的承前启后者，这个传统可以直接追溯到一位神明似的人物，所有的俄罗斯作家无不对他顶礼膜拜，无不从他那里汲取营养，他的权威无人可以撼动，他就是普希金。在一战之前的几年里，这些诗人自称是阿克梅派[①]，有时又称亚当派。他们形成了一个彼得堡的流派，如果说这座无比美丽的城市规整的线条影响了他们的作品，那也不算夸张。安年斯基最具天赋的追随者尼古拉·古米廖夫、安娜·阿赫玛托娃和曼德尔施塔姆共同创立了"诗人行会"(Guild of Poets)，这个名称直接表达了他们对诗歌的观念：诗歌不是一种生活方式，也不是宗教启示，而是一种技艺，一种将词汇排列成行的艺术，是创造一种

① 阿克梅，出自希腊文akmê，最高级、顶峰之意。——译注

与创造者个人生活无关的公共物品。他们的诗歌以其准确的意象、明确而又严格遵循的结构而有别于19世纪左翼诗人的平民诗歌，也有别于耽于幻想、强调个人、有时极端自我的象征派艺术以及农民诗人自我陶醉的抒情诗歌，与自我未来派（Ego-Futurists）、立体未来派（Cubo-Futurists）[①]以及自觉的革命者的那种狂热姿态也有很大区别。在他们当中，曼德尔施塔姆的领袖和代表地位是最早获得公认的。他的诗歌，尽管刻意限制了写作范围，却拥有一种俄国文学再也没有达到过的纯粹与完美的形式。 41

有一些诗人，只有当他们写诗的时候他们才是诗人，他们的散文是没有写过任何诗的人都能写出来的。还有些诗人（好坏都有），他们的一切表现都透着诗人的特质，有时这会危害到他们的整体作品。普希金的小说、历史著作和书信无一不是优美流畅的散文典范。当他不写诗的时候，他就不再是一位诗人，弥尔顿、拜伦、维尼、瓦莱里、艾略特或奥登都是如此。而济慈、邓南遮，尤其是亚历山大·勃洛克则不同。曼德尔施塔姆的全部作品都透着诗人的特质，他的散文是诗人的散文——在这一点上他与帕斯捷尔纳克完全相同，但就仅此而已。他们既是朋友，又身处同一时代，地位还相当（作为作家，他们彼此倒不大认同），只不过帕斯捷尔纳克对他那个时代的历史，对他自己在其中所处的位置，以及他作为一个大丈夫、一个天才、一个代言人和预言家所负的职责太过敏感。无论他有多么的天真和叛逆，他都是或者说变成了一个政治动物。他与俄罗斯和俄罗斯历史的关系一直困扰着他——自始至终他一直对他的人民宣讲公共责任，证明它的存在，并在晚年将这份沉重的责任完全承担起来。无论是在苏联境内还是境外，只有那些被社会主义现实主

① 自我未来派和立体未来派是20世纪初俄国文学流派未来派的两个分支。自我未来派主张坦率地描写感官享受、创造新词、张扬自我，代表人物是谢维里亚宁。立体未来派主张打破文学传统、歌颂运动、速力和标新立异、提倡使用拟声词、数学记号、音乐记号，代表人物是马雅可夫斯基。——译注

义和党的路线蒙蔽了双眼的狂热分子才会否认这一点，并批评他是脱离俄国和苏联现实的“高蹈派诗人”(Parnassian)，唯美主义者。

这种庸俗的指控根本不值一辩。曼德尔施塔姆恰恰相反。诗歌是他生活的全部，是他的整个世界。离开诗歌他几乎就无法生活。他与他西方几乎同时代的意象派诗人和新古典派诗人很相似。他给自己提出的标准归根结底是源于希腊、罗马，以及法国和意大利的先贤对他的影响。如果这给人一种大理石般冷冰冰的感觉，那完全是一种误导。曼德
42 尔施塔姆凝聚了丰富的人生经历，大量的文学修养滋养了他极为丰富的内心生活，加之他对现实的洞悉，使他像列奥帕第[1]一样既有悲天悯人的情怀又有不受迷惑的眼光，这些都让他与更强调主观感受、更爱自我表现的同代俄国人区分开来。

毫无疑问，最初他和他们一样都深受法国象征派的影响，但很早他就让自己彻底解放出来。或许正是由于他有意识要反对一切模糊和不确定的事物，才使他在一个精确而又工整的语言构造内(指他的诗)如此疯狂地删减自己作品中的片段，如此严格地控制自己作品中的意象，有时甚至有点过于苛刻。这种对客观性的偏好以及他与那些伟大的欧洲古典派诗人的亲密关系，使他在一个接受忏悔文学教育、强调或过分强调艺术家的社会责任和道德责任的国家里，成为一个独特的、多少有些西化的人物。这被说成是脱离现实，自我脱离民族生活与人民，从十月革命之初，他和他的阿克梅派朋友就一直受到这样的指责。

克拉伦斯·布朗在他那部曼德尔施塔姆鲜为人知但非常令人着迷的散文作品[2]的精妙译本的导言里，告诉了我们大量——但绝非全部——已知的有关曼德尔施塔姆的生平事迹。他出生在一个中产阶级的犹太家庭，在著名的捷尼谢夫中学接受正规的彼得堡教育，随后进入圣彼得堡大学，并到过德国、瑞士和法国游历。他早年是一位狂热的诗

[1] 列奥帕第(1798—1837)，意大利作家。——译注

[2] 《奥西普·曼德尔施塔姆的散文》，克拉伦斯·布朗译(普林斯顿，1965)。

歌捍卫者，反对那些企图扼杀诗歌的人。加维林那段关于曼德尔施塔姆急切地恳求他不要当诗人，以及他狂热地坚持人们对诗歌有着惊人的需求，诗歌的存在有着巨大甚至是绝对的正当性的记述（被布朗所引用），表明他是一个反对平庸自大、崇尚艺术的狂热者。

他的第一部诗集于1913年出版，1916年（出于某种原因他未应征入伍）以《坚石》为题再版。他坚信雕塑、建筑，所有这些固定的、坚硬的东西，都是人们按照某种规则和形式创造出来的：在他的信念和创作中，这种对流变和不确定的敌视，与同时代的庞德、艾略特和温德姆·刘易 43
斯等极其相似。十月革命对他来说无疑是致命的。由于他不愿意，事实上也无法改变自己的天性以适应新社会的要求，因而他无法说服自己与新生活的保民官、组织者和建立者合作。羞怯、瘦弱、亲切、充满爱心、多愁善感，在他的朋友看来他就像是一只温文尔雅但又略显滑稽的小鸟，但他却能做出惊人之举；这样一个羞怯而又容易受到惊吓的人，却具备大无畏的英雄气概。在我看来，布朗深入而又审慎的研究是完全可信的，他向我们讲述了一段很不寻常的真实故事。在革命初期的一个夜晚，他正坐在一家咖啡馆里喝咖啡，勃柳姆金（后来他暗杀了德国大使米尔巴赫），那个社会主义革命臭名昭著的刽子手也在场，当时勃柳姆金是契卡的一名军官，他正醉醺醺地将即将处决的男女的姓名抄到由秘密警察头目设计的空白表格上。曼德尔施塔姆突然迎身冲向他，一把抓过名单，在众多惊愕的目光面前将它们撕成碎片，随即冲出门外，消失在夜色里。那回是托洛茨基的姐姐救了他。不过，像他那种人不可能在秩序遭到严重破坏的环境下长期生存。他得知自己被判处终身流放。《哀歌》恰好是他的第二部诗集的名字。他是一个国内的流亡者，一个在万能的独裁者面前无助的奥维德。1934年他写了一篇讽刺斯大林的短诗。[1]那是一首无需任何评论的精妙绝伦但又令人不寒而栗的小诗；很可能就是这首小诗直接导致了独裁者对诗人大发雷霆。大约在1938年，在海参崴附近的集中营里，他在无比恐怖的环境中被无情地迫害至死。
44 当时情境之凄惨，以至于那些了解情况的他的朋友，如果能不提就没有人愿意再提及那段往事。

接下来布朗在文中向我们提供了两幅曼德尔施塔姆的照片。一幅大约摄于1936年。第一张照片呈现给我们的是一张年仅十九岁的拥有远大前程的年轻知识分子的略带稚气的天真可爱的面孔，从时髦的鬓角中还透着些自命不凡的傲气。另一张照片则是一副饱经沧桑、垂垂老矣的流浪汉形象，而当时他只有四十五岁。巨大的反差难以言表，也透露出比他的朋友和同时代人的回忆录更丰富的内容。俄罗斯诗人的命运通常都很悲惨：雷列耶夫[4]被吊死；十二月党诗人不是葬身西伯利亚就是在那里丧失了斗志；普希金和莱蒙托夫死于决斗；叶赛宁、马雅可夫斯基、茨维塔耶娃自杀身亡；勃洛克和帕斯捷尔纳克则因失宠于当局而郁郁而终。但他们谁也无法与曼德尔施塔姆的凄惨命运相比。事实上他整个一生都被那些清白而又无助的人们的影像所萦绕，备受仇敌的折磨直至被他们摧垮。或许正像普希金在《叶甫根尼·奥涅金》中有所预感一样，曼德尔施塔姆也多少预见到自己无法逃避的结局。

在布朗颇具真知灼见的导言里，最精彩的部分是将曼德尔施塔姆的准超现实主义小说《埃及邮票》的主人公与俄罗斯文学中其他那些倒

---

① 罗伯特·洛维尔已经翻译出一个比布朗所引用的诗稿更加精妙的译本。以赛亚·伯林："除了这首诗，洛维尔还翻译了曼德尔施塔姆的另外八首诗，它们一块发表在《纽约书评》第5—7页上，同一期上还发表有伯林的文章(参见本书第xxxviii页)，这些诗后来又在奥尔加·卡莱尔主编的《街角诗人》(纽约，1968)一书(第140—163页)，以及由弗兰克·毕达特与大卫·格万特共同主编、德塞莱斯·哈里森协助编辑出版的《洛维尔诗选》(纽约，2003)(第906—923页)中重印。"

② 雷列耶夫(1795—1826)，俄国十二月党领袖之一。——译注

霉蛋进行类比。这些倒霉者包括普希金的叙事诗《青铜骑士》(埃德蒙·威尔逊译得很漂亮)中的叶甫根尼、果戈理的《鼻子》中荒唐的主人公、陀思妥耶夫斯基的小说《双重人格》中的受害者,尤其是果戈理的小说《外套》中的那个小公务员,布朗是第一个引证他们来解释曼德尔施塔姆小说的人。噩梦真的降临了,而对曼德尔施塔姆来说,这场噩梦与那位居住在克里姆林宫里的“山丘党人”密切相联,正是那个人不紧不慢地、冷酷无情地(并非他一人所为,至少他得到了一位具有非凡天赋而又充满报复心理的作家的协助)将他逼上了绝路。当然最好是撇开作者的命运来阅读这些令人难忘的小说(诗人自己肯定也希望读者这样做),但要真正做到超然谈何容易。然而无论曼德尔施塔姆以他独特的散文语言创作出来的奇幻作品是多么的让人惊悚,它们最终还是实现了和谐艺术所追求的平和与安宁——那是他从安年斯基那里,追根溯源是从早期的德国浪漫派那里继承下来的希腊艺术的理想。他的一些 45
最具讽刺力量和最文雅的诗歌是在他被流放和迫害的那段最黑暗的日子里创作的。尽管专制政府制造出所谓的“国内流亡者”,但他们却能像苦中作乐的圣人一样,使自己超然于那个人间地狱,以流放生活本身为素材,建构自己安谧的内心世界。曼德尔施塔姆为了坚持自己做人的尊严,付出了常人几乎无法想象的代价。他欢迎革命,但在1930年代,据我们所知,他又是对革命所必然产生的后果最不妥协的一个。我真的再想不出还有其他哪位诗人比他更坚决地抵抗这个敌人。

除了担心自身的健康外,曼德尔施塔姆心胸坦荡,没有什么可以遮掩:直到最后他还想象执行斯大林命令的人是被迫给他下的毒药。这场仇杀始于1934年。其中人们最熟悉的一段情节是帕斯捷尔纳克午夜接到斯大林打来的一个著名的电话。关于这个电话流传有许多版本。依我看,布朗所依据的权威说法并不可靠,他给出的是一个比较平和的版本,在这个版本中斯大林是一个爱讥讽但完全没有恶意的独裁者,其行 46
为也算中规中矩。这与罗伯特·佩恩提出的说法一致。数年后帕斯捷尔纳克向一个可靠的证人亲口讲述的故事与布朗的说法多少有些不同。[1]斯大林问帕斯捷尔纳克，有人（指曼德尔施塔姆）朗读那篇著名的讽刺诗时，他是否在场。帕斯捷尔纳克避而不答，而是一味强调与斯大林见面的重要性，因为有许多问题必须和他面谈。斯大林冷冷地又问了一遍，最后说"我要是曼德尔施塔姆的朋友，我本应该更清楚如何去保护他"，随即挂断了电话。帕斯捷尔纳克不得不背负着这段记忆（不论是准确无误的，还是经过他自己的想象加工过的）度过他的余生。他不止一次地向访问者讲述这个故事，其诚恳的态度以及背负的巨大痛苦让人为之动容。

曼德尔施塔姆被流放到沃罗涅日，但允许短暂地返回列宁格勒。回来后他又与颇具政治影响力的阿列克谢·托尔斯泰反目（尽管两人可能早已不和——我们的资料与此有出入）。紧接着便是被驱逐出中心城市，再次被捕，被囚禁在莫斯科，然后被遣送到远东的集中营，遭到警卫
47 和狱友的野蛮殴打（因为担心分配给自己的食物有毒而偷吃了分配给他们的食物），饥饿，憔悴，生理和心理遭受巨大打击，直至最后死去。官方的封杀使他变得湮没无闻。直到最近他仍是一个无名之辈，尽管现在据说有一种乐观的前景，认为曼德尔施塔姆与一度被忽视的叶赛宁一样，也将完全恢复其真实的面目。没有一个社会主义社会不担心不受约束的创作力量；至少高尔基这样教导我们，在苏联他的观点比柏拉图的观点更具有政治分量。或许他也会像其他"被埋没的大师"（maîtres cachés）一样被允许重见天日。

布朗翻译了三篇曼德尔施塔姆的散文作品：《时间之喧嚣》、《西奥多西娅》和《埃及邮票》。他为它们写了分析透彻、资料丰富的评论性导

① 伯林指的是他自己：见本书后文第63—64页。更多的有关这段故事的材料此后已陆续发表。帕斯捷尔纳克的情人奥尔加·伊文斯卡娅在她的《时间的囚徒：我与帕斯捷尔纳克在一起的日子》一书中囊括了所有的说法（包括相互矛盾的说法），《奥尔加·伊文斯卡娅回忆录》（伦敦，1978）：参见《电话事件：1934》，第64—71页。

言，还为作品中的一些隐语暗示做了简短的注释。在我看来它是目前用英文评论曼德尔施塔姆的文章中最具启发性的一篇。它是一项无可挑剔的、阐幽发微的学术工作（没有比本世纪前三十年的俄国作家更需要这种发掘的了——别雷，赫列勃尼科夫、马雅可夫斯基以及帕斯捷尔纳克，特别是他早年的散文作品，——正是为了这一目的——布朗把曼德尔施塔姆与他们划为一类），而且整部书都做得很好。尽管如此，这些作品只有在诺瓦利斯[1]的小说或者《海浪》[2]算作散文的时候才可以称得上是散文。《时间之喧嚣》是一篇诗意的自传纲要，《西奥多西娅》一半是回忆、一半是虚构，《埃及邮票》则是一部奇幻作品。布朗是那个时代及其氛围的博学而又敏感的研究者，在我看来，他对那个时代的事实和感觉的把握都很准确。他的翻译一直很准确，常显精妙而老到，这主要是他对俄罗斯"艺术散文"（kunstprosa）的细微变化具有超强敏锐的嗅觉并投入了巨大精力的结果。然而怎样才可能将这样的作品翻译过来呢？如何 48
能传达由当地的、历史的和文学的、尤其是个人的成语典故、语言游戏、名字游戏所构成的极其复杂的网络？一个当代的俄国读者会怎么理解奥登的《雄辩家》[3]？奥登的诗歌可能要比他在1930年代创作的散文更容易翻译成俄文；在我看来这同样也适用于曼德尔施塔姆。我认为罗伯特·洛维尔翻译的曼德尔施塔姆的作品，已经达到了帕斯捷尔纳克在翻译格鲁吉亚诗歌时所达到的水准：两人都将诗歌从一种完全不熟悉的语言转译过来，并以另一种尽可能充分、尽可能富有表现力的面貌创造性地表达出来。洛维尔翻译的原文与他感兴趣的古典文学之间有某些共同之处，这或许对他的翻译有所助益，从而使翻译过来的作品既优美又感人。

---

① 诺瓦利斯（1772—1801），德国浪漫主义诗人，代表作有抒情诗《夜之赞歌》，小说《亨利希·封·奥弗特丁根》。——译注

② 《海浪》是弗吉尼亚·伍尔夫1931年发表的一篇小说。——译注

③ 奥登的《雄辩家》（1932）是用诗与散文混合写成的一部政治讽刺作品。——译注

曼德尔施塔姆的散文大多数都很难翻译。他的诗歌字斟句酌,字词中蕴含的复杂性和多重含义令人生畏,但这也要比他那古怪离奇的、尽管有着严格标准的“散文”更容易译成另一种完全不同的语言。他试图以一种他自称为“疯狂的抛物线”(“wild parabolas”)的方式进行写作。多数时候他做到了,而且做得让人惊叹不已。他曾写道:“每一篇稿子都是一场风暴。”但作家把握着他的头脑,控制着整个风暴。作家也有失控的时候:于是我们会读到技艺精湛的文字,充满了诗意的想象,既让人欢欣鼓舞,又显得杂乱无章,有如野马般肆意驰骋。因为曼德尔施塔姆是一位出色的驭手,那些驰骋的想象,即使在半空突然消失也依然让人兴奋,而且从未退化成单纯地表现生动或卖弄技巧。通常这些部分都遵循一种严格的模式;在我看来布朗在这一点上反对博学的苏联学者别尔科夫斯基是正确的,尽管在书中布朗对他的引用基本是抱着公允的肯定态度。由于从曼德尔施塔姆头脑中喷涌而出的时而闪耀时而平静的意象之流彼此互相激荡,因此各种历史上的、心理上的、句子的和词汇的隐喻,对比与冲突,以闪电般的速度不断出现,冲击着人们的想象力和智力(不是像印象主义或超现实主义作品中一个接一个的杂乱无章、反差强烈的元素,一团炫目的混乱,而是作为一个完整的构思,一个和
49 谐而又华美的整体)。布朗谈到了曼德尔施塔姆“对不协调意象的模式化选择”。在我看来它们通常并没有不协调。它们大胆、狂野,但被融入一个令人不安的,通常十分痛苦却总的来说统一协调的整体——一个复杂的、扭曲的、太过文明的世界(需要一位阅历丰富、博览群书的鉴赏者才能体会),那里不存在任何不明确的目标。所有的线索都互相交织,尽管联系的方式怪异,但每一件事都与另一件事相互呼应,各种色彩、声音、味道、形状、质地之间都存在着切切实实的——感官上和心理上的——而非象征性的关联。它完全是出自一位极有条理,甚至有些冷酷的思想家。苏联评论家称其“符合建筑学原理”是十分恰当的。

其中总有一位受苦受难的主人公——那个被暴徒追赶的殉道者,

既是果戈理和陀思妥耶夫斯基笔下卑贱的受害人的继承者，也是(不论有意还是无意)毕希纳笔下的沃依采克(与贝尔格笔下的沃采克非常相似)的传人。《埃及邮票》中受苦受难的主角是一个俄国犹太人。他的散文中经常会出现和他一样具有犹太背景的人物形象，而且他处理这些角色时既不表现得傲慢也不带任何嘲讽，不带任何咄咄逼人的自我认同，事实上不带任何自我意识。显然这一直是他最自然的世界，直到去世。

在这几篇奇异的作品里始终贯穿着两个主题：一个主题是遭到周围人和环境排斥的苦闷而又畏缩的犹太人形象。有朝一日文学史家肯定会连篇累牍地研究这个我们时代的常见形象，探索他的发展演变过程，一直追溯到他的异教祖先那里。从彼得·施莱米尔到霍夫曼笔下被恐怖化的人群，从陀思妥耶夫斯基到安德莉亚，最终我们会看到曼德尔施塔姆笔下的帕诺克，他是贝娄笔下的赫索格的一个模糊祖先。曼德尔施塔姆把自己视同为可怜的帕诺克，同时虔诚地祈求把他从他的犹太特征和命运中拯救出来。帕斯捷尔纳克在《日瓦戈医生》中所采取的，则是一种完全不同而且是彻底得多的解脱方式。

另一个主题是音乐和作曲家，巴赫、莫扎特、贝多芬、舒伯特，以及在不同层面上的柴可夫斯基和斯克里亚宾。曼德尔施塔姆对他们各自不同的艺术特点要比帕斯捷尔纳克熟悉得多；它们也经常被他用来描写其他事物。它们被用来比喻天性、观念和各种不同的人：《时间之喧 50
嚣》中亚历山大·赫尔岑暴风骤雨般的政治雄辩术与贝多芬的一首奏鸣曲之间的比照，就是这些比喻中最为典型和精彩的一例。在那段对两个形成鲜明对照的波罗的海海滨胜地的精彩描写中，这两个主题交汇在一起。一个是德国人的海滨胜地，在那里演奏的是理查德·施特劳斯的曲子，而犹太人早已被排斥在听众之外。另一个则是犹太人的海滨胜地，那里萦绕着的则是柴可夫斯基和各种小提琴的曲子。在他的抒情诗里，那首关于忧郁的犹太音乐家赫尔泽维奇的诗(Herzevich由Herz和

serdtse组合而成，serdtse在俄语中是“心”的意思，而Scherzo的意思则很难用英语表达），可能不是最好的，却是最直接地表露了他的情感。在这首诗里，也会看到两个主题的交汇。这是一篇感人至深、令人心碎的作品，就像舒伯特那支被音乐家们一遍又一遍演奏的奏鸣曲单曲一样。（弗拉基米尔·温德尔对此有过很好的描述。）

在《埃及邮票》中，主人公的对头——他从霍夫曼和舍米斯身上继承下来的第二自我——是一个愚蠢、野蛮、长得像模像样却蛮横无礼的士兵，这个爱自吹自擂的士兵经常偷主人公的衬衫穿，欺负他，当主人公受到歧视时他却养尊处优，还经常将主人公非常热切盼望得到的东西据为己有。他是那个充满了早期德国浪漫主义者偏执妄想的可怕的“二重身”——酷似活人的幽灵（the Doppelgänger），是《沃采克》中的鼓手长，是那可憎的强权和成功的化身，是那个对所有内心生活不屑一顾的玩世不恭的家伙。

《时间之喧嚣》以其独特的委婉笔调回顾了那个日趋没落的犹太中产阶级的世界，曼德尔施塔姆父亲（那个皮货商）的办公室兼书房，一个接一个犹太裔的和非犹太裔的家庭教师，以及圣彼得堡的自由知识分子与社会主义密谋家的合流——革命就是从这个世界爆发出来的。它生动地回顾了与帕斯捷尔纳克年轻时生活过的莫斯科并无太大区别的世界，尽管在莫斯科犹太因素要少得多。

至于《埃及邮票》，虽然这篇奇幻作品的灵感源于19世纪的浪漫主义，它却与别雷笔下的《彼得堡》的幻境和卡夫卡在《城堡》中的思维方式有着许多共同之处。毫不奇怪，这本书和那个时代大多数富有想象力的俄国文学作品一样，与1920年代末、1930年代初苏联在社会和政治方
51 面的各项政策并不合拍。

第一个和第二个五年计划将所有这类作品都清除得一干二净，作家本人也在清扫之列。东方欲晓，光明不会遥远，到那时，新一代的俄罗斯人将会知道，在苏维埃共和国早期那段饥渴而又荒芜的年代里，还曾

经存在过一个怎样丰富而不可思议的世界；而且它没有自生自灭，而是
仍然在渴望着充实和完成，从而不让自己湮没在某一段不可挽回的历 52
史之中。

与阿赫玛托娃和帕斯捷尔纳克的交谈
1980

一

1945年夏天，驻莫斯科的英国大使馆报告它那儿缺人手，尤其是缺懂俄语的官员。有人建议可以由我来补四五个月的缺。我急切地接受了这项提议，我得承认，主要是因为我非常想了解俄罗斯文学和艺术的状况，当时西方对此相对来说知之甚少。当然，我了解一些二三十年代发生在俄国作家和艺术家身上的事。十月革命在俄国的各个艺术领域激起了一股巨大的创作浪潮；大胆的实验精神处处得到鼓励；只要能体现是给资产阶级趣味“一记耳光”，那些新的文化监控者就不加干涉，不管你是马克思主义的还是非马克思主义的。在视觉艺术领域掀起的新运动——包括康定斯基、夏加尔、苏汀、马勒维奇、克留恩、塔特林等画家和阿尔西品科、佩夫斯内、加博、利普希茨、查德金等雕塑家，以及梅耶荷德、瓦赫坦戈夫、泰罗夫、爱森斯坦、普多夫金等电影和戏剧导演在内的作品——造就了许多对西方产生过巨大影响的伟大作品；在文学和文艺评论界也同样出现了一股上升的势头。尽管国内战争激烈而又极具破坏性，而且带来的是一片废墟和各种混乱，但充满特殊活力的革命艺术作品仍源源不断地被创作出来。

我还一直记得1945年我与谢尔盖·爱森斯坦的会面；当时他的状态非常消沉：因为他的电影《伊凡雷帝》的初版遭到了斯大林的谴责。原因 53
是斯大林经常自比的那位暴君，在面对镇压旧贵族叛乱的重任时，被错误地塑造成一个内心煎熬乃至有些神经质的人物，这也正是斯大林所不满的一点。我问爱森斯坦他觉得哪一段是他生命中最美好的时期。他毫不迟疑地回答："二十年代初。就是那段时期。那时我们还很年轻，在剧院中干了许多惊人的事情。我记得有一回，几只浑身涂满油的猪被我们放进了观众中，吓得许多观众跳上座椅，大声尖叫。真是太有意思了。那时是多么幸福啊！"

显然，这样的幸福不可能持续得太久。它很快受到左派狂热分子的攻击，他们主张集体主义的无产阶级艺术。于是斯大林决定结束所有这些政治—文学争吵，因为它们纯粹是浪费精力，对五年计划根本没有任何帮助。1930年代中期成立作协以强化官方的正统思想。于是不再有争论，不再有人们思想的骚动。接下来是死水一潭的顺从。最终惨剧降临——大清洗、作秀的政治审判、1937—1938年间愈演愈烈的恐怖，野 54
蛮地、不分青红皂白地摧毁个人和团体，然后是整个民族。我无需细述那个杀人时代的血淋淋的事实，这在俄罗斯历史上既不是头一回，恐怕也不是最后一回。有关那个时期知识分子生活的真实记录我们可以从比如娜杰日达·曼德尔施塔姆、莉季娅·楚科夫斯卡娅等人的回忆录，以及在另一层意义上从阿赫玛托娃的诗歌《安魂曲》中找到。1939年斯大林停止了各种迫害活动。俄国文学、艺术和思想所表现出的境况就像一个刚刚遭受过轰炸的地区，只有几座像样的建筑还相对完好，孤零零地站立在已经荒无人烟、满目疮痍的街道上。

随后便是德国的入侵，并且发生了一件非同寻常的事情。面对外敌需要实现民族的团结，这使得政治控制有所缓解。在俄国爱国主义情感的洪流中，俄国的作家，无论老幼，尤其是诗人，在读者看来他们会为自己说话，会说出他们自己的感受和信念——这些作家被史无前例地偶像化了。那些诗人的作品曾经被当局看不顺眼,因而很少出版,甚至根本没有出版,现在他们突然之间收到了许多前线战士的来信,信中所引用的通常是他们那些表达个人情感的、与政治几乎无关的诗句。鲍里斯·帕斯捷尔纳克和安娜·阿赫玛托娃，他们曾经长期生活在一种国内流放状态中,此时也开始收到数量惊人的战士来信,信中所引用的既有他们已经发表过的也有从未发表过的诗歌；甚至出现了一股搜求他们手稿、求证手稿的真实性以及寻求他们本人对各种问题的表态的潮流。最终这一现象深深触动了一些党的领导人。结果这些曾经让当局愁眉不展的诗人,他们的地位得到了提高,人身安全也获得了保障。诗人在公众场合诵读,人们在私人聚会上背诵诗歌,这些在十月革命前的俄国曾经十分普遍。令人惊奇的是,当帕斯捷尔纳克和阿赫玛托娃大声朗诵他们的诗歌,偶尔在一个词上停顿时,在一大群聚集起来聆听他们朗诵
55 的观众中,总会有几十人马上说出他们发表过或者还没发表过的,至少不是公开允许发表的作品中的句子来提示他们。没有哪位作家不会为此所感动,没有哪位作家不能从这种真正的敬意中获得创作的力量。

少数诗人显然已经远远超越了其他人，我觉得他们的地位是独一无二的。无论是画家、作曲家还是随笔作家,甚至是最受欢迎的演员或是雄辩的爱国记者,都没有得到过如此深挚如此普遍的热爱和崇拜,尤其是受到那些我曾经提到过的经常乘坐电车、列车和地铁的人们的热爱和推崇，尽管他们中的有些人承认他们一个字也没有读过他们的作品。在所有俄国诗人当中,最著名最受推崇的是鲍里斯·帕斯捷尔纳克。他是我在苏联最想见到的人。有人提醒我要想见到那些当局不允许出席官方招待会的人非常困难，外国人只有在那里才能见到已经经过慎重筛选过的苏联公民,而其他人脑子里则形成了一个非常固定的印象,见外国人对他们既不可取也不安全,特别是私下会面就更是如此。我很幸运。凭借各种机缘巧合,在到苏联后不久,终于设法在莫斯科附近佩

列杰利基诺的作家村，帕斯捷尔纳克的乡村小屋中拜访了他。

二

1945年秋天的一个温暖而又阳光明媚的下午，我去拜访他。诗人本人、他的妻子和他的孩子列昂尼德正围坐在别墅里屋的一张粗陋的木桌旁。帕斯捷尔纳克热情地接待了我。他的朋友、女诗人玛琳娜·茨维塔耶娃曾这样形容他，说他看起来像一个长着马脸的阿拉伯人——从他的许多照片和他父亲的画像中，我们已经很熟悉他的脸庞黝黑、忧郁、表情丰富，带有鲜明的民族特征。他说起话来慢条斯理，声音低沉而又单调，始终保持同一声调，介于蜂鸣和风笛低音管发出的声音之间，和他见过面的所有人几乎都提到了他的这个特点：每个元音都被拉得老长，就像在柴可夫斯基歌剧中凄婉哀怨的咏叹调里听到的一样，只不过底气和力道更足罢了。 56

帕斯捷尔纳克几乎是一口气说个不停："你来自英国。我在三十年代曾到过英国——是在1935年，当时我到巴黎参加了一个反法西斯代表大会，返回途中路过英国。"随后他说那年夏天他突然接到当局打来的 个电话，对方告诉他有一个作家代表大会将在巴黎举行，要他一刻也不要耽搁马上准备动身。他说他没有合适的服装——那些政府官员说："我们会打理的。"他们设法为他准备了一件正式的大礼服和几条有条纹的裤子，一件板袖翼领的衬衫和几双很合脚的黑漆皮靴。但结果他获准穿着普通的服装前往。他后来才得知是那次大会的组织者安德烈·马尔罗一直坚持要邀请他；马尔罗对苏联当局说虽然他充分地理解这么做他们有多么不情愿，但不派帕斯捷尔纳克和巴别尔来巴黎却很可能导致不必要的推测；他还说他们都是最著名的苏联作家，如今已没有多少这样的作家有可能让西方的自由主义者如此感兴趣的了。"你一定想象不到来了多少名流，”帕斯捷尔纳克一一列举，“德莱塞，纪德，马尔罗，阿拉贡，奥登，福斯特，罗沙蒙德·莱曼，还有其他许多极其著名的人物。”我发了言，我对他们说：“我知道这是一次作家的聚会，目的是组织起来共同抵制法西斯主义。我只想对你们说一句话：不要去组织。组织是对艺术的扼杀。只有独立的个性才是最重要的。无论是1789年、1848年还是1917年，作家们都没有组织起来拥护什么或者反对什么。不要组织，我恳求你们，不要去组织。”

“我想他们一定很奇怪，但我还能说什么别的吗？我原以为说了这话回国后会惹来麻烦，但没有人再与我提起过这件事，无论是当时还是现在。随后我到了伦敦，乘坐我们的一艘船回国。我和谢尔巴科夫住一个舱，他当时是作协的书记，颇具影响力，后来进了政治局。我没日没夜不停地唠叨。他求我停一停让他睡觉。但我还是不停地说呀说。巴黎和伦敦已经唤醒了沉睡的我。我无法停下来。他要我可怜他一会儿，但我却无动于衷。想必他一定以为我精神已经错乱：或许正是这一点后来救
57 了我。”我觉得他的意思是，被认为有点疯或至少行为非常古怪，对他在大清洗中逃过一劫可能有所裨益。

接着帕斯捷尔纳克问我是否读过他的散文，特别是他的那篇《柳威尔斯的童年》。“从你的表情上我能看出来，”他丝毫不容分说，“你觉得这些作品做作、读得让人头疼、自以为是、现代得让人恶心——不，不，不要否认，你确实就是这么想的，你的想法完全正确。我为写出这样的东西而脸红——我说的不是我的诗歌，而是我的散文——它受了象征主义运动中最微弱最混乱的那部分东西的影响，象征主义在那些年很流行，其中充满了各种离奇的混乱——当然安德烈·别雷是个天才——《彼得堡》、《科吉克·列达耶夫》都包含了精彩的内容——这些我都知道，你无需告诉我——但他的影响却是致命的——乔伊斯是另一个例子——当时我所写的一切都像着了魔似的，言不由衷、支离破碎、矫揉造作、毫无价值；但我现在正在写的东西则全然不同：它是新的，全新

的，清新、典雅、比例得当，具有经典作品所必须的纯粹和简洁——完全符合温克尔曼，对，还有歌德的要求；它将是我的最后一部作品，也是我面世的最重要的一部作品。它是，是的，我希望它是一部能被大家牢牢记住的作品；我将用我的余生全力写好它。”

我不能保证所说的这些话全是一字不差的原话，但我所记得的就是这样。那部精心构思的作品便是后来的《日瓦戈医生》。到1945年他已经完成了前几章的草稿，他要我看看，并让我捎带给他在牛津的姐妹；我照办了，但直到很晚我都还不知道他整部小说的计划。说到这，帕斯捷尔纳克沉默了一阵，我们谁也没有说话。随后他接着告诉我们他有多么喜欢格鲁吉亚，格鲁吉亚的作家，亚什维里，塔比泽，还有格鲁吉亚的酒，他在那里总是那么受欢迎。之后，他友好地向我询问西方的现状；我是否认识赫伯特·里德，是否理解他的个人主义学说？这时他解释说他之所以信奉个人自由主要因为康德的个人主义学说——勃洛克的诗歌《康德》完全是对康德的误解。对于俄国的现状，他无话可说。我不得不意识到俄国（我注意到，不论是他还是我拜访过的其他作家都不曾说“苏联”这个词）的历史已经停在了1928年前后，那时它与外部世界的一切联系事实上都被切断了；比方说《苏联百科全书》对他和他的作品的 58
描述仅仅停留在那时候，关于他后来的生活和著作，里面没有任何可资参考的内容。

他刚说到一半，著名的老作家莉季娅·谢芙琳娜突然闯了进来，打断了他的谈话：“我的遭遇和他一模一样，”她说，“百科全书关于我的文章的最后几行是这样写的：‘谢芙琳娜正处在一场心理和艺术上的危机之中’——这篇文字已经二十年没变了。对于那些想了解苏联的读者来说，我仍处在一场危机之中，一场生命暂时中止的危机。我们就像庞培人一样，你和我，鲍里斯·列昂尼多维奇，说到一半就被灰烬所湮没。而且我们孤陋寡闻：我知道，梅特林克和吉卜林死了；但韦尔斯、辛克莱、刘易斯、乔伊斯、蒲宁、霍达谢维奇呢，他们还活着吗？”帕斯捷尔纳克看起来有些尴尬,便换了个话题。他已经读过普鲁斯特——他的法共朋友给他寄了他的整部作品——他说他很熟悉他的作品,还在最近重读了一遍。当时他还没有听说过萨特和加缪,对海明威也不甚了解[他说,“我想不通为什么安娜·安德烈耶夫娜(阿赫玛托娃)对他什么都知道”]。

他说起话来很是慢条斯理,偶尔也会突然冒出几句连珠炮。他说出的话经常跃出语法结构的限制——前面几句还明白易懂,接下来便不着边际,不可思议的是尽管如此却始终能给人留下生动、具体的印象——而且后面可能还跟着些让人费解的黑话——接着又突然会变得清晰明了起来。他的演讲,和他的作品一样,在任何时候都带有诗人的气质。有人曾说,有些诗人当他们写诗的时候是诗人,写随笔的时候便是随笔作家;另外还有一些人无论他们写什么他们都是诗人。帕斯捷尔纳克无论他是谁也无论他做什么,他都是一位天才的诗人。至于他的谈话,我无法形容它的质量。在我拜访过的人中只有一个人说话和他一样,她就是弗吉尼亚·伍尔夫,和他一样,她也让人头脑兴奋,而且她还以一种与他相同的令人激动的、甚至通常是令人震惊的方式去颠覆一个人对现实的一般看法。

我用“天才”这个词是有用意的。经常有人问我用这么一个极易唤起人们想象但又不那么明确的词要表达的是什么意思。我只能这样回
59 答:有人曾经问过舞蹈家尼金斯基他怎么能跳得那么高。据说他的回答是他觉得这没什么大不了的。大多数人腾空后马上就会落回地面。“你干吗要马上回到地面?为什么在你落回地面之前不在空中多待一会儿?”据说他是这么说的。在我看来天才的标准之一准确地说就是:能够轻而易举地做到一些普通人做不到而且也清楚自己做不到的事情——普通人既不明白是怎么做到的,也不知道为什么他们自己做不到。帕斯捷尔纳克说话经常带有很大的跳跃性;他的用词在我所知道的范围内是最有想象力的;既灵活又非常感人。当然,还有各式各样不同类型的文学天才:艾略特、乔伊斯、济慈、奥登、罗素就不这么说话。我可不想打

扰主人太久而讨人嫌。当我离开时，我已经被诗人的谈吐和个性深深地打动，事实上是被彻底地征服了。

帕斯捷尔纳克回莫斯科后，我每周都去拜访他，对他的了解也逐渐加深。我不打算描述他在外表、声音和仪态方面的改变。他谈论书籍和作家；他喜欢普鲁斯特，深深为他的作品所吸引，他喜欢《尤利西斯》——至少在当时他还没有读过乔伊斯后来的作品。他谈到法国的象征主义者，谈到了凡尔哈伦和里尔克，这两人他都曾见过面。他非常推崇里尔克，无论是作为作家还是作为一个人。他还深深为莎士比亚而着迷，对自己翻译的莎士比亚作品很不满意："我曾试图完全把握莎士比亚，"他说，"但并不成功。"他说，他是在托尔斯泰的阴影下长大的——对他来说，托尔斯泰是一位无与伦比的天才，比狄更斯或陀思妥耶夫斯基更加伟大，是一位堪与莎士比亚、歌德和普希金比肩的作家。他的父亲，也就是那位画家，曾在1910年带他到阿斯塔波沃车站托尔斯泰临终的病榻前看望他。他觉得几乎不可能对托尔斯泰提出批评：俄罗斯和托尔斯泰就是一回事。至于俄国的诗人，勃洛克当然是他那个时代举足轻重的天才，但他并没有从他那里找到默契。别雷更接近他，那是一位充满奇妙和闻所未闻洞见的人，一个充满魔力的、在东正教传统中被称为圣愚的人。布柳索夫在他看来就是一个自制的、精巧的、机械的音乐匣子，一个机灵的、工于心计的取巧者，根本算不上一位诗人。他没有提到曼德尔施塔姆。他对玛琳娜·茨维塔耶娃感觉非常亲切，多年的友谊已注定让他们心有灵犀。 60

他对马雅可夫斯基的感情则要复杂得多：他跟他很熟，他们一直是很亲密的朋友，而且他还从他身上学到了很多；他当然是破除各种旧有形式的（泰坦似的）巨人，但，他补充说，他与其他共产主义者不同，他始终是一个有血有肉的人——仅此而已，而主要不是一位诗人，不是像丘特切夫或勃洛克那样的永垂不朽的神，甚至不是像费特或别雷那样的半神。他已被湮没在时间的长河里。他那个时代需要他，他正是那些时期所召唤的人。他说，有许多诗人都拥有属于他们自己的时光，比如阿谢耶夫、可怜的克柳耶夫（遭到清洗）、谢尔文斯基，甚至还包括叶赛宁。他们满足那个时代的迫切需要，他们的天才之作对他们国家诗歌的发展起着至关重要的作用，而之后他们就不再辉煌。马雅可夫斯基就是其中最伟大的一位——《穿裤子的云》自有它重要的历史地位，但叫嚣得有些过头：他把自己的天赋吹得太大，直到吹破了牛皮。想拿五彩的气球充当可怜的遮羞布，但你是俄国人的话，你终究还是俄国人。他有天赋，有他的价值，但粗糙，还不成熟，最终只能做一个海报艺术家。马雅可夫斯基的爱情经历对他来说，无论是作为一个人还是作为一位诗人，都是致命的。他，帕斯捷尔纳克，一直很喜欢马雅可夫斯基这个人；他的自杀对他来说也是他自己生命中最黑暗的日子之一。

帕斯捷尔纳克是一位热爱俄罗斯的爱国者——他对自己与他的祖国之间的历史渊源关系感受非常深。他一再地向我表示能到佩列杰利基诺作家村消夏对他来说有多么高兴，因为那里曾是伟大的斯拉夫派尤里·萨马林的庄园的一部分。真正的传统之链从"萨德阔传奇"开始，传给斯特罗加诺夫家族和柯楚别依家族，接下来又传给杰尔查文、茹科夫斯基、丘特切夫、普希金、巴拉丁斯基、莱蒙托夫、费特和安年斯基，最后传到了阿克萨科夫家族、托尔斯泰和蒲宁那里——是斯拉夫的传统，而不是自由知识分子的传统，正如托尔斯泰所强调的，后者根本不知道人们生存依靠的是什么。他这种近乎痴迷的渴望被看成是扎根于俄国土地上的真正的俄国作家的情怀，最明显的表现就是他对他自己的犹太血统的反感。他不愿意讨论这个问题——不是因为他觉得尴尬，而是他不喜欢：他希望犹太人不要再作为一个民族而存在。

他对艺术的趣尚在他的青年时代就已经形成，他仍保持着对那个时代的大师们的尊崇。斯克里亚宾——他自认为已成了一名作曲
61 家——给他留下的印象是神圣的。我很难忘记帕斯捷尔纳克和涅高兹（著名音乐家，帕斯捷尔纳克的妻子季娜伊达的前夫）对斯克里亚宾和

象征派画家弗鲁别利的赞美之词，他们将弗鲁别利，还有尼古拉·罗里赫，置于所有的当代画家之上。无论是毕加索和马蒂斯，勃拉克和博纳尔，克利和蒙德里安，还是康定斯基或马勒维奇，比起他们来似乎都不算什么。

话中给人一种感觉，阿赫玛托娃和她的同时代人古米廖夫、玛琳娜·茨维塔耶娃是19世纪最后的绝响——而帕斯捷尔纳克或许可以占据世纪之交的位置，曼德尔施塔姆或许也可以。也许只有他们才能够被称为是第二次俄罗斯文艺复兴运动最终的代表，这场运动基本上与现代运动无关，与毕加索、斯特拉文斯基、艾略特、乔伊斯和勋伯格无关，尽管他们对他们推崇备至；因为俄国的现代运动已经由于诸多政治事件而夭折（曼德尔施塔姆的诗则是另一回事）。帕斯捷尔纳克深爱着俄国，心甘情愿地包容祖国的所有缺点，除了斯大林的野蛮统治；尽管如此，他还是把1945年看作是黎明前的黑暗，他睁大双眼来发现那黑暗中的晨曦——他在《日瓦戈医生》的最后几章中表达了这一希望。他相信自己将与俄罗斯民族的精神生活交融在一起，共同分担她的恐惧，分享她的希望和梦想，将像丘特切夫、托尔斯泰、陀思妥耶夫斯基、契诃夫和勃洛克一样，以他们各自独特的风格，表达出她的心声。（这时我才知道他对涅克拉索夫一点也不认同。）

在我访问莫斯科期间与我的谈话中，我们总是单独待在一起，坐在一张油光发亮的桌子前，桌上别说一本书，就连一张纸片也找不着，他不断地重申他的信念，确信自己已经非常接近国家的精神核心。他还坚决且不懈地否认高尔基和马雅可夫斯基做到了这一点，特别是前者。他觉得他有话要对俄国的领导人说，一些只有他能说出来的非常重要的话，但他所要说的话——他经常说——对我来说既模糊不清又语无伦次。这很可能是因为我这方面缺乏理解——但安娜·阿赫玛托娃告诉我，当他用这种先知似的语调说话时，她也听不懂他要说什么。 62

有一回，他正是在这种亢奋的情绪中向我讲述了他与斯大林通电话谈论曼德尔施塔姆被捕一事。这段著名的对话流行有许多不同的版本,而且至今还在流传。我只能靠记忆来复述他在1945年向我讲述的这段往事。据他说当时他正与妻子和孩子待在自己在莫斯科的公寓中,家里没有其他人,突然电话响了,电话里的声音告诉他电话是从克里姆林宫打来的,斯大林同志想和他通话。他以为这是别人开的一个愚蠢的玩笑,于是把电话挂了。但电话铃又响了,电话里的那个声音不知怎的让他相信这次是真的。接着斯大林问他是鲍里斯·帕斯捷尔纳克吗,帕斯捷尔纳克回答我就是。斯大林问曼德尔施塔姆朗诵一首讽刺他斯大林本人的诗时他是否在场。帕斯捷尔纳克回答说他在不在场在他看来并不重要,但能和斯大林通话,他感到非常荣幸;他说他一直相信这一天会到来;他还说他们必须就一些至关重要的问题进行面谈。随后斯大林问曼德尔施塔姆是否称得上是一位大师。帕斯捷尔纳克回答说作为诗人,他们有很大不同;说他很赞赏曼德尔施塔姆的诗歌但感觉不是一个路子;但无论如何这都不是问题的关键。

在他向我讲述这段插曲的过程中,帕斯捷尔纳克又开始了他的一个关于世界历史的重大转折点的形而上学畅想;他希望和斯大林谈的正是这些——他应该这么做,这才是至关重要的。我很容易想象他也是以这样的口气对斯大林说的。至少斯大林又问了他一次,当曼德尔施塔姆朗读那首讽刺诗的时候,他是否在场。帕斯捷尔纳克再次回答:最重要的是他必须与斯大林见面,而且必须马上见,一切都在此一举,他们必须谈一些有关生和死的根本性问题。"如果我是曼德尔施塔姆的朋友,我会更清楚如何来为他辩护。"斯大林说完挂断了电话。帕斯捷尔纳克试图拨回去,但不出意料,无法接通。显然这段插曲一直深深地困扰
63 着他。他至少在两个不同的场合重复向我说起过我刚才叙述的那个故事版本,但很显然他还以其他各种不同的形式向来访者讲述过这段故事。尽管他多方设法解救曼德尔施塔姆,特别是向布哈林求助,这些努力或许至少有助于保护他一段时间——几年后曼德尔施塔姆最终还是

被摧残至死——但帕斯捷尔纳克显然察觉到，也许换一种方式回答可能给受害的诗人带来更大的帮助。这无需讲什么理由，只要是一个没有被自大和愚蠢蒙蔽双眼的人都会这样觉得。①

说完这个故事他又谈起了其他几位受害者。皮利尼亚克焦急地等待着（"不时地朝窗外看"）一位特使，要他在一份谴责一个1936年被指控为叛徒的人的公开信上签名，但没有任何人来，他意识到他自己也要大难临头。帕斯捷尔纳克提起1941年茨维塔耶娃自杀时的处境，他觉得如果不是那些文学官僚对她如此绝情，简直到了骇人听闻的地步，这种事情或许也不会发生。他还讲了一个故事，一个人跑来要他在一封声讨图哈切夫斯基元帅的公开信上签名。帕斯捷尔纳克拒绝了并解释了拒绝的原因，那人听后失声痛哭，说诗人是他见过的最高尚最圣洁的人，还热烈拥抱了他；但随即他便径直去找秘密警察告发他。

帕斯捷尔纳克接着说，尽管共产党在战争期间，不单在俄国还在其他国家，都起到过一些积极的作用，但他发现任何与其有关系的想法正日益令人厌恶：俄国就像一艘大船，一艘奴隶船，党员就是监工，他们用皮鞭抽打着划手。他很想知道为什么当时在莫斯科的一位英联邦的外交官，我肯定认识，那个人懂一些俄语并自称是诗人，有时会来拜访他；为什么这个人老是建议他，帕斯捷尔纳克，在一切可能和不可能的场合都应该向党靠拢？他不需要来自世界另一边的绅士来告诉他应该做什么——他问我，我能否告诉那个人他不欢迎他来访？我答应了他，但我 64
并没有那样做，部分是因为我担心这样做会使帕斯捷尔纳克本来就不太安全的处境变得更不稳定。

帕斯捷尔纳克也指责过我；倒不是因为我试图将我的政治观点或什么其他观点强加给他——而是由于一些在他看来同样糟糕的事情。当时我们俩都在俄国，你无论往哪儿看，所有的一切都让人厌恶、令人

① 在这件事情上，阿赫玛托娃和娜捷日达·曼德尔施塔姆对他的行为基本上表示认可。——以赛亚·伯林

震惊，简直就像一个让人作呕的猪圈，而我看起来却为之激动不已：“你到处闲逛，”他说，“看什么都觉得迷惑”——我也不比（他断言）其他外国访问者好到哪里去。那些人什么也没看见，为荒谬的错觉所蒙蔽，对可怜而又可悲的当地居民怒其不争。

帕斯捷尔纳克对于指责他本人顺应党或国家的要求极其敏感——他似乎担心，只剩下他还活着，有人会把这归结为他为摆平当局做了一些不该做的事，为逃避迫害不惜让良心做出一些卑鄙的妥协。他不断地回到这个话题，花很长很长的时间否认他会这么做，凡是认识他的没有人会认为他有罪。一天他问我，我是否听谁说过他在战时发表的那本诗集《在早班列车上》是他向主流看齐的一种表示。我如实告诉他我没有听说过，这完全是谬论。

安娜·阿赫玛托娃，他的挚友，也是他最敬佩的人。她告诉我说，战争临近结束，当时她正从塔什干返回她曾从那儿被疏散的列宁格勒，她在莫斯科做了短暂的停留并顺便造访佩列杰利基诺。她刚到没几小时就接到帕斯捷尔纳克叫人捎来的口信说他不能来看她——他发烧了——正卧病在床——完全不可能来。第二天她又接到了同样的口信。而第三天他便出现在她的面前，气色看起来非常好，没有任何生病的迹象。他做的第一件事就是问她，她是否读过这本他最近发表的诗集。他提问时脸上的表情显得如此痛苦，所以她故意说她没有，还没有看；闻此他脸上的疑虑顿消，如释重负，他们谈得也很愉快。显然他对这些诗感到羞愧，这完全没有必要。在他看来写市民诗歌是一种三心二意的行
65 为——没有什么比这种类型的诗歌更让他反感的了。

然而直到1945年他依旧对俄罗斯的伟大复兴抱有希望，因为战争带来的那场横扫一切的风暴，在他看来是一场以它自身的可怕形式表现出来的、与十月革命一样具有改天换地力量的风暴，是一场超越我们孱弱的道德范畴的巨大突变。他强调，如此巨大的突变不能轻易做出评判。你必须反复思考，尽最大的可能充分地去理解它们；它们已经超越

了善与恶、接受与拒绝、怀疑与肯定的范畴;我们必须把它们看作是一些根本性的改变,是地震和海啸,是一系列超越了所有道德和历史范畴的改天换地的事件。因此,那些关于背叛、清洗、对无辜者进行大屠杀的梦魇,和紧随其来的一场令人恐惧的战争,在他看来似乎也变成了实现某种不可避免的、前所未闻的精神胜利的必要前奏。

此后十一年我再也没有见过他。到1956年,他与他的国家的政治当局之间的对立关系结束。一提到它,或它的代表人物,他就不寒而栗。在此之前他的朋友奥尔加·伊文斯卡娅已经被捕、受到审讯和虐待,并被送往劳改营待了五年。“你们的鲍里斯,”国家安全局局长阿巴库莫夫曾对她说,“你们的鲍里斯讨厌我们,是不是?”“他们说的没错,”帕斯捷尔纳克说,“她无法否认也没有否认。”我和涅高兹还有他与首任妻子(如今已经嫁给帕斯捷尔纳克)的一个儿子一起前往佩列杰利基诺。涅高兹一遍又一遍地反复说帕斯捷尔纳克是一个圣徒：他太不谙世故了——他指望苏联当局会允许出版他的《日瓦戈医生》,这简直太荒谬了——牺牲作者反倒更可能。帕斯捷尔纳克是这几十年俄国涌现出的最伟大的作家,因而他也会像许多人一样遭到政府的迫害。这是独裁政治的内在要求。传统俄国和新俄国之间无论有什么样的差别,对作家和艺术家的怀疑和迫害则是共同的。他的前妻季娜伊达——如今已是帕斯捷尔纳克的妻子——曾告诉他帕斯捷尔纳克已经决定在什么地方公开出版他的小说。他曾试图劝阻他,但他的话不管用。如果帕斯捷尔纳克向我提到这个问题,我会不会——这很重要——至关重要——你可以说或 66
许事关生死,甚至就在这些天?——我会不会去劝他罢手?在我看来涅高兹是对的:帕斯捷尔纳克或许真的需要保重自己的身体。

这时我们已经来到了帕斯捷尔纳克的家。他正在门口迎接我们,他先让涅高兹进屋,然后一边热烈地拥抱我一边对我说,在我们分别的十一年间发生了太多的事,大多数都糟透了。他顿了顿接着说:“想必你也有些事想对我说吧?”我的回答愚蠢至极(简直就是愚蠢得无可救药):

“鲍里斯·列昂尼多维奇，看到你气色这么好我真的很高兴。但最重要的是你挺过来了。在我们有些人看来这简直就是奇迹。”（我当时满脑子想的是斯大林晚年针对犹太人的迫害。）他的脸色顿时铁青，怒目相视：“我知道你在想什么。”他说。“我在想什么，鲍里斯·列昂尼多维奇？”“我知道，我明白是什么，你心里想什么我一清二楚，”他有些声嘶力竭——这太可怕了——“不要支支吾吾的。你想什么我能看得很清楚，比我自己的还清楚。”“我在想什么？”我又问了一遍，我被他的话搅得越来越糊涂。“你心里想——我知道你心里这么想——我为‘他们’办过事。”“鲍里斯·列昂尼多维奇，我向你保证，”我回答，“我从来没有这样想过——而且我也从来没有听任何人这样说过，哪怕是愚蠢的笑话。”终于他似乎相信我了。但看得出他有点心烦意乱。直到我让他确信，全世界有教养的人都非常钦佩他，不仅仅因为他是一位作家，而且因为他是一位自由而独立的人，这时他才开始逐渐地恢复常态。“至少，”他说，“我敢像海涅那样说：‘作为诗人，我或许不值得被记住，但作为为人类自由而战的战士，我必将被人们永远铭记。’”①

他把我带进他的书房。在那里他把一只厚厚的大信封塞到我手里：“我的书，”他说，“全在这。我的封笔之作。请指教。”当天晚上和第二天
67 一天我都在读《日瓦戈医生》。两三天后，当我再次见到他时，我问他他打算如何处理这本书。他告诉我他已经把这本书给了一位在苏联广播电台意大利分部工作的意大利共产党员，他同时还是亲共产主义的意大利出版社菲尔特里内利的代理人。他已经将全世界的版权都授予了菲尔特里内利。他希望他的小说、他的绝笔，是他的所有作品中最标准、最成熟的——相比起来，他的诗歌就算不上什么（尽管他认为这部小说中的诗或许是他写过的最好的诗）——他希望他的小说能够传遍全世界，用火去焚烧（他引用普希金曾引用过的《圣经》中的名句），去摧毁人

① 参见《海涅全集》（*Heinrich Heines Sämtliche Werke*），奥斯卡·瓦尔策尔编（莱比锡，1911—1920），第4卷，第306页。

们的心灵。

午餐结束后，他的妻子季娜伊达·尼古拉耶夫娜把我拉到一边，眼泪汪汪地恳求我，要我劝他不要在国外发表《日瓦戈医生》。她不希望她的孩子们受罪；我当然知道"他们"会干出什么事。我被这一恳求所打动，不失时机地和诗人谈了此事。我答应将他的小说做成缩微胶片，并把它们分别藏在地球上四个不同的地区，把一些副本藏在牛津，一些藏在瓦尔帕莱索（Valparaiso），一些藏在塔斯马尼亚、开普敦、海地、温哥华和日本，这样即使爆发了核战争，一些副本也能够保存下来——他真的打算和苏联当局对抗吗？他想过后果没有？

一周内我第二次和他谈起此事，在与我的谈话中他显出一丝不快。他对我说，我所说的当然是好意，他对我对他本人的安全和他家庭的安全（这被他讥讽地说成是小事）的操心也很感动，但他知道他自己在做什么；他说我比十一年前那位没完没了的英联邦外交官还要啰嗦。他已经和他的儿子们谈过。他们也已经做好了受罪的准备。我不要再提这件事了。我已经读过那本书，我当然知道这本书，特别是它一传播，对他将意味着什么。我只能惭愧地缄口作罢。

又过了一段时间，我们如往常一样谈论起法国文学。自我们上次见面后他设法弄到了萨特的《恶心》，但觉得它艰涩难懂，它的淫秽描写更是叫人作呕。在拥有了四个世纪的创造性天才之后，难道这个民族就再难产生出伟大的文学作品了吗？阿拉贡只会趋炎附势，杜哈梅和盖埃诺则无聊透顶；马尔罗是否还在创作？我还没有回答，他的一位客人，一位 68
彬彬有礼、沉默寡言的女士，略带羞涩地问奥尔德斯·赫胥黎在《针锋相对》之后是否还写了什么作品。她是一位教师，在劳改营待了十五年，最近才刚刚回来，她被定罪仅仅因为她教授英文。弗吉尼亚·伍尔夫还在创作吗？——她还从未读过她的书；但她从一份在她的劳改营神秘现身的法国旧报纸上读到一篇文章，她觉得她可能会喜欢她的作品。

能够将外部世界的文学和艺术信息带给那些像这样真正如饥似

渴，但又极难从其他渠道获得信息的人们，这种喜悦之情真是难以言表。我把我知道的所有英国的、美国的和法国的作品都告诉了她和聚在一块的客人，就好像在一座荒岛上向一群与文明世界隔绝了几十年的海难幸存者讲述一样。他们感觉听到的一切都是新的，都让人觉得兴奋和欣喜。格鲁吉亚诗人基奇安·塔比泽，是帕斯捷尔纳克的挚友，已在大清洗中殒命。他的遗孀尼娜·塔比泽当时也在场，她想知道莎士比亚、易卜生和萧伯纳是否还在西方戏剧界声名显赫。我告诉她对萧的兴趣已经有所减弱，但契诃夫却得到了极大的推崇并且还经常被搬上舞台。我加了一句，阿赫玛托娃曾经对我说她无法理解为什么会推崇契诃夫。他的世界完全是灰暗的，从未闪耀过阳光，没有刀光剑影，一切都被可怕的灰雾所笼罩，契诃夫的世界就是一潭泥淖，悲惨的人物身陷其中，无依无靠。这是对生活的扭曲。帕斯捷尔纳克说，阿赫玛托娃大错特错。“你见到她的时候告诉她——我们无法像你一样能随意到列宁格勒去——是我们这里的所有人对她说的，所有的俄国作家都在对读者进行说教：连屠格涅夫都告诫我们说时间是一剂良药，是一种可以治愈伤痛的药物；契诃夫却没有这么做。他是一位纯粹的艺术家——完全融入艺术——他就是我们的福楼拜。”他接着说，阿赫玛托娃肯定会对我说起陀思妥耶夫斯基，她还会抨击托尔斯泰。但托尔斯泰对陀思妥耶夫斯基的评价是对的，他的小说是一锅糟糕透顶的大杂烩，掺杂了沙文主义和歇斯底里的宗教情绪：“告诉阿赫玛托娃，是我说的！”但是当我再次
69 见到阿赫玛托娃时，那是1965年在牛津，我想最好还是不提他曾下的断言：她或许早就希望对他做出回应。但帕斯捷尔纳克已经躺在他的坟墓里了。实际上，她确实怀着无比热烈的崇敬之情向我说起了陀思妥耶夫斯基。

三

这让我想起了我与阿赫玛托娃的会面。莫里斯·鲍勒的引介让我认识了她的诗歌，我一直都期待着能够见到她。1945年的11月我从莫斯科前往列宁格勒。自1920年起我就再也没有见到过这座城市，当时我才十一岁，我们全家获准从列宁格勒返回我们的家乡里加，当时里加还是一个独立共和国的首府。到了列宁格勒，我对童年的回忆突然变得格外鲜活起来。看着眼前的街道、房屋、雕像、河堤、市场，还有突然闪入眼帘的一家熟悉的小店，我的激动之情无法言表，小店的扶栏还是残缺不全，店里的茶炊已经修补过，我们家就曾住在这家店房的下面。这栋房子的内院看上去就像十月革命头几年一样脏乱不堪，无人料理。这些真景实物勾起了我对那段突发事件、那些场景和经历的回忆。我就像是走进了一座传说中的城市，我自己转瞬成了那个依稀记忆中的鲜活传说的一部分，同时还能从置身事外的有利位置对它进行观察。这座城市虽然遭到了严重的破坏，但到1945年她那难以言传的美丽风貌尚存（直到十一年后我再次见到她时，她才完全得到修复）。我设法找到了位于涅瓦大道（大街）的作家书店。在看书的过程中，我偶然与一位正在翻看诗集的读者攀谈起来。他原来是一位著名的评论家和文学史家。我们谈起了近来发生的事情。他向我描述了列宁格勒被围困期间的惨状和许多市民英勇战斗为国捐躯的故事，他还告诉我，一些人被冻死、饿死，而活下来的大多数是年轻人。还有一些人被疏散走了。我问他在列宁格勒的作家命运如何。他说：“你指的是左琴科和阿赫玛托娃吗？”对我来说，阿赫玛托娃是一个属于遥远过去的人物。莫里斯·鲍勒曾翻译过一些她的诗，他向我谈起她的时候对我来说就好像在谈一位自一战后就销声匿迹的 70
人物。“阿赫玛托娃还活着？”我问，“阿赫玛托娃，安娜·安德烈耶夫娜？”他说：“为什么不，当然还活着。她就住在离这不远的喷泉河上的喷泉宫；你想见见她吗？”这就好像突然被邀请去见克里斯蒂娜·罗塞蒂小姐[1]。我激动得简直说不出话来。我嘟哝着说，我实际上很想见到她。“我会给她打电话，”我那位新结识的朋友说。不久他回来告诉我说她可以在下午三点接待我们。我先到书店，然后我们一块去。

我按约定的时间到了书店。我和那位评论家一起走出书店，向左拐，穿过阿尼奇科夫桥，接着再向左拐，沿着喷泉河的河堤一直向前走。喷泉宫，原是谢列梅捷夫伯爵的宫殿，是一座华丽的巴洛克晚期风格的建筑，围绕宽敞的庭院（和牛津或剑桥中一个比较大的学院的方庭差不多）而建的精致铁门是列宁格勒一个著名的标志。我们爬上一段昏暗陡峭的楼梯，来到上一层，并得到许可进入阿赫玛托娃的房间。屋内布置得非常简陋——我猜屋里的所有东西事实上在围城期间都被洗劫一空——不是被抢走就是被卖掉。屋里放置了一张小桌子、三四把椅子，还有一个木柜子和一张沙发，壁炉没有生火，在壁炉的上方还挂着一幅莫迪里阿尼的画。一位仪态高贵、头发灰白的女人，肩上搭着一条白色的披肩，款款起身迎接我们的到来。

安娜·安德烈耶夫娜·阿赫玛托娃极为雍容高贵。她举止从容，道德高尚，容貌端庄而又略显严肃，而且表情总是流露出一种深深的忧郁。我向她鞠躬致意。看起来我做得非常得体，因为她的尊容和举止就像悲剧中的一位女王。我感谢她的接待，并对她说西方的人们如果知道她还健在一定会很高兴，因为许多年都没有听到关于她的任何消息。“是吗，不过《都柏林评论》最近发表了一篇关于我的文章，”她说，“据说谈的是我在博洛尼亚的作品。”她身边带着一位朋友，看起来是那种颇有学问的女人，她们偶尔会友好地交谈一阵。之后阿赫玛托娃问我伦敦遭轰炸的情形：我尽可能回答她，但迫于她远远的女王般的威仪我还是真切地感觉到害羞和紧张。突然间我听见外面有人在喊我的名字。我愣了一
71 下——这只可能是幻觉——但喊声却越来越大，已经能很清楚地听到

① Christina Rossetti，1830—1894，英国女诗人。——译注

"以赛亚"的声音。我来到窗前向外张望,看见一个人在那里,我马上认出那人是伦道夫·丘吉尔。他正站在宽敞庭院的中央,看起来就像一位喝醉酒的大学生,高声喊着我的名字。一时间我的脚像钉在了地板上。当我缓过神来后,匆匆道了个歉,便冲下了楼梯。我唯 想的就是不要让丘吉尔到这间房间来。我的同伴,那位评论家,也急匆匆地跟我冲了下来。当我们冲到院子里,丘吉尔迎面走来向我热情地打招呼。"X先生,"我的嘴变得有些生硬,"没想到你还认识伦道夫·丘吉尔先生?"那位评论家呆若木鸡,脸上的表情也由迷惑不解变得恐怖,随即便急匆匆地离开。我不知道我是否被秘密警察跟踪,但肯定是被伦道夫·丘吉尔跟上了。正是这件麻烦事在列宁格勒引起各种谣传,说有一个从国外派来的特使已经到列宁格勒,准备劝阿赫玛托娃离开俄国;说温斯顿·丘吉尔一生都很崇拜诗人,正派一架专机来接阿赫玛托娃去英国云云。

伦道夫,从牛津毕业之后我就再没见过他。后来他解释说他现在是北美报业联盟驻莫斯科的记者。他来列宁格勒办公务。当他到阿斯托利亚饭店时,他首先关心的是拿到他那罐鱼子酱,他已经事先让人把它放进冰箱:但因为他不懂俄语,他的翻译又不见了踪影,最后他不得不找英国大使馆的一位代表求助。她帮他找到了鱼子酱。在聊天的过程中他才得知我也在列宁格勒。他说他本可以找一位更出色的翻译,但不幸的是从英国大使馆的那位女子那里获悉到哪里可以找到我。接下来就发生了上面那一幕。当他到喷泉宫时,他采用了他在基督学院(他的牛津大学)时很管用的 种办法,我敢说在其他时候是这样的;"结果,"他带着胜利的微笑说,"真的管用。"我尽可能先把他打发走,随后从书店老板那里打听到阿赫玛托娃的电话,立即给她打了电话,解释我为什么不 72
辞而别,并为此向她道歉。我问她我是否可以再给她打电话。她回答说:"我今晚九点恭候你。"

我到她家的时候,有一位知识渊博的女子也在场,她是一位亚述学专家。她向我询问了许许多多有关英国大学和它们是如何组织运作的问题。阿赫玛托娃显然对此没有多大兴趣，一直没怎么说话。临近午夜，那位亚述学者起身告辞，阿赫玛托娃才开始向我询问那些流亡国外的老朋友的情况——我可能认识其中的某些人。（她后来告诉我，对此她敢确信。她向我保证，在对私人关系的判断上，她的直觉——只要看上两眼——从来没有错过。）我也的确认识他们中的一些人。我们谈到了作曲家阿图尔·卢里埃，战时我们曾在美国见过面。他们原来一直是非常亲密的朋友，他曾为她的还有曼德尔施塔姆的一些诗歌谱过曲。她问
73 起鲍里斯·安列普，那位镶嵌专家，我从未见过此人，对他了解甚少，只知道他曾用伯兰特·罗素、弗吉尼亚·伍尔夫、葛丽泰·嘉宝、克莱夫·贝尔、莉季娅·洛波科娃等这些著名人物的画像来装饰国家美术馆前厅的地面。如果时间推到二十年后，我还可以告诉她，她本人的画像也被安列普加入到那些著名人物之列。她拿出一枚镶有黑宝石的戒指给我看，那是安列普1917年赠给她的。

她说自一战以后她只见过一个外国人，还是一个波兰人。她又关切地询问了其他各类不同朋友的情况——莎乐美·安德罗尼科娃，曼德尔施塔姆最著名的一首诗就是献给她的；斯特拉文斯基的夫人，薇拉；诗人维亚切斯拉夫·伊万诺夫和格奥尔基·阿达莫维奇。我尽可能地回答她。她提起一战前她访问巴黎的经历，提到她和阿美迪奥·莫迪里阿尼之间的友谊，壁炉上方还挂着他为她作的画像——那只是其中的一幅（其他的画像已在围城期间被毁）。她向我描述了她在黑海沿岸的童年生活。她把那儿称作是一片未受洗礼的异教的土地，待在那里，你会觉得自己贴近一种古代的，带着些希腊因素又有种野蛮人味道的，完全非俄罗斯的文化。她谈到了她的第一任丈夫，著名诗人古米廖夫。她确信他没有参与君主派的密谋，而他却因此而被处决；许多作家都请高尔基出面相救，但他却完全袖手旁观。在他陷罪之前，她已经有一段时间没有见到他了，就在几年前他们已经离婚。说到他死亡的惨状时，她的双眼噙满了泪水。

一阵静默之后，她问我是否愿意听听她的诗。但在读之前，她说她要先背诵两章拜伦的《唐璜》给我听，因为它们与后面要读的诗有关。虽然我对这首诗很熟，但我还是无法说出她选的是哪两章。因为尽管她的英文读得非常流利，但她的发音至多只能让人听懂一两个单词。她闭上双眼，凭着记忆深情地念着诗句。我站起身来朝窗外望去好不让她看出我的窘迫。我后来想，这也许就是我们今天读希腊和拉丁的古典作品的样子。我们一样也被那些文字所感动，但我们读它们的时候，它们原来 74
的作者和听众或许也一样完全听不懂。随后她朗诵了几首她诗集里的诗——《耶稣纪元》、《白色的云朵》、《六书选》——“类似这样的诗，远比我的诗更好的诗，”她说，“却成为导致我们时代最好的诗人毁灭的罪名，我爱着他，他也爱着我……”——我还来不及问她说的是古米廖夫还是曼德尔施塔姆，她就已经泣不成声，无法再读下去了。

她的朗读有录音，所有我不打算做过多的描述。她朗读了（当时）尚未完稿的诗《没有主人公的长诗》。一听到这首诗，我马上就意识到这是一篇杰作。我想当时我还无法像今天一样完全领略这首诗的多重内涵和绝妙之处，以及其中包藏着的许多个人典故。她毫不隐讳写这首诗的目的，就是想对她诗人的一生做一总结性的回顾，献给圣彼得堡的过去——这座城市是她生命的一部分；献给她的朋友，就像《第十二夜》中许多戴着滑稽面具的人汇成的狂欢游行队伍一样，献给他们的生活和命运，包括她自己——就像是一种艺术家在无法逃避的厄运即将来临之前所做的“西缅之颂”（《路加福音》2：29—32）。这是一篇神秘而又触动灵魂的作品：它很快就被汗牛充栋的评论所掩埋。

后来她又看着手稿朗读了《安魂曲》。她突然停下来，念叨起1937和1938年那两年。那时她的丈夫和儿子都被抓起来送进了集中营（这已经是第二回了），她也加入到那些苦苦等待着她们的丈夫、兄弟、父亲、儿子的女人们的行列，她日日夜夜地等，一周又一周，一月又一月，期盼着他们的消息，期盼着能获准为他们送些食物或信件。但什么音讯也没有盼来，什么消息也没有送去。苏联的城市笼罩在一张死亡的大幕之下，数百万无辜者还在经受着折磨和屠杀。她说话的声音异常的平静，就像在陈述一个事实，有时会打断自己："不，我不能再说下去了，这不太好，你来自一个由人构成的社会，而在这里，我们被区分成人和……"接着是一段长长的静默："而即使是现在……"她又一次沉默了。我向她询问曼德尔施塔姆的情况：她的声音哽住了，眼中噙满了泪水，她恳求我不
75 要提他："他打了阿列克谢·托尔斯泰一巴掌之后，一切都无法挽回了……"好一阵工夫她的情绪才缓了过来。她接着说，完全变了一种声音："我们在塔什干的时候，阿列克谢·托尔斯泰老是穿着淡紫色的俄罗斯衬衫，他说等我们回来后，我和他都会迎来一段美妙的时光。他是一位才华横溢而又不失风趣的作家，一个脾气暴躁但又魅力十足的恶棍。他现在不在了。他无所不能，没有什么他做不到的。他是个疯狂的冒险家。他只喜欢年轻人，喜欢力量和活力。他没有写完《彼得一世》，因为他说他只会写年轻时的彼得；当这些人物变老之后他又将如何处理呢？他是又一个多洛霍夫(《战争与和平》中的人物)。他叫我安娜什卡。这让我有些尴尬，但我确实非常喜欢他，尽管我们时代最杰出的诗人之死与他有关。我深爱着他(那位诗人)，他也深爱着我。"(她这里的用语和她前面所用的完全一样，现在我明白这两处她所指的都是谁了。)

这时大概已是凌晨三点。她还没有要我离开的意思，而我也听得入神，一动不动。她走出房间端来一盘煮西红柿。拿这么寒酸的食物招待我她有些不好意思，但她也只有这些。我请求她同意我抄下《没有主人公的长诗》和《安魂曲》这两首诗，她说不必了。她有一本诗集预计在明年2月出版，现在正在看校样，到时她会送我一本。我们都知道这是党的另一种统治方式。她被日丹诺夫斥为(这话并非他的首创)"半是修女，

半是荡妇”。[①]她因此也被排除在官方作家之外。

我们谈起了俄国文学。我们略过了契诃夫，因为他的作品缺乏英雄主义和牺牲精神，缺乏深刻性、厚重感和崇高感。我们谈到《安娜·卡列尼娜》。“托尔斯泰为什么要让她自杀？她一离开卡列宁，一切都变了。她 76
突然变成一个堕落的女人，一个‘茶花女’，一个妓女。是谁在惩罚安娜？是上帝？不，不是，是社会，是托尔斯泰一直批判的这个伪善的社会。最终他告诉我们安娜连沃伦斯基也抛弃了。托尔斯泰在撒谎。他比谁都更清楚。《安娜·卡列尼娜》的道德观念就是托尔斯泰那些在莫斯科的姨妈的道德观念，满脑子低俗下贱的陈规陋习。这一切都与他个人的命运波折有关。当托尔斯泰还沉浸在结婚的幸福中的时候，他写下了《战争与和平》，颂扬家庭的意义。当他开始对索菲亚·安德烈耶夫娜怀恨在心，但又迫于社会的谴责，可能还会招致乡下人的耻笑，不能和她离婚的时候，他创作了《安娜·卡列尼娜》，并因安娜离开她的丈夫而惩罚她。当他上了年纪，为自己还对乡村姑娘怀有强烈的性欲冲动而感到内疚的时候，他完成了《克莱采奏鸣曲》，实行完全的禁欲。”

这些都是她的原话。我不知道这些话有多认真，但阿赫玛托娃不喜欢托尔斯泰的说教却是真的——她把他看作自负的魔鬼，自由的敌人。她崇拜陀思妥耶夫斯基，而且和他一样鄙视屠格涅夫。陀思妥耶夫斯基之后是卡夫卡，她读他的英译本。（“他写书献给我并写关于我的故事，”多年后她在牛津告诉我——“卡夫卡是一位比乔伊斯和艾略特还要伟大的作家。他并非无所不知；那是普希金才能做到的。”）接着她向我说起了普希金的《埃及之夜》，说起故事中那个脸色苍白的陌生人即兴为观众提出的主题赋诗。她认为这个人物的真实原型是波兰诗人亚当·密

---

① 在一篇完全不同的文章里也曾出现过同样的句子。评论家鲍里斯·艾亨鲍姆在《安娜·阿赫玛托娃：分析的经验》（彼得堡，1923年）一文的第114页里评论说，阿赫玛托娃早期的诗歌杂糅着性欲和宗教的主题。1930年它被改成讽刺漫画再次出现在《苏联文学百科全书》中一篇针对她的文章里。1946年日丹诺夫的咒逐便是出自于此。

茨凯维奇。普希金与他的关系变得喜忧参半。波兰问题让他们分道扬镳。但不管怎么说普希金总能在他的同时代人中发现天才。勃洛克也是如此——用他毒辣的慧眼和超凡的天资，他也可算作是一位即兴诗人。她说勃洛克从来没有爱过她，但俄国所有的女教师都相信，而且肯定还会一直这么相信下去，说他们之间有一段恋情。文学史家也是这么认为的。在她看来，这一切完全根源于她献给勃洛克的那首诗《拜访诗人》；或许还有讲"灰眼睛的国王"之死的那首诗，尽管写这首诗的时候离勃洛克的死还有十多年。勃洛克不喜欢所有的阿卡梅派诗人，她就是其中
77 的一员。他也不喜欢帕斯捷尔纳克。

于是她又谈起了她所深深挚爱的帕斯捷尔纳克。在曼德尔施塔姆和茨维塔耶娃死后，他们都成了孤身一人。得知对方还活着而且还在创作对他们两个来说是一种莫大的安慰。他们彼此自由地批评，却不允许其他人这样做。在苏联有无数热爱他们的男男女女传抄着他们的诗歌，用心去体会他们的诗歌，这一点足以让他们感到自豪。但他们俩却都还在被流放。流亡的想法他们俩都无法接受。他们渴望去西方访问，但如果这意味着他们再也不能回国，他们也不会去。他们深深的爱国之情不带一丝民族主义的色彩。阿赫玛托娃不打算离开。无论将遭受怎样的苦难，她也绝不抛弃她的祖国。

她还谈到她的童年，她的婚姻，她与其他人的关系，谈到一战之前在彼得堡那段充实的艺术生活。她不否认西方的文化，特别是到1945年这个时候，要远远超过苏联。她说起了伟大的诗人安年斯基，她从他身上学到的东西甚至比古米廖夫还要多，他去世的时候大多数编辑和评论家对他还没怎么注意，他是一位被遗忘的大师。她说起了她的形单影只、与世隔绝。战争结束后，列宁格勒对她来说就是一片朋友的墓地——就像经历了一场森林大火，剩下的几棵孤零零的焦木只能让原本的荒凉显得更加凄楚。她靠翻译过活。她曾请求允许她翻译鲁本斯的书信，而不是罗曼·罗兰的。经过一番难以想象的波折，终于获得了批

准。我问她如何理解文艺复兴——是一段真实的历史，还是一种理想化的幻象，一个想象的世界？她的回答是后者。她怀念那个世界——正如歌德和施莱格尔曾经构想的，它渴求一种曼德尔施塔姆所说的普世的文化——渴求那些已经变成艺术和思想的东西：本性、爱情、死亡、绝望和牺牲——一种不受历史限制，没有任何例外的（放之五湖四海而皆准的）真实。她说话时声音平静而又镇定，俨然像一位遭到放逐的冷漠的女王，高傲、郁郁寡欢、难以接近，说的话往往难以置疑。

她向我讲述的她一生中经历的一个又一个悲剧，已经远远超出了以往任何人对我的口述；回想起来仍然历历在目、让人辛酸。我问她是 78
否打算为自己的文学生涯留下一篇记录。她回答说她的诗就是记录，特别是那首《没有主人公的长诗》，她又为我朗读了一遍这首诗。我再次恳请她允许我把它抄下来。她还是拒绝了。我们的谈话，触及到彼此生活的隐私，徜徉于文学与艺术之间，一直持续到第二天的凌晨。当我取道列宁格勒和赫尔辛基离开苏联回国时，我顺路又拜望了她一次。1946年1月5日下午我前去向她道别，她送了我一本她的诗集，诗集的衬页上写有一首新诗——这首诗后来成为一组名为《诗五首》的组诗的第二首。我发现诗集里这首诗的原型，其灵感直接来自我们早先的那次会面。在《诗五首》和别的诗中，还能见到许多我们会面的影子。

1956年当我再次访问苏联时我没有见到她。她的儿子一年前刚从劳改营释放，如今又被关押起来。帕斯捷尔纳克告诉我，除非是官方的安排，否则她对见外国人非常敏感，但她希望我能给她打电话；这要安全得多，因为她的所有电话交谈都是被监听的。在电话里她向我讲述了一些她作为一个戴罪在身的作家的经历；讲述了她怎么被一些她曾认为值得信赖的朋友所抛弃；讲述了其他许多人的高尚和勇气。她重读了契诃夫的作品，并跟我说起码在《第六病室》这部作品中他准确地描述了她的处境，也包括其他许多人的处境。与此同时她翻译的朝鲜古典诗歌也已经出版——“你可以想象我懂的朝鲜语有多多；这是一个选本；

不是我自己选的。你倒没必要去读它。”

1965年我们在牛津见面时，阿赫玛托娃告诉我斯大林本人曾为允许我去拜访她这件事大发雷霆:“这么说我们的修女如今在接受外国间谍的访问啰。”当得知已经报告过,他随即便是一通谩骂,言语之难听她自己最初都不知如何复述给我听。事实上我从未在任何情报机关工作
79 过,不过这无关紧要。所有外国使团的人在斯大林看来都是间谍。当然,她说,那个老头子之前已经患上了疑心病,有些神志不清。在牛津她对我说，她确信正是我们惹得斯大林暴跳如雷最终促使了冷战的爆发——我和她不经意间改变了人类的历史。她真的完全就是这个意思而且始终深信无疑。她把她自己和我看作是世界历史上的重要人物,命中注定要在一场惊天动地的冲突中扮演至关重要的角色，这在她当时的诗歌中也有所表现。这是她整个历史哲学观的核心,她的大多数诗歌也都遵循这种观念。

她对我说,去年她获得了一项文学奖,去了一趟意大利,回国后便遭到了苏联秘密警察的调查,他们问她对罗马有何印象。她回答说在她看来罗马就像一座异教与基督教仍在进行战争的战场。“什么战争？”他们问她。“提到美国了吗？俄国移民有没有卷入？”当被问到英国和牛津时,类似的问题摆在她面前,她又该如何回答呢？因为无论有什么在俄国等着她,她都会回去。苏联政体只不过是她的祖国的现行体制。她曾生活于此,也愿长眠于此。作为一个俄国人就应如此。

我们又回到俄国诗歌的话题。她说起那些得到苏联当局赏识的著名的青年诗人时多少有些不屑。其中最有名的一位当时也在英国,他发了一份电报到牛津给她,祝贺她获得荣誉博士头衔。收到电报的时候我也在场。她读过后,气愤地将它扔进了纸篓。——“他们都是些小混混,糟践自己的天赋,都是些利用公众趣味投机取巧的家伙。马雅可夫斯基对他们的毒害太深了。马雅可夫斯基声嘶力竭地呐喊完全是出于他的天性。他是情不自禁。而他的模仿者们则是作为一个流派来效仿他的风

格。他们都是些平庸的诵读者，在他们身上找不到一星半点真正诗歌的影子。”

当今俄国也有许多很有天赋的诗人：其中最杰出的要数约瑟夫·布罗茨基，她说是她一手把他带大的，他有一部分诗歌已经出版。他是一位被深深埋没的伟大诗人，在他身上包藏着伟大诗人的一切特质。还有许多其他天赋惊人的诗人——但他们的名字对我来说没有任何意义——他们的诗歌无法出版，但正是由于他们的存在证明了俄罗斯的 80
文学活动尚未枯竭：“他们会让我们这帮人都黯然失色，”她说，“相信我，包括帕斯捷尔纳克、我、曼德尔施塔姆还有茨维塔耶娃，我们这帮人是从19世纪开始经过长期苦心孤诣的结果。我和我的朋友们都认为我们说的是20世纪的声音。而这些新一代的诗人正在开启一段新的篇章——尽管现在他们还难脱羁绊，但他们迟早会挣脱绳索，并让整个世界为之震惊。”她以这样一种预言的口气说了一阵，然后又转回到马雅可夫斯基，朋友的背叛把他推向了绝望的深渊，然而，有一度，他仍是民族的号角，代表着人民的心声，但对其他人来说却是个失败的例子；她本人没有从他身上学到什么，却从安年斯基那里获益良多，那是一位最纯粹最优秀的诗人，远离文学政治的喧嚣，遭到前卫记者的极大漠视，幸运的是当他受关注时他已经离开了人世。生前他的作品并没有得到广泛的阅读，而随后这也成为其他伟大诗人的命运——今天这代人对诗歌要比她自己那一代人敏感得多：在1910年，有谁关心，有谁会去真心关注勃洛克、别雷或是维亚切斯拉夫·伊万诺夫？或者说，关注她本人和她流派的诗歌？而今天的年轻人对所有这些都了然于心——她还收到很多年轻人的来信，其中许多还是些痴迷的小姑娘，但单从数量上也足以说明一些问题。

帕斯捷尔纳克收到的来信甚至更多，也更喜欢它们。她问我见过他的朋友奥尔加·伊文斯卡娅吗？我没见过。她觉得无论是帕斯捷尔纳克的妻子季娜伊达还是他的情妇一样都让人难以忍受，而鲍里斯·列昂尼多维奇本人却是一位有魅力的诗人，是俄罗斯这块土地上最伟大的诗人之一。他写的每一个句子，无论是诗歌还是散文，都是他的肺腑之言，不像她听过的其他人。勃洛克和帕斯捷尔纳克都是超凡脱俗的诗人；没有哪位现代法国人或英国人可与之相比，瓦莱里不行，艾略特也不行——波德莱尔、雪莱、列奥帕第方可与他们比肩。与所有伟大的诗人一样，他们对其他人的品质缺乏认识——帕斯捷尔纳克就经常称赞一些差劲的评论家，发现一些想象中的隐藏的天才，鼓励形形色色的小人物——称职但缺乏才气的作家——他有一种历史的错觉，觉得一些微不足道的人物有时也会扮演意想不到的重要角色——就像《日瓦戈医
81 生》中的叶夫格拉夫（她坚决地认为这个神秘人物的原型无论从哪个方面看都不可能是斯大林；显然她觉得这是无法想象的）。他真的没有读过当代作家的作品，他乐于称颂的不是巴格里茨基或阿谢耶夫，甚至也不是曼德尔施塔姆（他忍受不了他，当然在他身陷困境的时候他还是竭尽所能去帮助他），也不是她本人的作品——他写给她许多热情洋溢的信谈论她的诗歌，但这些信谈的是他自己，而不是她——她明白它们是些美好的幻想，与她没有多大关联："或许伟大的诗人都是如此。"

帕斯捷尔纳克的恭维自然让那些领受者非常得意，但这只是自欺欺人；他从不吝惜他的赞美之辞，而实际上对其他人的作品根本不感兴趣：当然他感兴趣的是莎士比亚、歌德、法国的象征派诗人、里尔克，或许还包括普鲁斯特，而不是"我们中的任何人"。她说她生活中没有一天不在思念帕斯捷尔纳克这个人；他们之间从未有过恋情，但他们又彼此深深爱着对方，这让他的妻子气愤不已。接着她谈起了从1920年代中到1930年代末这段"空白"时期，这段时期她完全从官方的报道中消失了。她说她除了翻译，就是读俄国的诗歌：当然经常读的是普希金，也读奥多耶夫斯基、莱蒙托夫和巴拉丁斯基——她认为巴拉丁斯基的《秋》是一篇完美的天才之作；她最近还重读了韦利米尔·赫列勃尼科夫的作品——感伤但不失精妙。

我问她是否会为那首《没有主人公的长诗》作注:那些不熟悉它所描述的那段生活的读者可能无法理解其中的各种典故；难道她希望让它们一直不为人知吗?她回答说当那些了解我所说的那个世界的人都变得老态龙钟或行将就木时,这首诗的生命也就走到了终点;它将伴随着她以及她的那个世纪一起变为历史;它不是写给永恒的未来,甚至不是写给子孙后代的：唯有过去对诗人才有意义——尤其是童年——那是他们渴望重生、渴望复活的情结。预言、对未来的颂歌,甚至是普希金致恰达耶夫的伟大诗篇,都是一种慷慨激昂的浮华词藻,用冠冕堂皇的观点来吸引眼球,是诗人用眼睛在端详模糊难辨的未来。她瞧不起这样的装腔作势。

她说她知道自己已经来日无多，医生已经清楚地告诉她她的心脏
不好。首先她不希望被怜悯。她已经面对过各种恐怖,也体会过最让人 82
悲痛欲绝的不幸。她要求她的朋友们允诺不准对她流露出一丝一毫的怜悯;仇恨、侮辱、轻蔑、误解、迫害,她都能忍受,但无法忍受掺杂着怜悯的同情。她高傲的自尊心非常强。

她谈话中所表现出来的超然和客观只能部分地掩饰她的感情倾向和道德判断,这一点显然无可置疑。在她对各种人物性格和生活的描述中,都带着她对各种人物的核心道德和处境的深刻洞见(在这方面她从没有和她的朋友们说过),以及她无法摆脱的固有观念。她知道我们的会面已经导致了重大的历史结果。她知道诗人格奥尔基·伊万诺夫曾经有一段时间是领取沙皇政府薪水的密探，她谴责他移居国外后所写的回忆录是在撒谎。她知道诗人涅克拉索夫在19世纪也曾为沙皇政府工作过;诗人安年斯基是被他的文学对头逼死的。她的这些信念并没有明确的事实根据——它们完全是直觉,但它们也并非毫无意义,并非纯粹的空想;它们构成了关于她自己生活与命运的一贯观念,也构成了她关于自己民族的生存与命运的观念，它们也是帕斯捷尔纳克要跟斯大林谈论的核心问题,是支撑和构成她的文学和艺术的想象要素。她不是一

个好幻想的人；总体来说，她有着很强的现实感。她在描述一战之前圣彼得堡的文学和社会图景以及她在其中的活动时，运用的生动细节和冷静的现实主义眼光，使她的描述完全让人信服。

阿赫玛托娃生活在一个可怕的时代，但如娜捷日达·曼德尔施塔姆所说，她表现得非常英勇。她从未公开地，或对我私下地说过一句反对苏联政府的话。但她的一生，如赫尔岑描述俄国文学状况时曾经说过的，在不断地对俄国的现实进行控诉。今天在苏联，对她的怀念和崇拜虽然没有公开表达却非常广泛，据我所知，无人可比。她一直坚持抵制
83 她认为对她的祖国和她自己来说是可耻的事，使她（如别林斯基曾经对赫尔岑的预言）不单成为俄国文学界的重要人物，而且成为我们这个时代俄国历史上的重要人物。

我与鲍里斯·帕斯捷尔纳克和安娜·阿赫玛托娃的会面和谈话，对他们简直无法形容的生活和工作处境以及他们所遭受的对待的认识，还有我得以和他们两人建立起来的私人关系甚至是友谊，都深深地影响了我并根本改变了我的观念。当我在出版物上看到他们的名字，或听别人提到他们的时候，我会生动地回忆起他们脸上的表情、举止和他们说过的话。直到今天，当我读他们的作品时，仍然能够听到他们说话的
84 声音。

鲍里斯·帕斯捷尔纳克
1958

鲍里斯·列昂尼多维奇·帕斯捷尔纳克是我们时代最伟大的俄罗斯作家。无人敢否认他是一位天才的抒情诗人，即便是他那些在政治上或个人方面最激烈的批评者也不例外。他的诗在他自己的有生之年就成了不朽之作，他在俄罗斯文学上的独特地位在其身后几乎是不可撼动的。他的小说《日瓦戈医生》在国外的出版给他带来了世界范围的声誉，那是自高尔基之后俄国作家还从未享有过的殊荣。与高尔基相同（除此之外他们鲜有共同之处），他接受了十月革命。但与高尔基以及阿列克谢·托尔斯泰、爱伦堡、蒲宁和库普林等其他十月革命时期的天才作家不同的是，他从未成为一个流亡者。他一直留在自己的祖国，始终与他的民族共患难。

他从未停止写作：当1940年代斯大林开始对文学界和艺术界进行大迫害的时候，他的作品实际上是被禁止的，允许他发表的东西微乎其微。但是作为一位伟大的、无可争议的天才，他的作品只要存在就仍然对有文化的俄国人以及其他许多人产生深刻的道德影响。许多人只是通过传闻知道他的成就，但把他视为世俗的圣徒和殉道者。他始终不顾可怕的压力而忠于自己的信念和艺术，而其他许多作家则在这些压力面前屈服了。

他今天的地位非同寻常:像托尔斯泰一样,步入晚年的他已经是一位世界闻名的作家,虽然得不到本国政府的推崇,却赢得了他的批评者的格外尊敬,甚至还有些敬畏,这是天才有时能够激发起的反应。他完
85 全沉浸在他的诗歌里:无论写作还是生活,他都非常专心和投入地恪守着他的理想。即使是最挑剔的评论者也未曾指责他曾利用他的艺术来谋求任何个人或政治上的不可告人的目的,或除纯粹的艺术创作之外的其他任何目的。如果有人说他将参加某种左倾或右倾的政治或文学结盟活动或阴谋分裂活动,凡是见过他的人都会觉得非常不可思议。他是一个孤独的、纯真的、有主见并能全身心投入的人。他的正直和清白据说甚至感动过最铁石心肠和愤世嫉俗的官员,而他之所以能活下来,当然一直是靠着他们的恩赐。

多年来苏联批评家一直指责他太深奥、复杂、繁琐,远离当代苏联现实。我想他们指的是他的诗既没有宣传性,也没有粉饰性。但如果指的是他的创作只写个人的世界,只说私人的语言,或所谓闭门谢客,刻意与他生活的世界相隔绝,那这种指控是毫无根据的。从他早年看,无论是作为诗人还是剧作家,帕斯捷尔纳克都遵循所有伟大的俄罗斯创作的主流,根据自己的亲身经历来创作,包括个人的、社会的当然还有政治方面的经验。如果说他的诗不像他同时代的女诗人阿赫玛托娃一样带有鲜明的自传色彩,那是因为他的艺术本质上是为了变形而不是为了记录。有一种说法认为所有俄国作家的作品都是一份个人的忏悔书,一份供词:而帕斯捷尔纳克却没有像果戈理、陀思妥耶夫斯基、托尔斯泰乃至屠格涅夫经常做的那样进行直接的说教,在这个意义上,他或许倒像一个西方派。一个作家无论要说什么都必须通过他的艺术作品来表现,而不是以一种额外的艺术附加物的形式加诸他的艺术作品,或在艺术家创造的世界之外添加一些说教。在这方面,他追随契诃夫的做法,把所有要表达的内容毫无保留地全部转化到他的小说里。但他的创作,与契诃夫以及他所有伟大的先辈,包括那些伟大的象征派诗人(他

只是其中的小字辈)一样,都渗透着艺术家的使命感。

艺术家不是牧师,也不是美好物品的提供者,而只是公开说一个直 86
接基于他们切身经历的真理;面对这个真理,他只不过更有感触,更有反响,只不过是一个比普通人更有洞察力和表达能力的评论者和阐释者。在这一点上,他的艺术和他的艺术观念要比后来的那些追求“纯粹”美的评论者和诗人更接近于古典的“社会”论,即认为艺术家是他所处时代和社会的最高表现形式,也更接近于别林斯基和赫尔岑的经典理论。在他看来这种社会论的观点——被马克思主义所吸收——太接近于那种庸俗的功利主义。从这个意义上说,帕斯捷尔纳克与圣彼得堡的纯粹派和唯美主义者毫不相干。他出生在莫斯科,并且在那里度过了自己的大半生,对他产生深刻影响的是他父亲充满人道和想象力的印象主义绘画;是他的家庭与托尔斯泰的友谊(这对他的童年和青年都产生了深刻的影响);是斯克里亚宾的哲学观点,一度他以为他自己想要作曲并从他身上学到了许多作曲方面的知识;是安德烈·别雷的社会和宗教学说,还有他的好朋友、列宁领导布尔什维克时期的桂冠诗人马雅可夫斯基的革命未来主义。后者坚决反对那种无聊的唯美主义。

帕斯捷尔纳克从未放弃在这个方向上的努力,他从未退缩进任何个人的小堡垒或试图逃避任何意义上的现实。在他大部分的写作试验期间,他像其他年轻的革命诗人一样,经常以破碎的、激烈扭曲的、断断续续的方式写作,在西方也存在大量类似的情况。这是一种手段,仅仅是一种用来表达和重构他完全置身其中的由行动、社会剧变和政治构成的真实世界的手段。《日瓦戈医生》之所以能在西方世界掀起一股风暴,部分是因为它的读者通常都不熟悉作者先前的作品,尽管它们远不如这部作品,但与之也有非常紧密的关系。早期的那篇传记片段《安全证书》,和他在1920年代创作的那些据说作者如今已经不太喜欢的小说,不仅仅是些锻炼技巧或供人欣赏的作品,也为他积累了丰富的经验。帕斯捷尔纳克拥有一种超过他所有同代作家的天赋,那就是他能将

87 他所创造的世界中每个人物身上的鲜活的品质和生命的律动生动地传达给读者。没有哪位艺术家比他更生动地诠释了文艺复兴的艺术家理论,即认为艺术家是可与大自然本身相匹敌的创造者。石头、树木、泥土和水在一种近乎神秘的意境中被赋予了它们自己的生命,从他最早的诗歌开始就充满了这种意境。这种意境将自身独特的生动性带给了书中常见的人物,带给了他们居住的房屋,他们走过的街道,以及他们置身其中的三维立体的政治和社会环境。这种能将生命融入到像革命、战争以及人们聊天、睡觉和思考所待的房间这些非人事物之中的卓越天才,恰恰背离了现实主义和自然主义的要求,与摄影的逼真性和新闻的真实性相距更远。

帕斯捷尔纳克与其他苏联作家(除了某些令人尊敬者)的不同之处不在于他不关心政治,相反他们都经历了他们祖国和他们信仰的种种遭遇;而是在于他们的天赋不济,他们的技艺粗糙,他们塑造的人物从一开始就毫无生气。今天已由无数的外国访问者描述过的诗人性格,加上他英俊而又表情丰富的面孔(他的一位同时代人说他看起来就像"一个长着马脸的阿拉伯人"),以及他那即使在最普通的谈话中也充满象征和比喻的超凡脱俗的语言,都再生动不过地诠释了这一点。这位神经紧张、充满热情而内心淡定的天才,正是用他的语言启发、感动并征服了所有到莫斯科附近的作家村他那栋小房子里看望他的人。一个忠诚老实、才华横溢的人生活在一场他从未反对过的革命之中,越过他的祖国同胞直接向世界发表作品,此举本身就极其让人惊诧和震撼。他的语言之所以更有感染力,是因为它包含着在西方早就消失了的某种传统的崇高气质,它让人伤感地想起什么才是真正的伟人。

有些作家——包括一些伟大的诗人——他们的诗与他们的生活和散文毫不相干。布朗宁、马洛礼或T. S. 艾略特他们所过的生活和从事的其他活动并不是只有诗人才能做的。而在帕斯捷尔纳克身上则不存在
88 这些差别。他所说、所写的每一件事都富有诗意:他的散文不是散文作

家的散文,而是诗人的散文,带有诗人所具有的一切优缺点;他的观念,他对生活的感悟,他的政治观点,他对俄国、对十月革命、对未来的新世界所抱有的极其坚定的信念,都带有诗人清澈透明而又具体形象的视域。他是俄罗斯文学史上所谓“白银时代”的最后一位也是其中最伟大的一位代表。在世界上任何地方都很难再想出一位在天赋、活力、无可动摇的正直品性、道德勇气和坚定不移方面可与之相比的人。无论赞同还是不赞同他的观点,苏联的绝大多数听说过他的公民都为他感到骄傲,并觉得他,无论他的批评者说些什么,是一个在他们艰难生活的各个阶段都会和他们同在的人。他赢得了共产主义者、非共产主义者和反共产主义者的一致尊敬。在我们这个时代,其他作家没有哪位获得过与之相同的地位。 89

苏联为什么选择隔离自己

1946

让我来谈苏联无非是因为我懂俄语，而且曾在苏联待过四个月[①]的时间，所以我所知道的也只是些零星的印象而已。我用“隔离”(insulate)而不是“孤立”(isolate)这个词，因为虽然“孤立主义者”准确地描述了历史上那段美国的主张，希望自己与外部世界断绝一切往来，但这不是苏联的态度。她乐于参与国际交往，但她希望别的国家不要干涉她的内部事务：也就是说，把自己与世界其他国家隔离开，但又不把自己孤立起来。

我不想回顾18和19世纪俄国历史的大背景。我们都知道俄国之所以对西方不信任主要是因为她从未长期融入过欧洲，也不经常与欧洲各国打交道，所以她觉得不安全，低人一等。值得一提的是，可能除了屠格涅夫之外，没有哪位伟大的俄国作家不受排外情绪的影响，有时甚至达到了对西方的极端仇视。俄国觉得她占领的这块土地上的“西徐亚人”既不属于东方也不属于西方，这种尴尬的地位在她内心产生了一种永远难以克服的恐惧症。经济的落后又大大加深了她的自卑感，但是我觉得或许还有比这些更复杂的原因。

在与苏联官员和记者的交谈中我曾提出，俄国对西方感到不安还

① 从1945年9月中旬到1946年1月初。

有一个特殊的原因,那就是他们对于自己对待欧洲,尤其是对待大不列 90
颠的传统态度的解释方式。在俄国人眼中,19世纪大英帝国的迅猛扩张只有一种可能的解释,它也同样适用于解释英国今天的态度。俄国人会问,蕞尔小国如何能将自己的版图扩张到覆盖整个地球的表面?那只可能有一种答案:在这小小的岛国之上,聚集了一大帮智力发达、精力充沛的家伙,他们正在努力实现一项长期的、马基雅维利式的计划。对于那些一直把自己看作是笨拙的巨人、天生感情丰富的糊涂虫的俄国人来说,这一理论已经逐渐被固化成事实——他们认定英国采取的每一项他们始料未及的措施,都是某项长期计划的一部分:要不然,他们会说,英国怎么会获得这么大的势力?

你们或许会觉得有点可笑,这与通常的情形大相径庭;我们的政策仅仅是满足眼前的需要,执行起来也断断续续,而且通常对长远的计划缺乏重视。而俄国人则拿这一理论,这种长期政策的假想模式来套用每一件事。英国的政策被硬塞进这一无中生有的计划,当然就显得充满恶意,自然俄国人也就不得不采取防范措施,俄国人的防范措施又导致了英国人的防范措施,因此相互误解的恶性循环就延续下来了。马克思主义理论进一步强化了这种关于英国政策的所谓"长期计划"论,它让苏联的官员自觉不自觉地按照阶级斗争来解释英国的动机。有一种对赫斯事件①的荒谬解释,认为那是一桩由温斯顿·丘吉尔精心导演的骗局,这更让他们深信英国人出奇地狡诈——而你要问他们这种理论有何证据,他们也拿不出来,而只是说英国人在自欺欺人。英国人不懂得决定他们历史发展的不可逆转的规律,还误以为是按照一时的冲动行事。英国的政策遵循的是正在加速灭亡的资本主义的规律。谁想否认这一点谁就是傻子或无赖。很难动摇俄国人的这种假设,因为无论证据是否有
利,都会同样被拿来作为正面或反面的例证。 91

一旦了解了俄国人完全接受这些固定化的观念,我们就不会再奇

① 赫斯事件是指1941年德国副元首赫斯单独驾机抵达英国。——译注

怪为什么他们一直采取防范措施。我听到过有人说俄国人已经不再是自觉的马克思主义者,已经变成了民族主义者和机会主义者。我不同意这样的说法:苏联还普遍信仰一种庸俗的、简单化的马克思主义——或许在策略上有所变化,但在战略上没有改变。我觉得这是一个重要的事实,因为只有接受马克思主义才会产生那样一些的基本信念——如果一个国家的统治者确信资本主义内部存在不可避免的矛盾,那这种观念势必会影响该国的外交政策。俄国对英国的态度严格地说不是一种猜疑——这是英国人的一种错觉。在苏联熟悉英国人的精明人大有人在。“猜疑”意味着交往得越深,感情就会越浓。如果俄国人了解了我们的真实面目(反之亦然),他们就会比现在更信任我们,这种假设毫无道理,完全是出于民族的自负。猜疑源于无知和不认同,这也正是许多俄国人的感受,而不在于了解的程度。他们了解得越多就越不宽容。你还会看到,他们相信一个非资本主义的社会最终会实现,而这一情形又势必引起其他国家的反对。在这个意义上苏联的外交政策具有意识形态的色彩——比如我不知道从根本上说究竟是占领的里雅斯特重要还是占领直布罗陀海峡重要;其中就包含了这样的假设,即认为俄国想要这些地方是出于军事上的目的。我认为情况并非总是这样——他们具体的需要是随控制这些地区的政权的变化而变化的。苏联仍然把意大利看作是一个潜在的亲法西斯国家,因此迫切地要求的里雅斯特应该归属南斯拉夫;出于相同的原因,她借口“亚美尼亚人”和“格鲁吉亚人”的主权要求而与土耳其交恶。

有一点我要强调:俄国体制的安全是俄国官方最关心的问题;它不仅仅是边界的安全,还包括一些无形的东西。俄国人或许会怀疑他们用
92 来实现目标的方式,但他们从不怀疑他们的目标本身:他们确实对他们立国的基本原则深信不疑,由于还存在许多其他可能与之竞争的体系,在他们的原则被普遍地接受之前,他们都会保持警惕和危机意识。因此英国政府和公众想象俄国人会区别对待主张自由主义和反对自由主义

的英国人,认为通过向莫斯科派遣那些被认为同情苏联的人,就能够实现真正的相互理解,我认为这种想法有些太过简单。在他们看来,英国人都是资本家,而且极为狡诈;观念开明不开明的细微差别,与我们看待共产党的左翼或右翼的方式并没有多大区别。

我们最好把苏联看成一个教育机构。它不是监狱——那是一种曲解。它的公民感觉就像学校里的孩子,而学校的主要目标就是尽快把俄国人培养得和西方人一样。很重要的一点是,通常俄国的官员也承认,俄国人是尚未完全开化的野蛮人,他们不得不弄明白西方的文明和文化价值。这在一所拥有两亿学生的学校里仅靠和颜悦色是不可能做到的。它遵循着与传统的英国中小学校长一样的原则:要把这些乳臭未干的孩子培养成人,就必须经常地敲打他们;否则他们就会被他们的成年伙伴带坏。

在苏联,为大多数普通人所坚持的简化的马克思主义就像公立学校的校训,只有极少数人真正信奉,而其他人都是被动接受的。苏联的出版社所追求的目标可以说就和学校的刊物一样,是为了更高的一致性,到苏联的访问者大多被看作是陌生人,在学校里晃悠和孩子们聊天。因为陌生人未必就一定是在腐蚀孩子们的心灵,所以访问者也不总被怀疑是在刺探情报和图谋不轨——但却怀疑他们通过分散孩子的注意力从而浪费他的时间。要是你和一个俄国人谈论其他的政治或文化的价值标准,则会被认为是转移他们对目标的注意,浪费他们的精力。考虑到所处的背景,苏联当局设想当时他们正处在一圈满怀嫉恨的敌人的包围中,在一场假想的与时间的竞赛中努力建设一个崭新的社会,这样的设想也就不难理解了。 93

战争期间态度自然有所缓和,近来又变得紧张起来。西方无法理解苏联战时竟然会放松安全戒备,但这情形就与士官训练学校的野战训练日一样。尽管制服穿在身上,但学校的规章制度却都被忘得一干二净——吸烟乃至说脏话都被默许——苏联派到国外的军队便是这般情形。国内的政府官员担心他们回国后,又像孩子一样,会变得过于独立而不遵守学校的纪律,而这些纪律仍然很有必要。执行这些严厉的防范措施究竟是不是为了实现某个目标不好说。政府官员说这种严格的管束迟早会被放开,但我怀疑,如果不那么严格管束的话,他们打算进一步贯彻的目标就会越来越难实现。

在一位苏联高级官员和一位受英国议会委托访问苏联的议员之间,有一段典型的对话。那位议员讲到了在两国人民之间隔着一堵猜疑之墙,这堵墙将怎样被推倒,在此基础上两国人民的友谊将怎样得到增进。"然而,"他说,"即使我们走得再近,分歧也总是不可避免的。""啊哈,是的,"那位苏联官员答道,"不管我们怎样一如既往地限制我们人民的交往,都还是这样。"这显示出俄国人为日常的仁慈说法赋予多少真实的意义。

面对俄国人普遍采用一套虚构的简单公式来解释英国人的状况,英国人用以解读苏联动机的方式同样也容易造成误导。苏维埃社会主义共和国联盟(USSR)不能简单地看成是伊凡雷帝、彼得大帝加上一个东方的价值观。他们的经济社会观念和实践才是最根本的。甚至这些都还不是他们和我们之间最关键的问题。公民的自由问题才是相互冲突的焦点:在苏联,公民自由是一个可以被任意决定的事情,就像给在校学生以特权,他们把英国人对公民自由的坚持看作是防范历史注定的资本主义社会的内在崩溃的政治策略。印度尼西亚的例子便是明证。有一周到十天的时间苏联的报纸上没有别的,全是报道对叛乱者的屠杀,
94 街道上血流成河。这些势必会被解释成一场传统的与强大的帝国主义进行的较量——俄国人惮于英国的武力,也只能是忍气吞声。当英国人采取了较为文明的举措时,俄国人就按捺不住地看到了帝国主义开始衰败和动摇的苗头——即所谓的克伦斯基主义,认为帝国主义已经不再那么自信,消灭它的时机已经成熟,应该立即展开迅猛的进攻。

我们国家对俄国的态度已经经历过一次重大的转变——她从原来

的红色威胁转变成一场大战中的盟友。我们对慕尼黑的歉疚加速了这种转变——但近来由于认为俄国外交政策向坏的方向转变，我们的公众觉得受到了欺骗。英国曾经形成了一套固定的印象，即把俄国人描绘成扩张成性的帝国主义者，但显然事实并非如此，这一错误的印象所带来的极度失望使我们的报章杂志和读者都不知如何才能改变这种印象。两个国家都在利用依据不足的公式来解释对方的态度。

目前俄国之所以行动“强硬”，可能是她感到自己确实被欺骗了。英国最初表现出想和俄国合作，随后却去了慕尼黑，俄国人把此事视为对他们的第一次背叛。毫无疑问在一定程度上的确如此。而后，英国不顾俄国明确表示的总体愿望，希望英国转而与她联合对德作战，或至少保持中立，而是出其不意地提出了结盟的要求。之后便进入了三巨头时期，领衔的是罗斯福和丘吉尔，斯大林似乎对此也表现出理解和认可；后来罗斯福逝世，丘吉尔倒台——后者在俄国向来是不可理解的。俄国人至今仍不知道他们所处的位置：他们或许能够理解欧洲被划分成不同的势力范围；可以理解对联合国组织的猜疑和漠视；但他们无法理解如何在实力和影响都极不均等的政权中建立一个民主合作的体制，因为这意味着结盟，结盟意味着盎格鲁—撒克逊人的反俄霸权。

1945年底或许已经到了一个必须就与西方的经济关系做出决断的
时刻。我认为俄国并不存在两种“意识形态的”思想派别，一种赞成与西 95
方的合作，而另一种反对。任何思想上的少数派早就已经被消灭了。与西方合作无疑既得到了个别部门的支持，例如外交部或外贸部——主要是一些职能部门，而非政治机关——又遭到比如说安全部的反对，而且或许同样都是出于部门的考虑，而不是出于任何意识形态上的冲突。同样也没有任何具体的迹象表明原子弹对俄国的政策有任何的影响。而有趣的是斯大林为什么要选择在1945年12月宣布下一个十五年计划。毕竟俄国人在战争中遭到了巨大的伤亡——数百万人失去了生命——而且许多大的农业区和工业区都遭受了巨大的破坏，无法进行生产。按理来说这时他们本该希望稍微改善一下物质条件,斯大林却选择在这个时候要求俄国人进一步勒紧裤腰带。在我看来这在心理上需要很大的勇气,因为尽管在俄国不存在所谓的公共舆论,但公众的情绪总还是有的。只有让人觉得除了依靠自己的经济和军事力量外别无选择,才有可能做到,因为在这个充斥着为“反动”流氓操纵的白痴的世界上,唯有马克思主义和它所号召的牺牲精神是实际而又有效的防卫武器。

我批判地总结一下英国对俄国的政策。首先必须记住俄国人不相信我们说的每一句话,因为他们认为他们比我们自己更了解我们。谈判,尤其是妥协的谈判,并不是好的办法;但我认为欧内斯特·贝文的挑衅也好不到哪里,它只会激怒俄国人而起不到任何震慑作用。因为俄国人确信我们没有足够的资源来支持我们这些强硬的言论。唯一可以让他们相信英国没有恶意的办法就是不做任何的表态:他们永远是靠事实而不是言论来判断你的行为。如果我们遵循的政策始终不偏离有利于实现我们目标的正确轨道,在不迷失目标的前提下,做出适当的妥
96 协,如果我们能像对待其他强国一样对待俄国人,忽略他们偶尔的一意孤行,如果能对他们做出的难以让人忍受的挑衅不做过多计较,而是坚定不移地去追求所有那些看起来符合我们和整个世界核心利益的东西,那么我们或许可以期待取得最后的胜利。否则长期的政策之争只会演变成一场意识形态的冲突,直至武力的对抗,最终导致所有自由的人
97 们都无法接受的两大原则之间的战争。

人为的辩证法：最高统帅斯大林与统治术

1952

曾经有个人在海船上找了一份招待的工作。有人提醒他，当船在恶劣的天气里左右摇摆时，要想不摔坏盘子就千万不要走直线，而要尽量走Z字形，那是老海员的经验。那人说他明白。坏天气如期而至，而随即便听到摔碎盘子的刺耳声音，那位招待连同他所端的美食一股脑儿都摔到地板上去了。人家问他为什么不听从别人的建议。他回答说："我听了，我是照他说的做了。可是当我向左走的时候船却向右摆，而我向右走的时候船又向左摆。"

能够小心翼翼地让自己的行为与党的辩证运动合拍搭调——对从左向右转这个精确瞬间的把握多半靠的是直觉——那是苏联公民所能学到的最重要的诀窍。如果你不谙此道，即使对这个体制有再深刻的理论认识也无济于事，一些才能出众、精明强干，在建国之初曾经狂热拥护、坚定支持这个政权的人最终却被打倒，已经向我们昭示了这一点。[1]

① 这两段构成了本文最初的结论；见前文第xxxi页。

一

在我们生活的这个时代，社会科学声称能够越来越准确地预知组织或个人的行为，包括统治者和被统治者的行为。所以，当我们发现有
98 一种政治进程仍然引起极大的困惑时，会感到奇怪。它既不是发生在某些尚未探索的自然领域，也不是发生在连心理分析也解释不清的个人灵魂的隐秘深处，而是发生在一个明显受到理性铁律支配的领域，据说，所有由偶然因素、人们的突发奇想、不可预知的情绪波动、自发性、不负责任、一切缺乏严格逻辑关联的事物所带来的影响，都已经被无情地排除到这个领域之外。我所指的进程是苏维埃社会主义共和国联盟的共产党的“总路线”。它在方向上的急剧变化，不仅让外界感到莫名其妙，也使苏联自己的公民觉得困惑；不仅苏联的普通公民困惑，就连国内外的共产党员自己也摸不着头脑。屡次弄得他们心惊胆颤、手足无措。

不能预判变化无常的路线对共产党员来说是最大的失败。轻则打乱他所有的个人计划；重则把他整个人彻底毁灭。莫斯科经常突变的“路线”连累了许多其他国家的共产党深受其害，这从这些国家的共产党的历史中就可以看出来，尤以德国共产党最为明显。一批由熟悉内情的前共产党员巴尔明、西里加、罗西和路特·费舍尔写的书，以及由转向反对苏联政体的天才作家阿瑟·库斯勒、汉弗莱·斯莱特和维克托·塞尔日写的影射小说，都对这一现象进行过生动的描述。无论是在意识形态领域还是在共产党对外政策中具体的经济和政治方面，大多数的这种不确定性必然都能被归结为俄国的国家利益高于世界共产主义的整体利益或个别地方共产党的利益。此外，就算是苏联的领导人也不是都跟火星人一样，肯定也避免不了有失算、犯糊涂、无能为力和不走运的时候。但即便我们可以理解像民族主义、人无完人以及难以把握整个人类

事务等这些不同的因素，可是贯穿在苏联意识形态政策中的这种毫无
规律的变化仍然让人感觉非常困惑。 99

苏联或许不可避免有些依赖马克思主义学说，因为我们有理由认为苏联的领导人不仅仅是口头上承认依据某种马克思主义理论来评判事物，而且实际上通常也是这么做的。尽管政治局里的成员肯定更擅长经验性思维而非理论性思维，但他们一直据以理解外部世界、规划各项政策的基本范畴，则都是来自马克思和黑格尔提出，并经过列宁、托洛茨基、斯大林、铁托等人改造，也曾被法西斯独裁者以一种歪曲甚至颠倒的形式加以利用的那套理论体系。按照这种发展了的马克思主义理论，你必须区分“高潮期”和“低潮期”——前者是指“历史”看来正处于一种热情高涨、渐趋革命高潮的时候；后者则更为常见，指的是万事都归于沉寂而安定的时期，至少看上去如此。虽然这个理论一定会告诫人们在平静的表面背后总存在着一些矛盾，这些矛盾最终将导致不可避免的冲突（这些冲突就构成了社会的进步），然而这个过程可能通常还一直是隐蔽的，看不见的——革命，用马克思（和黑格尔）从《哈姆雷特》中所引用的形象来说，就像地下的老鼹鼠一样还在不停地掘地。①这正是革命党派应该携起手来和衷共济而不是耗费精力相互争斗的时候。这种阶段交替的理论，早在圣西门的时候就已经提出过，它似乎是对1920年代末和1930年代斯大林政策的唯一合理的解释。

清算托洛茨基在中国实行的进攻路线被认为是暂停实行“激进主
义”政策的最好例子。按照斯大林及其支持者的逻辑似乎已经得出结 100
论：一个新的“平静”时期已经开始，因此在这个时候开展或支持暴力革

① 在莎士比亚的戏剧《哈姆雷特》中（第一幕，第五场，第162行），哈姆雷特对鬼魂说：“说得好，老鼹鼠，你打洞打得这么快？”马克思在《路易·波拿巴的雾月十八日》（1852）的结尾写道，“掘得好，老鼹鼠”：卡尔·马克思、弗里德里希·恩格斯，《选集》，第11卷（伦敦等，1979），第185页。黑格尔似乎并没有直接使用这一形象，尽管马克思讲话的语气基本上是黑格尔的语气。

命“注定”会失败。与之相反,要求诉诸武力的一个最引人注目的例子发生在1932年对德国共产党做出的那个臭名昭著的指示，要求他们集中火力对付社会民主党,因为他们是比希特勒还要危险的敌人。斯大林在这个时期的讲话对此是一个很好的说明：显然他似乎已经认为在经历了漫长的1920年代令人失望的低潮之后，新一轮的革命高潮将再次兴起。他将1929—1931年的经济危机看作是一个前所未有的最显著的标志，标志着资本主义体系的内在矛盾终将完成它们的历史使命——最终摧毁整个摇摇欲坠的资本主义大厦。(顺便说一句,并不止他一个人把形势说得那么可怕;还有许多远在别国、持不同政见的评论家把这段时期说得更加耸人听闻。)在所谓的“革命”形势下,共产党开始发起进攻。在平静的潜伏期共产党不得不让潜在的对手和敌人产生虚假的安全感,但潜伏期已经过去;一切所谓的与其他左翼势力和“进步”力量团结一致的假象都已经结束。一旦资本主义秩序内部开始出现崩裂的迹象,决定性时刻的到来就不会太远了,接下来列宁在1917年9月和10月间精心策划的那种所谓的最后一击就成了固定的模式。勇敢无畏、坚定刚强的共产党,只有它明确自己的目标和前进方向,如今要与那帮“软弱”、糊涂的同路人、同行者、临时的盟友和暧昧的同情者断绝那种不真实的(但在前一阶段从策略上来说却是必要的)关系。它经过重重艰难险阻已经向最后的夺权跃进了一大步，只有它——也只有它知道——为夺权做好了充分的准备。

1932年斯大林向他的德国盟友下达的进攻命令致使他们遭到致命的打击,对他本人的打击几乎也是致命的——全世界都非常清楚,其结果在此之后造成了让人难以置信的损失。即便如此也没有动摇共产党
101 人对这种简单模式的信念。他们依然毫不修改地一再宣扬:在革命形势来临的时候,肃清那些对你已经没有价值的盟友,然后发起进攻,实施打击;在革命形势尚未到来的时候,则通过临时性的结盟、建立人民阵线,利用自由主义者和人道主义者的掩护,引证那些提出可能实现乃至

渴望实现相互宽容、和平共处的古老文本来聚集力量。最终希望能产生双重的效果：一方面可以通过投其所好或加深认识与潜在的对手达成妥协，同时又可以把右翼的对手——反动势力——置于所有最坚定最真诚地拥护自由与博爱、进步与正义的人们的对立面，使之陷于尴尬境地。

事实上，或许这一简单的教条在某种程度上就可以解释1946年之后苏联为什么会在宣传政策上摇摆不定。当初苏联的领导人以为会发生一场大的世界性经济危机，与之相应态度也就变得咄咄逼人，毫不妥协。后来才逐渐地很不情愿地意识到（苏联经济学家瓦尔加早有预言，他本人也因这个不合时宜的预言而遭到指责）危机不会来得这么快，目前可能不会来，或不会像预计那样来得那么猛烈。这或许能够解释为什么在过去的两年中，苏联要改变（至少对外的宣传是这样）用老一套的不折不扣的马克思主义术语进行的直接宣传，而代之以某些非共产主义的价值观，例如呼吁普遍的向往和平，或面对美国的指手画脚而激发地方或民族的自豪感，或发展比方说俄法之间所谓的传统友谊，截然不同于英法之间只有传统的敌对关系。苏联对这种平静与危机相互交替的历史模式（它有一个值得尊敬的前马克思主义的渊源）的信奉，或许并不能完全解释它错综复杂的对外思想政策，但脱离这样的假设，这些政策将变得根本无法理解，否则只能解释为莫斯科方面有些盲目、愚蠢或无谓的固执己见，另一方面，这也很难归咎于苏联今天的统治者。这充分说明了相信这个假设是正确的。 102

二

然而无论指导苏联当局对外政策的是哪种历史理论，它都无法解释党的路线在苏联国内为什么也会摇摆不定。苏联政策的威力使它本国的公民也为之战战兢兢，尤其是作家、艺术家、科学家、学者以及各类知识分子，他们的职业要求他们公开表达自己的立场；因为他们的前途乃至命运取决于他们能否迅速而又准确地使自己适应这个变化多端的普罗透思式的政权千变万化的政策。当然，变化的规律并非完全不可预测。因此，1920年代决定“在一个国家实现社会主义”就肯定会改变党的整个工作方向。所以看到早先所谓“托洛茨基主义”路线的追随者，乃至与那位被驱逐的领袖有过私交的人果不其然受到迫害或遭到流放，明智的评论家也不会大惊小怪。同样，看到1939年苏德签订互不侵犯条约后禁止一切反德反法西斯游行示威，也没有什么好惊讶的。看到在反抗德国入侵的卫国战争中民族主义和爱国主义情绪在官方鼓励下勃然兴起，也不会诧异。

另一方面，没人想到或能事先预言会发生公开批判党的官方哲学家格奥尔基·亚历山德罗夫这种怪事。原因是他坚持认为卡尔·马克思只不过是西方思想家中的佼佼者而已，与历史上其他思想家相比，照他的话说，并没有什么根本的不同或高人一筹的地方。党的权威始终坚信仅仅把马克思称为哲学家是不够的，简直就是对他的诋毁；给人的印象是如果把马克思说成是最杰出的哲学家，就好像说伽利略是最出色的星相学家，或人类自身是最高级最聪明的猩猩一样。而且也没人料到或
103 能事先预见到会爆发出（在发生纳粹对犹太人进行大屠杀和残酷迫害后那么近的时间里）强烈抵制老一代知识分子的情绪，主要是针对那些有着犹太血统的作家和艺术家，认为他们是一帮“无根的世界主义者”①

① “bezrodnye kosmoplity”（“无祖国的世界主义”。“bezrodnyi”字面意思是“没有渊源关系的”或“没有祖国的”）的通常译法，通常用来指苏联犹太人。虽然希特勒在1933年的广播中曾经把犹太人称作是“无根的国际主义者”（“wurzellos Internationalen”），但这个俄语的专有短语最早见于纸面（我能找到的），是在《火花》杂志的编辑安纳托利·弗拉基米洛维奇·索夫罗诺夫写的一篇题为《为苏联戏剧艺术的进一步发展而奋斗》的文章里，《真理报》，1948年12月23日，第3页。尽管“kosmopolit”（“世界主义”）这个词如果不是更早的话，至

和卑鄙的犹太复国主义者；也没想到犹太反法西斯委员会在此后不久就草草解散。而且也不能责怪那些多年来一直赞成已故院士马尔的空想(但得到官方的认可)学说的语言学家无法预见他的突然陨落。世界上有谁能想到如此忠心效命党和国家的知识和知识分子会遭遇如此古怪的命运，最高统帅斯大林本人以一种权威的语调宣布了关于语言、方言和社会结构相互关系的至高真理。

所有曾与苏联作家、记者或那些苏联的驻外代表有过接触的人，都知道这些人都长有一双异常机敏的耳朵，能够听出党的路线在语气上的最细微的变化。然而这对他们来说并非完全都是好事，因为它会让你不由自主地忽视路线在大方向上可能出现的转变。所以他们对每个人有意或无意的一个踉跄或前冲，自然就会产生无休无止的猜测；在苏联国内，他们则通常表现出那种深入骨髓的爱嘲讽、爱绝望的性格，没有这种典型的苏联式的临危不惧的幽默，就不会产生那些苦涩而又难忘的 104
机智调侃。但我们似乎还没有就所有这些事实提出一个总的解释。既然苏联的统治者都是些头脑冷静的人，他们根本不可能偏离衍生一切、决定一切的中心路线，而去冒险或按一时的仓促决定办事，因此我们觉得提出一种可以详尽解释这一特殊现象的假设，并非完全是无聊的消遣。

三

我们的理论源于这样的假设：任何通过革命建立起来的政权毫无

迟从1930年代开始肯定就已经使用，用作对那些紧跟官方政治路线的人的蔑称；19世纪它也曾被斯拉夫人用来贬损那些西化人士。《真理报》那篇文章有一篇前言，是《消息报》的文艺记者安娜·别基切娃写给斯大林的一封反犹信件，谈的是“活跃在文艺界的敌人”[信件上标的日期是1948年12月8日，如今(2003年11月)该信存于俄罗斯国家社会政治历史档案馆(RGASPI)17，132，237，75—81]，但信中并没有出现这个说法。

例外地都会受到两种主要威胁。

其一是革命可能进行得过头——过分狂热的革命者可能造成过度的破坏,甚至那些最终依靠其智慧和才干革命才得以胜利、革命果实才得以保留下来的开国元勋们,也难逃厄运。几乎没有哪场革命能够给它们狂热的拥护者带去他们想要的结果;原因很简单,因为造就出那些最优秀最成功的革命者的性格恰恰容易让他们过分地简化历史。胜利所带来的最初的兴奋感一过,在胜利者中间就开始萌发一种失望、受挫以及随之而来的不满情绪:可能是由于那些最神圣的目标尚未实现;或是因为世间仍然充满了不幸;有些人必须受到指责;有的人缺乏热情,态度冷漠,可能还有人暗中破坏,甚至背叛革命。所以就出现下面的景象:许多人因为没有做到事实上任何人在现实中都不可能做到的事情而遭到指控、判刑和惩罚;人们因为引发了一种实际上与任何人都毫不相干的,事实上根本无法避免的,那些目光敏锐、头脑冷静的观察家(正如后来所看到的)早已有所预见的局面,而受到审判并被处决。无数的审判与惩罚也无济于事。不满变成了愤怒,随之而来的是恐怖和越来越多的死刑。没有外界的干预或出现什么实质性的变化,这一过程是不会自动
105 停止下来的,因为要抵偿一项无中生有的罪过,或弥补因总的来说甚至很可能是不可避免的对形势的误判而产生的危机,搭上多少受害者都不算够。然而一旦形成了人人都相互猜疑、互相指责、以牙还牙的可怕局面,再想挽回就已经太迟了:整个体制在几乎波及所有人的疯狂的猎杀异端所引起的动荡中开始瓦解。所有在校的学生都知道1794年法国大革命的高潮有多疯狂。

第二种威胁恰恰相反:它通常是第一种威胁的自然结果。革命最初的心气一过,热情(包括精力)就会减弱,动力也变得不那么强烈和纯粹,对英雄主义、牺牲精神、献出生命和财产产生厌恶,正常的习惯又重新恢复,一开始那种大胆而又骄傲的试验气魄将慢慢减退,并最终在卑鄙的腐败和堕落中消失殆尽。这在督政府时期的法国也发生过,它经常

标志着革命阶段的终结。它似乎是每一次拉丁和拉丁美洲国家浪漫主义起义过后不可避免的结局。

所有的革命领袖都不希望看到他的政权被自己点起的烈焰所吞噬，也不愿看到自己刚刚通过革命建立起来的政权又退回到老路上去，因此避免这两种极端的威胁——既要防止雅各宾派自我毁灭式的狂热，又要避免革命后的厌倦与悲观——就成了所有革命领袖的首要任务。但在这一点上马克思主义革命者自视有所不同。按照马克思主义从黑格尔学说中发展出来的要义，世间万物——不论有生命的还是没有生命的——都处于一种永恒的内在冲突之中，冲突不断发展，直到在一个新的层面上产生新的对抗——一种新的"层次"上的紧张和冲突。因此"辩证法"本身——由于这是所谓的过程——理应确保一切真正的革命运动充满活力。因为既然辩证法不可避免地"根植于事物的内在性质"，既不可阻止也无法回避，所以革命后的政权路线就必须——也只能——遵循它的规律。就像法国大革命爆发本身遵循着那些规律一样， 106
它的由盛转衰以及在督政府时期的搁浅，乃至后来出现的帝国和复辟，大概也遵循着同样的辩证过程。无论马克思的历史唯物论被认为包含有多少的决定论色彩(而且该学说无论是在黑格尔那里还是在马克思那里都远算不上清晰，而在恩格斯的后期著作中则变得尤为晦涩)，斯大林似乎已经下定决心要打破以往革命的宿命，不让悲剧降临到自己的政权。尽管世界图景自我实现的宏伟进程不可阻遏，也不会为顺应多变的人心而偏离正轨，然而历史(据以往的表象看)似乎并不很确定是否一定能够保留下俄国革命中斯大林及其政党最想保留的那些特征。自然本身(虽然通常都很可靠)有时候也会失灵；稍加调整或许就能使她的发展更加接近正轨，更加可测。因此人类的技巧将被用来帮助宇宙更严格地按照自身的"内在规律"来运行。

因此，斯大林采用了一种原始的策略，完全契合我们时代的创新精神，特别是以人工产品替代自然产品的新风尚。别人制造人工橡胶和机器人，于是他也发明出一种人为的辩证法，让实验者本人在很大程度上能够操控和预测它的结果。他不是让历史自发地按照辩证的螺旋曲线上下波动，而是要将这一过程置于人的掌控之下。问题是要在冷漠与狂
107 热这一对“辩证两极”之间找到一种平衡的方法。①问题一旦明确，他的政策的实质就变成准确地把握时机，估算在特定的环境下要把政治和社会的钟摆摆向任何他想要的结果所需要的作用力。

让我们拿这个假设来说明一下第二次世界大战期间的情形。1941年，当时苏联体制看上去运行得还算平稳，人们允许充分地表达爱国主义情感。对于此前被迫压抑了二十年的郁闷心情而言，它起到了一个安全阀的作用。党的领导人很清楚这股激昂的民族感情在激励人民抵御外敌方面发挥着不可替代的重要心理作用。局势的发展显然已经不容许像战前那样不遗余力地灌输共产主义的教条；赢得这场战争靠的是对祖国而不是对意识形态的一片赤诚之心。人们开始感觉到一种宽松的气氛。作家的创作更加自由；对外国人，至少对那些与盟国有关的外国人的猜疑也稍稍有所缓和，至少当时是如此。各种早已过时的带有大俄罗斯情绪的陈词滥调，以及对纯粹的民族英雄的崇拜又重新流行起来。而到后来，从国外凯旋而归的苏联军队，对国外的习俗和自由充满了（如同历次进军欧洲之后所经常发生的一样）美好的印象，这让当局开始感到紧张；毕竟1825年在经历了类似的情形后爆发了伟大的十二月党人起义。显然对当局来说重新强行灌输共产主义学说——从根本上说是将种族不同的苏联各民族维系在一起的唯一纽带——可谓当务

---

① 这个问题当然不是一种纯理论，也不是凭空产生的——它是斯大林或其他人在对历史和历史规律进行抽象思考的过程中产生的。当第一次布尔什维克的专制统治和“战时共产主义”的极端路线被新经济政策的折中路线取代之后，重蹈法国大革命覆辙，或就此而言重蹈1848—1849年革命覆辙的危险，想必已经真切地摆在布尔什维克领导人的面前。对此他们一定经常被人，尤其是被外国评论家们提醒。于是这里所描述的政治导航技术，像大多数应运而生的著名发明一样，应急迫的现实之需诞生了。——以赛亚·伯林

之急。归国的士兵——无论是胜利者还是在德国等地获得解放的战争俘虏,以及那些在国内可能与他们有接触的人——将受到严格的监控,即便尚未形成反抗中央政权的中心。如果不迅速地进行这样的再教育,苏联的整个生活模式——所有集权国家仰仗的都是不停的规训和一刻也不放松的管束,很可能马上面临垮塌的危险。众所周知这是一切集权政府走向灭亡的开始。到1945年岁末,一项更严格的正统要求被提了出 108
来。严厉地禁止一切宣扬民族主义的政策。铭记在心的只能是他们对马克思主义的忠诚。当局觉得各个民族的杰出代表在美化当地历史方面已经做得有些过头,并明白无误地严肃要求他们遵循正统。地方史遭到查禁。这个国家再次笼罩在无所不包的正统意识形态的巨大斗篷之下。要求全党揭露和开除各种机会主义者和那些在战乱期间混入革命队伍的流氓无赖。猎杀异端的运动又开始了(尽管没有达到1937—1939年那么骇人听闻的程度)。

此类运动的危险在于它将权力置于一群狂热分子手中,他们剪除一切旁枝异端,不断地致力于保持教派的纯洁性,如今凡是对生长没有多大促进作用的都成了他们的剪除对象。如果说不是他们,起码是他们的那些核心成员,盲目执着,像他们这种人是掀不起风浪的;可是此类事件一旦发生,过分的举动也就在所难免。那些检察官在肃清了大大小小的反对者之后,已经完全为自身宗教般的狂热所驱使,直到发现他们正逐渐把矛头伸向那些伟大的党的领导人本人的生活和著作。此时必须迅速地制止他们,否则整部国家机器将因此陷于瘫痪。之所以停止清洗,批判那些始作俑者是些已经丧心病狂的极端分子,还有一个原因是它能取悦于党内和政府官员中那些战战兢兢、因绝望而不得不铤而走险的普通成员(更不用说广大的老百姓)。一只巨手从天而降阻止了调查。克里姆林宫听到了人民的呼声,看到了它的子民所处的困境,不允许他们再受到它殷勤过度的公仆的层层盘剥。那些逃过一劫的人长舒了一口气;迸发出一片由衷的赞誉之声。一度在大屠杀中有过动摇的对善良、智慧、洞悉一切的领袖的信仰，如今又得以重新确立。

1937—1939年的大清洗过后发生过这种情况。1947年又再度出现，只不过程度要轻得多，当时纯理论学说上的迫害有所放松，随即迎来了
109 一个吹捧本民族，猛烈抨击过去与现在的一切外来影响的时期。这种极端的沙文主义尽管从国外的角度看荒谬至极，尽管它对那些在苏联还幸存的少数广义上的文化代表来说是毁灭性的，但依然很可能会得到大多数老百姓的拥护（曾几何时，又有哪个民族会不热衷于宣传民族主义？）；更不要说它掌握在那些对本民族传统更为亲近的忠实的马克思主义检察官手中。此刻钟摆摆向了为俄国骄傲和自豪的方向。但正是由于先前在肃清意识形态的方向上走得太远，这次的回摆自然也要过头。

苏联政府希望至少在它依仗的精英分子中能够保持起码的头脑清醒；因此任何一次钟摆的剧烈摇摆最终都需要进行校正。在正常的社会中，舆论的变化，无论是自发的还是人为煽动的，都不会发生在真空里。它会遇到各种已有习俗和传统的抵制，并在某种程度上淹没或稀释于因自由社会中相对不受控制的思想感情倾向与各种陈规旧俗之间碰撞所激起的无数漩涡中。但在苏联几乎不存在这样的随机因素，主要是因为党和政府一直致力于将独立思想消灭于萌芽状态。于是出现了某种真空，任何人为煽动的观点都很容易过头，达到荒谬的地步，最后以自我否定收场——不但从外部世界看是这样，即使从苏联内部看也是如此。这个时候它又必须借助人为的方式摆回去。这就是我们在排外的民族主义运动发展到与沙俄时期残酷的“俄化”政策同等炽热的程度时所看到的情景。（近来对世界主义知识分子的批判所用的语言与1905年革命被镇压之后反革命、反犹太人以及盲目地反自由的出版社和警察的语言几乎如出一辙。）显然必须采取某些措施恢复苏联统一的框架。按
110 照一般的假设，党是从来不会犯错误的；要错也只可能是因为对路线理解错误或执行不力。而且，在一个以马克思主义理论为核心教义的体制中，任何触动马克思主义理论基础的举动都是不切实际的。因此，公然

企图在政治理论甚至哲学这样核心而又关键的领域修改马克思主义原理都是不可能的，更不要说取消了：因为那样会有相当大的危险，那些忠诚卫士在经历了这么多年受到严格控制的生活之后，会在他们心中产生混乱和恐慌。一个雇佣了成千上万职业鼓动家，并要求他们必须以通俗易懂的语言教育孩子和文盲的体制，不可能允许对它的核心真理有任何的怀疑和含糊不清。即使是斯大林，要想不危及到整个体制，也不能破坏那些意识形态的基础。

因此必须寻找一些更安全的领域，因为意识形态上的调整需要一个看起来略为宽松的环境。音乐、诗歌、传记乃至法律均属边缘地带，在这些领域发表一些修正"路线"的学术声明不至于扰乱核心的关键区域。(如今)其他那些通常研究偏僻冷门、耳聪眼慧的知识分子立刻便领会了如此公开声明的个中寓意。语言学离核心区还要更远些，所以也就更安全。或许这就是斯大林选择语言学作为暗示，告诉我们追求纯粹马克思主义的"响亮号召"已经产生了足够的影响，该到缓一缓的时候了。尽管这种方式在外行看来是如此的不可思议。在语言学领域要求微调路线的口子一开，其他许多相对"非政治性"的专家势必满怀希望地自问，他们封闭的世界是否也能指望略微放松一些——哪怕只是一道通往外界的缝隙，至少在其中能够获得一些呼吸的空间。语言学家获得的恩赐意味着音乐家、杂技演员和小丑以及数学家、童话作家甚至物理学家和化学家都不必那么谨小慎微了。连历史学家也抬起头来；一位作者[1]在1951年夏季的 份苏联历史杂志上怯生生地主张，既然斯大林对 111
历史研究没有说什么，那么他们是否也可以像语言学一样，跳出马克思主义的"超级结构"，拥有一种"客观性"和一些永久的原则？斯大林曾经严厉地拒绝将这种客观性和永恒原则赋予艺术或法律机构。物理学家、化学家，就连险些要颠覆历史辩证法的发生学家如今也得以松一口气；当然可以肯定的是，路线在这些学科中的反复无常主要是出于国内政

① 可能就是下一页注解中提到的那位科恩教授。

治的需要，而非出于形而上学的考虑，或是对这样或那样的哲学或科学“唯物主义”不可救药的癖好。而难以置信的是，他们的一些更乐观更天真的西方同行，对苏联的科学理论感到困惑时，却一再地试图将之归结于此。

“和平”“共处”的主题明白无误地暗示在经历了朝鲜问题的错误冒险之后，辩证机器正在转向何方：因此那些对他们的学科的热爱并没有完全被扼杀的教授们又怯生生地重提“西方”的价值。而如果最初的几个谨小慎微的试探者没有遭到太粗暴的反对，那些尝试者就知道他们终于可以指望一个相对宽松的时期的到来。而那些更有经验的人知道这种情况不可能持续很长。如今已经不可避免地出现了一些迹象，表明约束放得太松了——对于一部机器来说放得太松了，如果不开始慢慢地收紧，它将根本无法继续运行下去。如今又重新主张一致性、纯洁和正统；又开始严禁任何的怀疑①，新的循环又开始了。

然而有些事取决于推动钟摆的力量：恐怖施行得太过分（譬如1930年代末叶若夫统治时期那样），结果会把人们吓得什么话也不敢说。人们除了说些最老套的表忠心的套话，谁也不会和人谈论稍微有点“危
112 险”的话题，而且说的时候还非常的节制，因为谁也无法肯定从今天到明天哪些话变得可以说，哪些话又变得不能说。这种因恐惧而带来的沉默也有它的危害。首先，虽然大范围的恐怖统治能够确保广泛地遵从和执行各项命令，但也有可能把老百姓吓懵：长此以往，严厉的镇压最终会把人们变得完全麻木，没有任何知觉。一旦意志变得麻木，便会产生一种彻底的绝望，从而势必会放慢前进的脚步，减缓经济的发展。其次，如果人们一言不发，政府雇佣的大批情报人员将无法充分地了解人们的脑子里到底在想些什么，以及他们会对政府的各项政策做出何种反

① 这些怀疑大多都是原来的正统观点。不知道科恩教授会遭遇什么样的命运（下落不明），他在1951年夏天那段“喘息的间隙”，曾试图捍卫历史学不受1946—1947年盲信极端的马克思主义的影响。——以赛亚·伯林

应。如果水异常的平静，而且一眼望不穿水面，那么这汪水可能非常深。俄罗斯有句谚语："静湖出水怪。"如果对人们所想的事情一无所知，政府将无法运行。虽然通常意义上的公共舆论可以说在苏联并不存在，尽管如此，统治者也必须通过被统治者的情绪来认识自己，从最原始的、行为科学的角度上说，这与动物饲养员能够判断他所养的动物的行为在某种程度上十分类似。因此必须采取一些措施鼓励人们畅所欲言：禁令被解除，"共产党员的自我批评"，"同志般友好的讨论"，这类看起来酷似公共辩论的行为一再得到倡导。一旦个人和团体敞开心扉——肯定有人会露出底细——领导也就更清楚地了解他们的立场，如果他们打算不受各种不可控因素的干扰坚持"总路线"，他们知道首先应该排除谁。断头机又被重新启用，打开的话匣子又变得没声了。生活在这种严酷体制下的人们，刚经历过对美好生活的短暂幻想之后，背上又被压上了沉重的负担，而且被禁止沉迷于一切尽管不会妨碍劳动但可能分心的兴趣爱好——只有全神贯注，竭尽全力才能实现伟大的工业目标。事实上与外界的交流已经中止。出版界又重新意识到它的第一要 113
务——提高公众士气，不断明确地重申正确的生活方式和思考方法。当沉闷的局势发展到让苏联人都感到无法忍受时，"路线"再次发生转向，在很短的一段时期内（在倒数第二次的时候往往是最危险的时候），生活又有了更多的盼头。

四

"人为的辩证法"——此乃最高统帅斯大林的原创，亦为他对统治术的主要贡献，或许比"在一国实现社会主义"还更重要。它是一种确保能够"弥补"自然和历史的不确定性并长期维持内在驱动力的有效工具——持续的紧张，长期的战争动员状态——也唯有如此才能维持这般反常的生活。采用的办法是既不让政府变得过于软弱无能，也绝不允许它行动过激从而造成过多的内耗。这是托洛茨基“不断革命论”或后来布列斯特—立托夫斯克和谈时“不和不战”方针的又一个奇异而具有讽刺意味的版本。它迫使苏联政府采取一种左右摇摆的路线，给全体人民制造了一种持续紧张的局面，以免每当政策失误而急转弯时人民不知所措。

当然，要求人们就范并非决定路线最终方向的唯一因素。此外它还取决于外交政策、国家安全、国内经济和社会需求等各方面的压力——取决于在任何有组织的政治团体中发挥作用的和能够对苏联政策施加影响的各派力量，尽管影响的方式有些古怪。苏联并非是一个完全在真空中发展的马克思主义政权，它也不能超越心理学和经济学规律的制约。恰恰相反，它宣称要比那些注定无法克服自身“内在矛盾”的“反动”
114 政权更清楚地认识这些规律，更自觉地依据自然科学的成果来制定政策。那么究竟是什么使得西方的观察家，无论是务实的政治家还是现代政治的理论研究者，觉得苏联的政治行为如此的神妙莫测？这种困惑在某种程度上或许要归结于西方没有意识到苏联决策者对迂回路线的高度重视，他们把国内的安全以及政权的维持都直接寄托于采纳这种路线。在国内外所采取的一切有利于苏联政府和共产主义政党的措施都必须遵循总路线的要求，这种确定“总路线”的技术绝对是一项具有高度原创性和重要性的新发明。能否成功的操作取决于是否能够调动各种有用的自然资源和人力资源来完全地控制公共舆论，对全体人民实施极其严格的管束；总之，取决于对火候的把握，要求每个操纵者都具有高超的技巧甚至天赋——尤其对独裁者本人来说更是如此。因为它需要这种技术——道理很简单，真正正确的“路线”，势必要在同样不可避免而又相互冲突的左翼和右翼的“偏离”之间波动——因此不可能机械地做出决定。它是一种人为的建构，取决于一系列人为的决定；因此它的命运不能视为是完全可靠的。只有掌权者具备斯大林那种杰出的管理才能，“路线”的走向，尽管对于苏联内部或是外界的许多人来说可能依然看不清楚，却并非完全不可预测。一旦他不再掌权，苏联的命运会如何（苏联是否会卷入一场大战），对此人们只能怀着希望和恐惧，很难做出理性的预言。因为无论如何，它绝对不是一部能够自行驱动、自行调节或能够自动运行的机器。如果落在没有什么才能和经验，缺乏自信的人手中，它很容易给人们带来一场人类社会在传统的统治形式下从未面临过的巨大灾难。

斯大林的继任者是否能表现出足够的能力，来驾驭这种需要如此完美地结合想象力和实际洞察力的新技术呢？抑或他们会完全地放弃 115
它，果真如此，是逐渐地还是突然地放弃呢？抑或他们将证明非但没有能力驾驭它反而深受其害，这样一种复杂的技巧非能力有限者所能掌控——这种技巧在能力更为突出的上一代人手中所产生的奇效对统治者和被统治者的影响是如此之深，以至于无法摆脱一场大灾难？我们说不好；看起来可以确定的是，最高统帅斯大林的去世迟早将会在苏联各项事务中造成危机——一场比列宁的逝世还要更严重的危机。因为除了在一个高度独裁的政权中迫切需要重新调整的各种问题之外，还将面临斯大林精密的统治机器给后人带来的令人困扰的两难境地——一方面它过于复杂，除了杰出的管理大师之外无人可以操作[1]，另一方面无论是要中断、疏忽还是放弃它，都过于危险。

还有一件事看起来也相当明显：那些认为这样一种体制因为太过无情太过压抑而无法维持下去的人们完全是在欺骗自己。苏联的体制，

① 我的意思不是说所有苏联的主要政策都是由斯大林一个人决定。任何一个如此庞大的体制，不论是多么“铁板一块”，也不可能真的会被单独一个人所掌控，无论他有多大的权力。但是，我们也没有理由认为斯大林的追随者，尽管在他的领导下很称职，在他去世后会比伊凡雷帝或彼得大帝的随从——他们主人的体制落在他们手中很快就分崩离析了——能更好地推行他的统治方法。另一方面，我们也必须看到凯末尔领导的土耳其这个相反的例子。只有时间能说明一切。——以赛亚·伯林

尽管还达不到能够自我驱动的程度，但确实也看不出有任何自我毁灭的迹象。统治者也许残酷无情、玩世不恭,甚至被绝对的权力严重地腐化：但只有出于强烈的义愤和坚定的信念而非从实际的观察和历史的经验中得出的道德上的乐观主义，才会使某些苏联的研究者预言这些恶行本身必将很快腐蚀那些作恶的人,让他们无法继续掌权,从而自取灭亡。被统治者,一群被驱使的、胆战心惊的羔羊,也许也会以自己的方式表现得极其玩世不恭,渐渐变得冷酷无情,但只要实行的是一种迂回
116 的“路线”,在枯燥乏味的日常生活之外还能有些短暂的喘息,他们尽管经历了种种苦难，但仍然能够在他们的生活中找到还能——仅仅是还能——忍受并继续生活、工作甚至享受快乐的理由。生活在西方国家的人们很难想象东欧或苏联(可能还包括印度和中国)人的这种生活环境,他们不仅能够在其中生存下来,而且在其他几个处境同样糟糕的国家包围下,透过铁幕也看不到能够勾起想象或超出想象的生活方式,只能让自己适应环境,把它们看作是正常的环境,设法找到活路,他们就像无休止战争中的士兵,被判无期徒刑的囚徒,在海上遇难的水手。这样的安排对于一个文明社会的普通公民来说似乎是无法忍受的,但是,如果通过集体的苦难即便不能产生自由,也能产生博爱和平等,而且一个人只要能拥有一些快乐和激情的时刻,真正幸福的时刻,那么就可以忍受最严酷和最没有尊严的环境。

此外我们还应该记住:绝不要让人民整体痛苦到彻底的绝望,感到生不如死,无论自杀或者被杀都比活着要好,操控“总路线”的艺术恰在于此。假如苏联的公民得不到一点的自由或者快乐,那么他们很可能变得难以驯服或干劲不足;也绝不能让他们陷入一种恐慌、绝望或冷漠的状态,那同样会让他们丧失行动的能力。“总路线”上的摇摆正好可以被用来避免这些极端情形的出现。因此,只要苏联的统治者将这种操控统治机器的技巧传承下来，并能够继续从他们的秘密警察那里获得足够的情报,内部的崩溃看起来就不可能发生,就连统治者都不会因专制独

裁和对其他人肆无忌惮的摆布所带来的令人沮丧的后果而在意志和智力上发生萎缩。当苏联政府很明显还保持着充分的政治敏感性，这场对一个永久军事化国家进行的实验，从一个长期的历史阶段来看，就远还没有到达它的终点。尽管这部庞大的机器可能受到各种困难和危险的 117
困扰，但也绝不要低估了它的成就和活力。它的未来可能还不明确，甚至不稳定；它还可能犯错、翻船或发生渐变或剧变；但不见得一定会灭亡，除非人们的良心得到发扬光大。这个体制给人们带来了巨大的身体和精神上的创伤，没有哪个西方社会能够救得了它。而到那时，那些更好的社会机体早就灭绝了，在1917年之前，俄国在这方面并不比西方差。重建它们可能需要几十年的时间，总有一天它们会被重建起来，到那时，这段又长又黑的隧道只不过是一段痛苦的回忆。

与此同时，这项惊人的发明本身也绝对值得进行更仔细的研究，即使只因为它是一种既能自动运行而又无所不能的操纵人的工具——既能摧垮人们的意志，同时又能发掘人们进行有组织的生产的最大潜能——这也正是那些最无情最狂妄的资本主义剥削者梦寐以求的东西。由于它源于一种比陀思妥耶夫斯基笔下的“宗教大法官”更严重的对自由和各种人类理想的蔑视，并且统治了大约八亿人的生活，可以说它是我们这个时代最重要、最不人道也是最捉摸不透的现象。 118

在苏联的四个星期

1956

1945年我在莫斯科待了四个月一直到年底，时隔十一年之后，1956年8月，我又重返莫斯科。尽管能发现一些变化，但在我看来并没有发生像某些西方观察家的报道让人信以为真的那种深远的或根本的变化。与1945年那次访问相比，我这次逗留的时间相对较短①，没有更多的机会对各类机构或个人进行观察，因而所得的印象也难免略显肤浅。

我是经由列宁格勒进入苏联的，从1945年战争刚结束的那段日子到现在，那里的城市面貌确实有了巨大的改善。街道更加整洁，建筑物也得到了更好的维护，冬宫也经过重新粉刷，夏宫进行了修缮，实际上是彻底的重建；有轨电车不再像从前那样塞满了乘客，许多便宜的（更确切地说是按当地的标准来说不贵的）餐馆和“小吃部”又重新开张，比较干净，还能提供比大多数同类的英国餐馆更美味的食物（尽管还比不上意大利的同类餐馆，即使是意大利最贫穷的南方市镇的餐馆）。街道上有许多人一看便是旅游者，我还遇见了一些我从前在哈佛的学生，他们获得了卡内基基金会向他们提供的苏联“二十九日游”的旅行资助；这些资助如今使美国不断地涌现出许多刚刚毕业的年轻的社会和历史研究者，他们精力旺盛、无所不在，决心通过“田野调查”的方式收集尽

---

① 8月1日到29日。本文看起来完成于这次访问后不久。

可能多的信息——也就是说，用学得还算过得去的俄语与尽可能多的 119
苏联公民进行交谈。

我拜访了苏联最重要的文学史研究机构普希金故居博物馆的馆长阿列克谢耶夫教授。由于我不是任何官方代表团的成员，所以一开始他非常谨慎，当我提起许多斯拉夫研究界都耳熟能详的名字时，他的态度才渐渐改变，变得彬彬有礼，有问必答。在他办公室的另一张桌子上总是坐着人——如果我进屋时遇见的那个同事出去了，还会进来另外一个人坐到那张桌子那儿，装模作样地读十来分钟书，实则在暗中监视。

阿列克谢耶夫教授说现在的情况要比斯大林时代好多了，他希望那个时代已经永远结束了。由于政府明显地偏重自然科学特别是物理学的研究，文学研究仍然面临重重困难，但与1940—1953年比起来仍可算是天堂了。他告诉我他很高兴能认识我，并和我一起讨论俄国文学史上的问题，这些问题在1945年或1950年几乎是不允许谈论的。事实上，他对与外国使馆人员尤其是英国外交人员（他说他们对文学家似乎特别感兴趣）完全清白的接触如何连累这些人的俄国朋友，使他们蒙羞甚至更糟的情况早有了解。再回到那种可怕的情况是让人无法想象的，只是在俄国没有什么是不可想象的。他还向我列举了学者和作家受迫害的例子；我问他被日丹诺夫当众批判的诗人帕斯捷尔纳克和阿赫玛托娃是否会得到"平反"；阿列克谢耶夫教授盯着另一张桌子后面的监视者看了一会，然后说他也不知道。气氛明显变得严峻起来，不久我便起身告辞。

我发现我所遇见的几乎每一位官方人士都抱着这样一种态度：过去是极其恐怖的，而新的自由充满了无限的希望：我们曾经惶恐不安，如今我们终于逃离苦海。不论是博物馆的负责人还是国家纪念碑的管
理人，不论是大学教授还是学院的"常务书记"，包括文化与教育部里大 120
大小小的官员，实际上所有有资格和外国人进行交谈的人都在重复着这一点。对那些有资格和没有资格与外国人交谈的人的区分在我看来

意义重大,它表明今天的形势与1945年相比已经截然不同。尽管与之后的几年相比那时俄国人与外国人接触的机会可能更多，但那些接触多是些非正式的,而且还可能给那些参与谈话的人带来或大或小的风险,当然那些代表各自政府的官员为了特定的目的进行的纯官方的联系除外。这次我觉得对与外国人接触的态度已经有了明显的变化,这既取决于苏联相关人员的地位,同时也取决于他们与之谈话的外国人的身份。显然学术和文化方面的高级官员——研究机构的领导以及这类机构的书记和负责人——已经接到了某些特殊的指示，即便不是寻求与合适的外国访问者建立关系,至少也是要促进发展这样的关系。实际上,至少有三位苏联学者告诉我,苏联对外文化协会(VOKS)在1955年11月已经派特使到莫斯科的各个学术研究机构传达指示，说已经决定恢复与外国人进行文化交往;那些懂外语的人最好重操旧业;特别是外国代表团将受到热烈的欢迎;如果他们是以此类代表团成员身份来的话,也将得到大方而不拘形式的接待;我的一位消息源特别提醒我说,这意味着主人想改变人们对他的印象：他们不再对外国人过分的遮遮掩掩或拒绝外国人的来访。

毫无疑问,代表团的成员,甚或是像我一样携带能够充分证明自己身份的推荐信的个人，都能够指望与他们的同行或被选派来接待他们的那些人,进行比以前更为宽松的非正式接触和更为自由的交谈,当然都是在一个非常明确的范围内进行的;同样显而易见的是,他们对接待外国访问者也没有表现出特别的热切，除非那位俄国接待者有把握确
121 定他事先得到保证不会受到过分亲敌的指责。最受欢迎的是物理学家和其他自然科学家,接待他们的俄方主人很可能得到了指示(这是一位年轻的物理学研究者给我的印象),在日常安全的范围内尽可能对他们开放,不要给他们留下明显有所隐瞒的印象。同样对其他代表团也决定表现出特别的热情。事实上苏联“主人”在谈话中表现出来的亲切和自在的程度,似乎恰恰反映出他们重视的程度、允许与外国人联系的程度

以及他们不必担心来自上方审查的程度。而对待那些身份并不怎么确定的外国人——短期学生、私人访问者、非官方旅游者以及非正式代表团成员的个人的交往,态度就马上改变,变得完全不同。除非外国访问者的身份非常明确,或者他属于受官方欢迎的那一类人,否则我们又能清清楚楚地看到以往一切的猜疑与回避态度。

我真的见到了几位上次访问时认识的老朋友,如我所料,我从他们那里了解到的情况,要比从那些唯唯诺诺、彬彬有礼,但又往往空话连篇的各类研究机构的官方代表那里了解到的多得多。我还遇见了一些社会地位相对较低的人,一帮在图书馆里写论文的学生(我花了十天在图书馆做自己的研究),还有一些老熟人和他们的朋友,他们显得非常急切地想见到我,但又不得不因此备加小心,这与那些哲学学会的头头以及学术机构的领导(除了普希金博物馆的馆长,我还拜访了列宁图书馆各个部门的负责人和文学研究会的领导,还在一位英国使馆人员的家中遇见了党的主要意识形态喉舌《共产党人》的主编,为此我要感谢他为我提供了这次非常有意义的会面机会)欢迎我时表现出来的表面上的坦率和自在形成了鲜明的对比。 122

我的总体印象可以概括如下。

苏联社会中最深刻的裂痕是统治者与被统治者之间的差异。总的来说,我接触得更多的是被统治者,但与一些党的重要人物 包括 · 位苏共中央主席团的成员——的谈话,也让我对这个阶层的普遍的口吻和性格留下了非常清晰的印象。被统治者大多是一些性情温和、彬彬有礼、柔弱温顺、谨小慎微、充满想象力而又天性淳朴的人,他们的道德信念、审美情趣和价值观念带有浓厚的维多利亚时代的色彩,他们看待外部世界的眼光充满了好奇而又略带敌意,甚至恐惧。他们一直认为美国人想对他们发动战争,但根据我的经验他们也并不是太过当真,当向他们指出他们大多数信以为真的事情——比方说在英国有300万人失业,又比如美国的政策完全被军火商所操控——可能都与事实不符时,他们以一种颇带讽刺意味的沉默对此表示认可。所有的宣传必然都充满了谎言,上面那些只是这些谎言的一部分而已,苏联的报纸和广播与国外同行相比也好不了多少。

我发现这种可爱的愤世嫉俗的态度非常流行,它认定所有政府都在干蒙蔽公众的骗人勾当,而且对政治问题根本没有兴趣。这种态度在和我交谈的那些学生身上表现得尤为突出——他们期望的是获得更大的物质利益,找个好工作,外出旅游,谈恋爱,挣更高的薪水,好好地享受生活,而丝毫没有远大的抱负、意识形态的热情、民族主义情绪,或对任何公共问题的敏感。那些因把时间花在听爵士乐、穿西方时装而在这方面饱受诟病的莫斯科人,只不过是追求个人主义潮流的一个极端表现而已。因此,至少在我看来,共产党为了抵制这种个人主义,不断地大力宣扬集体主义、强化意识形态热情的努力完全是一场徒劳。

当然,不能一概而论。我说的只是那些我遇到过的城市居民。在图书馆阅览室的学生(我没有去大学访问),出租车司机,在餐馆里偶遇的熟人,列宁格勒的一位摄影师,一位因被当作英国间谍而长期流放西伯
123 利亚、最近刚刚返回的英文教师——所有人都向我传达了同样一个印象:他们主要期望的是能够活下来,过上更惬意的个人生活;官方的意识形态马克思主义——尽管它最原始的那些基本原理仍被认为是理所当然的(即阶级结构很重要,观念受经济因素的影响,西方资本主义正在衰落,列宁是一位伟大而又仁慈的天才等等——具体地说不过就是这些而已)——以及马克思学说各种更具体的发展,所谓的辩证唯物主义,各种更具体的哲学、经济学、社会学和历史学理论(1920年代和1930年代前期曾就这些理论展开论战,被认定拥护异端邪说者付出了惨痛的代价),已不再是确定无疑的了,实际上被看作是各种枯燥乏味的机械说教——越早结束越好——不论是那些被雇来教授它的人,还是那些被迫听其说教的人,都因对它的幻想而深受其害。

我不止一次地听到过关于意识形态讲座的有趣描述,演讲者情不

自禁地打起哈欠，而听众则出于礼貌，用笔记本遮住脸，好不让演讲者
发现他们正在走神。面对此情此景，想到西方学者费尽心思追踪过去二
十年马克思主义在苏联的发展，仔细辨析各种潮流和趋势，各种理论和
理论分支，寻根溯源，一个劲地去考查、分析、辩驳，真有些反讽的意味。
它或许对苏联的那些卫星国和其他国家的共产党更有意义，在它们那
里这些意识形态的观点被牢记在心，或许还在其他地方有了重要的发
展。在苏联来自高层的意识形态声明可以说是对政治、经济政策的重要
暗示，但有关意识形态的教科书以及教学已经降到了一个很低的水准，
这一点没有人会否认。我得到了哲学研究所非常热情的接待，发现一方
面他们对境外哲学的兴趣非常敏锐——只要有足够的书籍和文章，他
们也广学博闻——另一方面他们对自己的专业（他们都被认为是这方 124
面的专家）却表现出一种毫不掩饰的厌倦态度；他们既不相信也不怀疑
他们所讲的观点——发表这样的观点是他们的工作，所以他们只是竭
尽全力地去完成，在这个过程中，他们几乎没有什么想法要增添到
里面。

在被统治者中充满了对外国人的友善；希望能够认识他们，能够到国外去旅行，明知这不太可能实现也不会太过懊丧；他们具有某种类似于被占领国或军队的快乐与痛苦：只要占领军不那么大肆地残害和恫吓当地居民；在行进中的军队里，身为战士远没有旁观者眼中那么痛苦不堪；他们免除了许多公民义务，投入到被视为不可避免的常规生活，形成一套具有自身痛苦与快乐的生活方式。与正常的和平生活的感受一样，这些痛苦与快乐同样刻骨铭心。

在被统治者中当然还有一两位老作家，甚至还包括一些戏剧演员，他们从来没有真正承认过这个政权，在斯大林统治时期就已经从心底里排斥它。这些在他们的言辞中可以说表达得非常大胆、激烈而又无所畏惧。他们读他们所能获得的外国读物并有他们自己封闭的圈子，很难有机会见到他们，很难有机会与他们进行自由而又坦诚的交流。尽管官

方没有提到过他们,但在广大的知识分子中都知道他们的存在,而且对他们推崇备至，敬仰有加，因为他们自己还做不到像他们那样特立独行、愤世嫉俗的程度。

虽然被统治者已经接受了这个政权，但他们为通向自由化的每一步而欢欣鼓舞；他们不认为他们的处境，无论是物质方面还是精神方面,也无论是知识方面还是道德方面,要比其他国家更优越。他们并没有过多地考虑这样的问题。他们是俄国人,尤其是年轻的一代从来不知道还会有其他的生活状态。我自己没有遇见有谁强有力地表达过任何
125 一种政治态度;即使斯大林的去世,至少在与我交谈的那些学生中,也没有产生任何强烈的反应。他们并不认为他比今天统治他们的那些人要更坏或更好;他们觉得他犯过很多错误,特别是在战争期间,他是一个强硬而又残暴的独裁者；但他们认为原则上如果没有某种程度的专制,政府就不可能进行高效的运转,他们并不相信国外有真正的民主,尽管他们承认国外在物质文化上有着巨大的优越性，外国公民的生活也更加的舒适。

他们快活、健谈,对别人私生活的细节特别热衷,见到外国人格外兴奋,但所有人的心智似乎都只停留在十六七岁的水平。他们最大的愿望就是不要在激烈竞争的体制中被埋没，吊诡的是苏联政府偏偏就制造出这样的一种体制。在我接触的人中,对现实最不满的是犹太人和格鲁吉亚人,前者抱怨仍然对他们存在歧视,尽管歧视的范围和程度不及斯大林晚年那般普遍和极端。他们说只有最有能力的犹太人大学毕业后才能找到工作,在他们中间普遍存在着“职业性”的失业,还说只要有几个人竞争同一职位,不管能力多么悬殊,非犹太血统的人总是更可能被选中,尽管他们并不比犹太人更有能力胜任。他们对以色列抱有深切的同情,而他们对苏联统治者(比如,卡冈诺维奇)对以色列要么毫不关注,要么把它看作是英美帝国主义的工具而加以敌视的态度,一直耿耿于怀,恐怕这本身就表明了他们之间的对立。

格鲁吉亚人之所以担心，是因为他们也开始感觉到大俄罗斯主义的某种程度的歧视，而且还流传着许多关于破坏活动的骇人听闻的报道，说他们参与制造了斯大林死后发生在第比利斯和格鲁吉亚其他地区的骚乱。他们对斯大林并没有表现出特别的狂热，实际上和我交谈过的那些人的一般口气中，明显不带任何英雄崇拜的痕迹，而且时常表现出某种愤世嫉俗的不屑态度。但这显然不影响他们成为苏联当局忠实听话的奴仆。126

统治者完全是另一番模样：似乎相对更容易分辨哪些是成功的权力追逐者，哪些是他们的牺牲品，甚至也更容易分清哪些人正在施展各种手段，一门心思想往上爬；与之相反哪些人早已心灰意冷，或从未有过这样的念头。苏联各级当权者的一言一行都在效仿苏共中央主席团和中央委员会中的主要领导人。他们是一帮强硬、冷酷、好斗、国家至上的无产阶级无赖，他们憎恨一切广义上可以称为“西方价值”的东西，甚至憎恨他们自己的知识分子，这种情感主要源于他们的社会出身和社会感情，以及他们可能已经接受的某种意识形态。他们讨厌文雅，讨厌文明的举止，讨厌知识阶层等等；任何同样出身的权力集团，怀着对中产阶级教养的老板的积怨，面对这类事物都会如此表现。因此很自然，那些追求升迁，能够精明而又敏锐地适应各种变幻莫测的党的路线的党的骨干分子，一方面效仿最高领导人的口气，并像他们的顶头上司一样，对那些自由职业者既从经济上进行剥削又在人格上进行侮辱，同时还要求他们表现进步，有所发明创造，与西方的同行竞争并超越他们。

从这个意义上说斯大林的传统和政策依然延续不变；苏联的文化，只要存在一天就不是一种无阶级社会的文化（就此而言我们至少可以说新西兰是一个通往无阶级社会的例子），而是一种被解放的奴隶阶级的文化，他们仍然没有改变对原来主人的整个文化的敌意，仍然在面对这种文化时感到极度的社会不适，特别是在面对和对待西方的外交代表

127 和其他访问者时表现得尤为明显。[①]在这方面，他们的感受与美国中西部更为原始的那些人的感受比起来并没有什么两样。在我看来，与其说是自觉的意识形态政策或大俄罗斯爱国主义，不如说是这种社会道德观念，在更大程度上导致了对知识分子的迫害以及与西方的摩擦。

那些统治阶级的意识形态理论家——多数是在官方的招待会上见的面，只有一次是在私人场合见的面——熟练且乐此不疲地重复着烂熟于心的那套话语，事实上他们之所以能取得他们的地位，靠的就是他们写官方文章的熟练程度及其影响效果。很难说他们信还是不信；这是俄国统治阶级彼此进行交流的通用方式。到现在再来讨论这是不是实现他们目标的最好的理论，它是促进还是阻碍物质或教育的进步这样的问题为时已晚。如今它已经成为维系整个苏联的唯一的黏合剂，共产主义的领袖们靠着它才能展开工作；它还成为人们彼此用来交流的话语，今天想要彻底地改变它显然是不切实际的，即使有可能带来更好的政治的、经济的乃至更有实效的意识形态上的结果。

你能在苏联的任何一个社会团体中清楚地分辨出谁属于被统治阶级——他们说的是日常的语言，没有非分的野心，做的是任何地方的人都在做的事情，在他们身上体现着某些俄罗斯传统的性格特征，他们是伟大的小说家和短篇小说作家描写的那类俄国人形象最纯正的原型——另一方面，你也能从其粗俗的话语，虚伪的温情，每次党的表述发生重大变化时表现在他们脸上的特有表情，以及明显的玩世不恭和机会主义，瞟一眼就能明白上司实际需要的能力上分辨出谁属于统治
128 阶级，不管他是哪个层次的。对上司阿谀奉承，对下属蛮横欺压，这帮人根本就不配做统治者。他们为全体人民所敬畏、所憎恨但又不得不接受。在我看来他们之间的鸿沟是不可逾越的。

129 这便是构成今日苏联的两类截然不同的人群。

---

① 苏联的统治者，技术官员除外，一律把外国人看作是潜在的敌人，因此他们在与外国人谈话时也比其他国家的统治者更加注意、更加粗鲁，对待谈话对象的态度也更加蛮横。——以赛亚·伯林

苏俄文化
1957

一

现代俄国文化一个最引人注目的特征就是它有一种非常强烈的自我意识。确实从来没有哪个社会像俄国那样深深地、完全地专注于自己，专注于自己的天性和命运。从1830年代一直到我们生活的这个时代，几乎所有的俄国评论和创作都只围绕一个主题，那就是俄国。那些伟大的小说家，还有许许多多二流的小说家，与俄国小说中绝大多数人物一样始终关注的不仅仅是他们作为人的目标，或作为家庭、阶级或行业成员的目标，而且是他们作为俄国人，作为一个具有独特问题的独特社会的成员，他们的境遇、使命和未来。从那些在其他方面观点迥异的小说家和剧作家身上，我们一样都能看到这种民族的自恋。像陀思妥耶夫斯基那样痴迷的宗教导师，像托尔斯泰那样热衷说教的道德家，像屠格涅夫那样在西方被认为是致力于追求永恒的、普遍的心理学与美学典范的艺术家，像契诃夫那样远离政治、慎于说教的“纯粹”作家，无不终其一生密切关注着“俄国问题”。苏联的政治评论家、历史学家、政治理论家、讨论社会问题的作家、文学评论家、哲学家、神学家、大大小小的诗人，都在毫不例外且不遗余力地讨论着这样的问题：什么是俄国人；俄国人和俄国社会有哪些美德、陋习和命运；而最重要的是俄国在世界上扮演了怎样的历史角色；特别是，它的社会结构——比如说大众
130 与知识分子的关系，或工业与农业的关系——是不是独一无二的，或者相反与其他国家没有区别，抑或是某种先进的西方模式的一种变态的、发育不良的或失败的例子。

自1880年代以来，大量在今天看来枯燥得无法卒读的书籍、文章和小册子开始涌向俄国知识阶层，它们大多数不是要证明俄国注定要遵循它自己独特的规律——因此其他国家的经验对它来说几乎没有或根本没有什么借鉴意义——就是相反，把它的失败完全归结于很不幸的与其他国家的差异，对这种或那种支配着所有社会的普遍规律的无视，因此俄国人为他们的无知付出了代价。而西方国家的作家在创作艺术作品、学术作品甚至发表日常的评论时（即使在美国，也存在类似的自我意识，尽管程度没有这么深），通常都不必为他们的主题是否符合正确的历史、道德或形而上学的背景这类问题所困扰。在俄国，至少从19世纪下半叶以来，存在的情形恰恰相反。严肃的作家如果不关注他的作品是否恰当地涉及了那些大的终极问题，人的根本目标，他们就别想有所作为。所有那些自称他们有能力理解、有道德勇气面对他们个人的、社会的和民族的处境的人，他们的职责始终如一：首先就是要把他所考虑的问题与某个特定社会（即俄国；其次才是人性）在它发展的特定历史（或道德的或形而上学的）阶段所必然选择的道路联系起来。

毫无疑问，浪漫主义的学说对俄国这种普遍的态度的形成具有一定的作用。那些浪漫主义学说在1830年代和1840年代统治着欧洲文学和报章杂志，在德国尤为盛行，强调特殊的人群——如德国人或工业家或诗人——具有独特的历史使命。但它在俄国的发展要比其他国家有过之而无不及。部分原因在于俄国实际进入欧洲舞台的中心（拿破仑战

争之后)恰逢浪漫主义运动风头正劲之时;部分原因在于他们自身的一种文化自卑感。因为这个世界鄙视他们,把他们看作是一帮被残暴的独裁者统治、只擅长镇压其他更自由也更开化民族的蒙昧野蛮人,这也引起他们的自卑,所以许多受过教育的俄国人痛切地希望找到一种与他们自身相称的、尤其是与他们不断增强的物质实力相称的角色。此外,如某些作家一直主张的,在所有受拜占庭或东正教影响的社会里可能都有一种对神学尤其是末世论的强烈渴求,但俄国的神职人员却无法满足这样的渴求,至少对那些受过良好的教育,喜欢批判的年轻人来说是如此。显然在西方各派教会的传统和思想资源中没有这样的冲动。 131

无论出于何种原因,19世纪和20世纪初几乎所有的俄国知识分子(也有一些例外)内心都秉持着这样一种信念:认为所有的问题都是相互关联的,而且存在着某种在原则上能够解决这所有问题的理论体系;甚至认为,发现这种体系是一切道德、社会生活和教育的根本出发点和落脚点;如果是为关注个别的或个人的目的,比如说为自己追求知识、艺术创作、追求幸福或个人自由而放弃对这种理论体系的求索,则被看成是主观任性、失去理智、自私自利,是逃避人的责任的不道德行为。这种态度不仅仅是俄国左翼的知识分子才有,持不同政见的各派俄国开明人士都有,不论是在宗教界还是世俗阶层,也不论是在文化界还是科技界都很流行。几乎所有试图对各种宏观问题进行全面解释的哲学体系,总会得到那些热切的、急于呼应的、理想主义的、一丝不苟的、有时过于追求逻辑严谨性的思想者们的热情欢迎。其受欢迎的程度令人惊讶,甚至让人觉得有些过头。

而这样的学说并没有姗姗来迟。最先出现的是德国的历史主义,特别是黑格尔版本的历史主义,它把历史看成是基本的甚至是唯一真正的科学。诚然,黑格尔曾轻蔑地把斯拉夫人看作是"没有历史的"民族,并宣称(和"僵死的"中国文明一样)他们在人类精神的发展历程中毫无 132
建树。黑格尔的这部分内容被悄悄的忽略掉了,在普遍的世界图景中给了斯拉夫人，（在黑格尔的强劲对手谢林那里）尤其给俄罗斯人留下充分的空间。在沉迷于席勒、费希特、黑格尔等等德国唯心主义者之后，接踵而来的是对法国社会预言家圣西门、傅立叶及其众多弟子和阐释者的同样倾倒。这些人提供了各种不容置疑的改革和革命的“科学”方案。他们的一些俄国追随者，抱着对这些纸上灵感的坚定信念，准备投身于这样的改革和革命中去。随后出现的是许多其他形式的受卢梭或孔德实证主义、达尔文主义、新中世纪精神、无政府主义等等影响的生命哲学（Lebensphilosophie）。这些学说在俄国的发展要比它们的西方原型发展得更充分。在西方这些学说通常在冷嘲热讽中凋敝或没落，但在俄罗斯帝国，它们却成了相互竞争的信仰，与那些对立观念——神秘的君主主义、斯拉夫的怀旧情结、教权主义等等的较量如火如荼。在专制统治下，各种观念和幻想容易取代行动，发展成各种虚幻的形态，以一种其他地方罕见的方式支配着那些信仰者的生活。试图把历史学或逻辑学或某一门自然科学——生物学或社会学——当成某种神正论；试图在这些学科中寻找并假装找到解决各种令人苦恼的道德和宗教困惑的办法；试图将它们转化成各种世俗的神学——所有这些在人类历史上都屡见不鲜。而俄国人却以英勇无畏的姿态投入其中，并在此过程中创造出我们今天所谓的现代形式的无私奉献精神。

一个多世纪之前俄国的评论家就指责欧洲文明缺乏深刻的理解力。在他们看来，道德枯竭、目光短浅的西方思想家的典型特征是，坚持认为人的各种活动未必相互都有关联——一个人作为作家所做的是一回事，作为公民所做的又是另一回事；一个人可能是一位很出色的化学家，但却虐待他的家人或在玩纸牌时作弊；一个人可能创作玄妙的音
133 乐，但却秉持愚蠢的、甚至不道德的政治观点，而这与评论家或公众都无关。几乎所有的俄罗斯人，不论持何种观点，都觉得这样一种生活观念与那种无所不包的、更为深刻的、认为无论个人生活还是他们所属机构的生活都是统一而不可分割的生活的观念相比，显得有些虚伪、肤浅

和支离破碎。一个人的所有素质和构成成分都在不断地相互影响；一个人不可能作为画家是一种人，作为公民又是另一种人，作为数学家是诚实的，作为丈夫却不诚实；不可能在各种不同的活动之间，尤其是私人生活和公共生活之间，划出那么明显的界限。任何想让这种或那种领域不受外力侵扰的企图，都被认为是建立在一种极端错误的观念上，即认为一个人的真实目的和意志并不能渗透到他的每一个行动或每一次交往中——更有甚者，认为人类就根本不存在什么具体的目的或意志。于是最能充分地体现这种人类终极的总体意志的无论是什么——黑格尔主义者认为是国家；圣西门和孔德的追随者认为是科学家、艺术家和管理者组成的精英阶层；那些服膺于宗教权威的人认为是教会；民主派或民族主义者认为是体现民意或民族意志的民选代表；对社会主义者和共产主义者来说则是受命于"历史"来解放自己和全人类的那个阶级——这种核心团体都有权干预一切。那种个人和许多生活领域不受干涉的观念，作为一种基本的原则，无非是想去限制、缩小、掩盖、避开人们的注意，想去维护某些特权，保护我们自己的某些隐私不受普遍真理的干涉——因而是一切错误、缺陷和罪恶的渊薮。

那种唯一真理论，即只有唯一的真理人们必须为之献身，只有唯一的方法可以实现它，只有唯一的专家团体有资格来发现和解释它——这种古老而又耳熟能详的理论可能表现为各种不同的形式。但即使表现得多么理想主义或超凡脱俗，本质上它仍然是极权主义的。尽管那些批判性的版本允许人们对核心真理的本质、对发现真理的最佳途径、对其布道者的资格提出质疑，但真理一旦确定，那就不允许对强使一切人和事都服从真理的权利与义务提出质疑，不承认各种不同的观点和行 134
为本身都有价值；实际上，绝对禁止。因为只可能有一条真理，只可能有一条正确的生活道路。只有邪恶和错误才是多种多样的。因此当1870年代和1880年代马克思主义传入俄国，它也就找到了它几乎最理想的生长土壤。

二

马克思主义包含了年轻的俄国造反者所期待的一切要素。它宣称能够根据一套具有“科学”证据的历史模型来揭示人类的正确目标。它所宣扬的道德和政治价值据说能够被“客观地”决定，也就是说，不是根据不同的个人、阶级和文化的各种主观的、相对的和无法预测的态度来决定，而是根据“建立”在“事物客观行为”基础上的各项原则来决定，而且那些价值是绝对的，并可以在理性的范围内独立地去拯救和解放全人类。它宣扬人与制度不可分割的统一性。就像18世纪法国哲学家曾经实际宣称过的那样，它宣称所有真实的问题，也就是说可以解释的问题，从根本上说都是技术性的问题；人类的目标——人类可能变成怎样，而一旦他们了解了他们真正的利害关系，他们又不可避免地想要变成怎样——取决于新的科学的世界图景。唯一的问题是如何实现这些目标。这不是一个道德或政治问题，而是一个技术问题：一个关于发现和使用那些通往普遍“确然”有效的目标的正确途径的问题；一个操作性问题。

斯大林对知识分子有一句著名的且非常耐人寻味的描述，称他们为“人类灵魂的工程师”[①]。这个说法完全出自马克思主义的假设。知识
135 分子的使命就是在对历史和社会进行“科学”分析的基础上阐明正确的社会目标；然后，通过各种教育或“熏陶”的手段，使他们的同胞协调思想，像一台调试准确、运转高效的机器的各个协调部件一样，把握已揭

① 斯大林是在1932年10月26日在马克希姆·高尔基家中做的一次讲话中使用这一说法的，记录在高尔基档案中一篇没有发表的手稿里——K. L. 泽林斯基，“斯大林与作家们的一次会面”——最早的英文版见A. 坎普—威奇：《斯大林和文学知识分子：1928—1939》（贝辛斯托克和伦敦，1991），第128—131页：这一说法见第131页——最早的俄文出处：《斯大林与“人类灵魂的工程师”》，《斯大林选集》（莫斯科，1946—1967），第13卷，第410页。

示出的真理并按要求行动。类似的说法列宁也曾经在他非常著名的政治理论著作《国家与革命》[①]中提到过，根据他的论述，崭新的自由社会，摆脱了一个阶级对另一个阶级的压迫，看起来就像一个工厂或车间，工人们在其中劳动，完全摆脱了机器的束缚，这完全是一幅技术官僚勾画出来的生活图景。宣扬的口号是效率、简洁、安全，只要目的善良想做什么都可以（这最后一项对所有那些理性的、了解真理的人来说肯定是一个共同的目标），但并不是说可以做任何事，而是只能做那种正确的事——任何理性的人都会想去做的那种事——只要做好了它就能带来真正永久的普遍的幸福。这是一种传统的雅各宾派理论，事实上还能追溯得更早——其核心要义甚至可以上溯到柏拉图。但是或许在此前的任何时代都没有像现在的苏联那样天真而又疯狂地坚信这一点。

在十月革命后的十年里，这些原则——极权主义的道德和哲学基础——真的被接受了，至少被一些党的领导人所接受。托洛茨基、季诺维也夫、布哈林、莫洛托夫以及那些秘密警察的头目，甚至还包括那个时期的斯大林，无论他们个人有什么样的缺陷，他们对原则和信念的真诚和坚定却是不容置疑的。当然也出现了许许多多重大分歧，但他们关注的不是目标而是手段；一旦他们偏离得太远就会被指责为路线错误。因此我们看到，托洛茨基认为过于稳固的官僚机构存在一种危险，很可 136
能会像一道闸——如所有的既得利益者——阻碍革命的进一步发展。革命的推进需要那些更有想象力、更铁血、更有胆魄、更坚决的执行者——他们从未想过世界革命的进程会半途而废。所谓的“工人反对派”反对将权力完全集中到苏共中央委员会手中，他们希望获得更多的平等权利，希望由工会组织来施行更民主的管理。党的右派认为过快的农业集体化会给经济造成某种混乱、衰退甚至导致经济崩溃，其对苏联经济的危害可能比在清算农民资产、清除农民顽固分子以及其他所谓割资本主义尾巴的狂飙突进中采取较为缓和的步骤要大得多。他们主

① 《国家与革命》（俄文版，莫斯科，1918）。

张一种比较平稳的发展速度和较为温和的发展措施。此外在有关工业统制过程中军队究竟该起到何种作用的问题，也存在各种不同的意见。在外交政策以及对外国共产党的政策方面，也有巨大的分歧。

最尖锐的分歧或许发生在文化战线：有这么一些人，他们认为任何扇西方资产阶级文化"耳光"的行动，无论何种形式——比如艺术上咄咄逼人的未来主义和现代主义，或是任何对传统的极端叛逆——只要是抨击西方体制，打击它的士气，瓦解它的道德和美学基础，本质上就都是一种布尔什维主义的表现。此时的苏联出现了各种各样的文化实验，它们打着反对周围资本主义世界的文化战争的旗号，有些大胆有趣，有些则不过是些毫无价值的标新立异。这就是所谓的"文化布尔什维主义"，当时在德国尤为盛行，后来遭到了苏共政策的严厉批判。一方面是因为那些文化布尔什维克的大胆尝试可想而知都是些个别艺术家的个人行为，因而很少能得到党内高层人物的青睐，在他们看来，共产主义意味着坚信通过集体创作的方式来完成构筑一种独特的无产阶级
137 文化的任务；而且在他们看来，那些前卫的诗人、画家和电影制片人打破常规的创作过于强调个人主义的标新立异——完全是十月革命所力图摧毁的资产阶级文明的一种极端颓废的变态表现。值得一提的是，列宁极其不喜欢各种五花八门的现代主义文化，他对激进的艺术实验完全持一种非常资产阶级的态度。但是他并没有强制推行自己的审美观点，同时，在教育委员卢那察尔斯基的宽容保护下，争论的势头丝毫没有减弱。他是一位不成功的具有批判性的戏剧家，也是公开野蛮倒退的真诚反对者。各个派系之间存在着分歧。"无产阶级"文化的捍卫者们无法达成一致：它究竟是由具有非凡天赋的个人创造出来的（这些人从无产阶级大众身上吸取灵感，就好像是无产阶级现实的或潜在的喉舌和扬声器），还是像更为极端的意识形态宣传者所说的，个人对于建立新的秩序无足轻重，因为崭新的集体主义社会的艺术本身必然也是集体性的？事实上，持后一种观点的人认为，艺术作品必须是团队集体创作

的，艺术批评——评论、随笔、指示——也是由一班评论家共同完成的，他们集体为作品承担责任，每一位成员只是整个社会无名的一分子。此外，有些人坚持认为，无产阶级艺术应该以更强烈的方式反映新的现实，必要时还应该发挥社会主义孕育出来的想象力将现实提升到一个新的层次。另外有一些人认为，艺术家的工作严格说来是非常功利的：通过记录报道新生活——包括建立工厂、集体农庄、发电站；摧毁一切旧制度；生产各种社会主义经济的必需品，比如拖拉机、联合收割机、标准的食物、统一的服装、大量的建筑和书籍，特别是那些善良、快乐而又单纯的标准公民——为实现共产主义社会服务。

我们还可以举出更多的例子；我想要指出的是这些看似"按照公式展开"的辩论首先是真实的；也就是说，争论的各方总的来说对他们所说的都确信无疑，他们之间的分歧可以说真实地反映出他们对所接受的马克思主义学说的不同解释。此外这些辩论在某种程度上是公开进行的；而且至关重要的是他们的分歧不在于目标而在于手段。自从反对 138
者和怀疑者被消灭或压制之后，这些目标已经得到了普遍的认同。共产国际在对待国外共产党以及数量上甚至更多的社会党时所表现出来的毫不妥协，以及对异端的无情猎杀，可能主要是出于这样一种真诚的信念，即认为那些党派可能会在核心的真理——那些构成理想社会的核心要义上妥协退让，要不就是它们已经选择或会选择可能会偏离那些神圣的不容置疑的目标的道路，尽管开始时还无法觉察。

正是布尔什维主义形成的自我概念使它和它的母体西方马克思主义如此明显地区分开来。这一概念不仅仅形成了自己的一套有关政治、社会和经济的信念与政策，而且形成了一种生活方式。这种生活方式无孔不入且让人别无选择，完全由党或党的中央委员会操控，即便在马克思或恩格斯最激进的言论中也找不到有关这种生活的丝毫根据。这就是赫尔岑所谓的“颠倒的沙皇专制制度”[①]，他早在1850年代初就忧郁而又准确地预言了俄国共产主义会变成这样，此外，这与列宁本人的性格也密切相关。毫无疑问，同时孕育了列宁和沙皇专制的俄国生活状况从某种程度上说需要马克思主义所提供的宗教信念和救世理论。但权威主义的要素也属于列宁的独特贡献——他把党看成是一个由大佬严厉统治的派别，要求它的成员向圣坛贡献出他们所珍爱的一切（物质利益、道德原则、私人关系），对温情的道德越反叛越厌恶越好。一种对过去那段自由历史的轻慢戏谑和刻意嘲弄催生出列宁狂热的铁石心肠。正是这种冷酷的狂热性格让他的一些社会主义同志有些不知所措，同
139 时也吸引了斯大林和季诺维也夫那样的追随者。

这种貌似理性学说的千年至福幻想无视了这样一个事实：那种自称能够解释和预言社会与经济变迁的科学理论，早在20世纪初就已经被许多事实彻底地推翻了。这些事实已经被说得太多太滥不值得再在这里重复。在西方，许多兢兢业业的社会主义者以及另外一些人不断努力来拯救这个理论，使它不至于沦落到破产的境地。这些人有的坚持正统，有的则成为异端。在俄国，总的来说，无需如此。特别是在十月革命后的俄国，马克思主义已经成为一门形而上学，表面上基于历史的分析，实则拒绝接受一切与之龃龉的事实，而试图通过强制或说服来确保人们对一整套教条的遵从。这些教条自有一套晦涩难懂的术语，自有其“辩证的”论证方法；对人类和社会无论付出何种代价也必须被改造成什么样子，自有其一套清晰又严密的先验观念。

苏联和西方一个最显著的不同是（现在还是），在俄国那些在内部争论中的失败者从政权建立伊始——甚至是在官方施行恐怖政策之前——最好的可能是被迫闭嘴，最糟的可能则是受到惩罚甚至处决。即

① 赫尔岑在他的《俄国革命思想的发展》（1851）一书的结语中写道，“共产主义制度是一种颠倒过来的俄国专制制度”：赫尔岑，《文集》30卷本（莫斯科，1955—1964），第7卷，第123页。

便是这些严酷的措施也不能消除争论，反而有相反的效果——成王败寇的现实给这种得失悬殊的决斗增添了一种强烈的刺激因素。我并不想断言所有或者大多数参加那些狂热且危险争论的人都是些正直的人，或都出于一种无私的动机；各种各样为了地位或生存而进行的残酷无情、不顾一切的斗争，丝毫不顾马克思主义所宣扬的各种原则的行为，在1920年代的俄国已经看见得够多了。但付出恶的代价总得有点善的回报；那些斗争的主角们依然按传统的思维觉得必须为自己的行为提供某种理论上的依据，而且因为其中一些人似乎对自己说的那一套深信不疑，所以有时还真涉及到原则问题。“文化战线”的情况最为明 140
显，它一直为我们提供有关苏联生活其他领域走势的最可靠的征兆。此外，在争论者当中，我们会发现许多具有非凡天赋和气质的人，他们的态度，不论是真诚的还是机会主义的，都表明他们是些非同寻常的人。卢那察尔斯基、沃罗夫斯基、阿韦尔巴赫不论按什么样的标准都不是一流的评论家，然而他们都具有天生的革命口才；布哈林、托洛茨基、拉狄克或许算不上思想家，但其中一位是个天才人物，另两位则至少是天生的鼓动者。另外在富有创造力的作家和艺术家中还有一些第一流的人物，他们要么没有流亡，要么就是从国外归来。单单这一点就足以让1920年代的俄国在俄国历史或是俄国文化上烙下深刻印记。

这一切突然被斯大林打断，一个新的阶段开始了。

三

斯大林政权的意识形态政策是一个令人着迷的问题，值得专门进行研究。目前还没有人对此做过认真的尝试，在此我仅想提自己的一两点看法。

一旦斯大林和他的心腹意识到提前发生世界革命已经没有指望；

要完全彻底地实现马克思对资本主义世界的预言，在实现的时间和方式上与早先更为乐观的开国元勋们的预言相比可能有很大的出入时，他就把主要精力集中到彼此关联的三个目标上。首先要维护布尔什维克的领导人，尤其是维护那些准备服从他的权威的领导人。其次要尽一切可能在一个敌对的世界中保持和发展苏联的政治、经济和军事力量，只要不会引起苏联体制本身的根本变革，任何手段都可以实行。第三就是要消灭一切可能危及到前两个核心目标的因素，不论它们是在国内还是国外，也不论这样的行动是否会和马克思主义、社会主义或其他什么意识形态观点不一致。

经常有人把斯大林比成拿破仑。其实这是一种可笑而又容易让人
141 产生误解的比附。斯大林并没有像拿破仑“清算”雅各宾派那样镇压和败坏布尔什维克革命。在俄国革命中也从来没有过一个热月政变(更别提雾月政变了)：1920年代中期没有(当然托洛茨基会把它定在这个时期)，基洛夫被暗杀后没有，斯大林死后也没有。但这一类比仍给人一些启发。问斯大林是否是一个虔诚的马克思主义者，甚或是一个虔诚的列宁主义者，就好比问拿破仑是否相信理想或法国大革命的那些理念。说拿破仑是大革命的产儿并不为过，他打心底里反对与大革命前旧制度有关联的一切事物，只是在特定的时期出于权宜之计他也愿意接受某些旧制度的残余。正如拿破仑理所当然地认为欧洲封建主义残余注定会被遗忘，王朝的法则根本不值一提，民族主义是一股必须利用的力量，中央集权和政治一致是对他的统治最有利的政策，诸如此类，我们也可以认为，斯大林是虔诚的马克思主义者和列宁主义者，坚信资本主义注定会被自己的“内在矛盾”所毁灭(尽管它会到处拼命垂死挣扎)，无论它是否意识到这一点，这样的挣扎可能根本于事无补。同样斯大林可能在策略上接受这样的结果：在这些“矛盾”变得比较尖锐的地方，那些希望活下来接管世界的人必然试图加剧这些紧张局势而不是缓解它；反之在那些局势尚未达到临界点的地方，对于那些新社会的成员也

就是共产党人来说，明智之举不是要仓促发动不成熟的起义，而是要从内部瓦解对方，建立各种人民阵线并提防各类隐藏在内部的敌人。显然他真诚地相信人类社会的未来必然是集体主义的而不是个人主义的；相信宗教和教会的权力正在瓦解；相信对经济力量的控制比对民族感情和政治力量的控制更重要（也就是说，经济能够产生更大的变化或结束这些变化）。从所有这些方面来看，他当然是一位真诚的甚至是十分粗鄙的马克思的信徒。但若问他是否相信在经历了痛苦的妊娠之后诞 142
生出来的新社会里，在某种意义上说人们会过得比从前更自由，能够很大程度地、更有效地提高各方面的能力，将生活在一个没有战争、饥荒和压迫的世界里，在这个问题上无疑列宁是一个马克思主义者，而斯大林是否还是呢？像这样的问题，比起拿破仑皇帝反思法国大革命的各种理想的实际有效性来，是否更让斯大林本人困扰，这看起来就要大打问号了。若说斯大林在思想上有什么值得称道之处的话，那就是他根本不怎么在意——哪怕是口头上——列宁的那些带有乌托邦色彩的观点。

斯大林或许与拿破仑还有另外一点相似之处：他牢牢把握着一条真理，而拿破仑或许是第一个充分意识到这条真理并照此办理的世俗统治者，亦即，思想争论——就诸如形而上学、逻辑学、美学等那些表面上远离政治的问题进行的争论——会激发出人们的批判精神，所以对于那些陷入权力斗争的专制政权来说，思想争论要比信仰各种独裁主义更危险。众所周知，拿破仑公开敌视观念学家（idéologues）——他那个时代的经验主义者和实证主义者。他公开表示他更喜欢曾经侮辱过他、拒不与他交往的、顽固不化的正统主义者和教权主义者博纳尔，而不喜欢政治态度温和、因循从众的自由主义者德斯蒂·德·特拉西。与此相同，当斯大林感觉到自己的权力稳固后，便决定在苏联结束所有这些意识形态的争论。他通过宣布一个学派胜过所有其他的学派（从历史的角度看这对它们并没有什么影响）来达此目的。新的指导思想规定了知识阶层——作家、艺术家、学者等等——的主要任务：不是去解释、讨论和分析马克思主义的各项原理,更不是在新的领域发展和运用这些原理,而是将其简化,对它们的含义采取一种统一的解释,然后通过一切可以利用的媒体,在一切可能的场合不断地重复、反复、灌输这一套完全相同的被核准过的真理。新的斯大林主义的价值体系与墨索里尼所宣扬的那套非常类似:都强调忠诚、干劲、服从和纪律。争论已经浪费了太多
143 的时间,本应该把这些时间用来进一步加强工业化建设或培养苏维埃新人。那种允许对不可置疑的教条有不同解释余地的观念有可能造成不服从;这种情况一开始当然出现在一些远离权力中心的领域,比如音乐评论或语言学,但很可能扩散到政治上更敏感的地方,从而削弱追求经济和军事实力的干劲,而对这些实力的追求是不惜任何代价也不讲道德的。那条著名的马克思主义的公式——理论与实践的统一——被简化成一套用来论证官方政策合理性的引语。那些被用来镇压哪怕是最忠实地信奉斯大林主义的知识分子(更别提那些所谓的路线错误分子和尚未改造的旧体制残余分子)的任何独立迹象的方法——补充一下,还有这些方法的成效——在有文字记载的人类压迫史上可谓是独一无二的现象。

结果是在俄国文化史上留下了一段长长的空白。从1932年到1945年,实际上到1955年,毫不过分地说,除了自然科学,在俄国几乎没有发表过任何有很高内在价值的思想或评论文章,也几乎没有创作出这样的艺术作品。除了作为那个政权或它所实施的方法的表征,即作为一份历史证据外,几乎没有任何本身真正有意思或很重要的东西。

这项政策或许主要与斯大林的个人性格有关。他曾经属于一个被压抑的少数民族,喝了半瓶墨水,对所有的杰出人物和知识分子都怀恨在心,尤其反感那些能言善辩的社会主义者。后者在理论方面的辩才在革命前和革命后都经常让他自惭形秽,托洛茨基只是其中最傲慢最光芒四射的代表。斯大林对思想、知识分子和思想自由的态度混杂着恐惧、愤世嫉俗和施虐的倾向,而且毫不掩饰(有一点卡里古拉的味道),

他能让他那些国内国外战战兢兢的组织成员变得那么的丑陋和卑贱。他死后这一政策一度得到他的继任者的维护，理由是，在摧毁旧世界、催生新世界的时候，不能指望那些旧世界的破坏者和新世界的建立者有时间研究艺术和文学，或者研究思想，因此至少在某个特定的时刻，他们必须毫无怨言地忍受降临到他们身上的苦难。 144

如何能够让这样一个为欧洲语言增添了“知识分子”这一术语，并为革命胜利起了如此突出甚至决定性作用的知识阶层，在这么长的一段时期内如此绝对地俯首贴耳呢？这是一个非常有意思的问题。这是这样的一群人，他们流血牺牲为整个革命运动播下了种子，其中列宁在推翻旧制度保卫新制度的过程中所扮演的领导角色远非马克思所能及；在遭到摧毁时，他们也没有大声疾呼：只是流亡国外的有一点愤慨的声音，但在苏联国内则是一片沉默和完全的屈从。仅仅通过恫吓、酷刑和暗杀在这个国家是不可能做到这一点的，据我们所知，这个国家早已对这类方式司空见惯，但仍然在19世纪的很长时间里保持了一种活跃的革命地下活动。这里我们必须承认斯大林通过他自己对统治术的独创做到了这一点——这些发明值得每一位研究统治的历史和实践的学者关注。

四

第一项发明被奥蒂斯称作“人为的辩证法”。[①]众所周知，按照黑格尔和马克思的理论，事物的发展并非遵循直接的因果关系，而是借助各种力量——正题和反题——的冲突，最后以它们的角逐和一场皮洛士式的代价高昂的胜利而告终。在这个过程中，它们互相侵消，历史从而

① 参见前面伯林的《人为的辩证法》，第98—118页，该文最早是以“O. Utis”的笔名发表的。

145 “跃”上了一个新的层次，所谓的辩证过程又在这个新的层次上重新开始。无论这一理论在其他领域效果如何，它对革命的环境却有着异乎寻常的适用性。

正如每一位研究该问题的学者想必都知道的，摆在已经取得了大规模革命胜利的那些人面前的最主要的实际问题，是如何避免最终陷入两种相互对立的极端。抵达第一种极端——我们循奥蒂斯的说法，管它叫斯库拉——之时，革命的狂热分子发现革命意欲创建的那个新的世界不知何故并没有实现，于是开始寻求解释、追查罪魁祸首、寻找替罪羊，把它归罪为这群或那群执行者或支持者的懦弱和背叛，断言革命处于生死关头并开始猎巫，如今则发展成一种恐怖运动，在这个过程中，形形色色的革命团体往往不断地相互残杀，整个社会处于一种丧失起码的社会黏合剂的危险之中，没有这种黏合剂任何社会都将无法继续存在。这一过程通常会被多数派发起的反革命行动所中止。他们的安全受到了威胁，于是孤注一掷来保全自身、求得安定。这是社会为防止迫在眉睫的崩溃而本能地向后一退。这一过程便是法国大革命期间所发生的，在某种程度上，1871年的巴黎公社，1918年的部分东欧地区也曾发生过，如果1848年极端的左翼政党获胜的话也会重演这一切。人们怀疑托洛茨基试图推行的事实上正是这种螺旋上升的恐怖。

相反的极端——卡律布迪斯——又退向身心俱疲的冷漠。当革命的原动力经过一段时间后开始减弱，人们寻求从他们一直承受的非正常的生活给他们带来的可怕的紧张状态中解脱出来，他们希望得到解脱和慰藉，希望过上正常的生活；革命逐步地滑向安逸、马虎、道德败坏、机巧钻营以及那种以法国督政府为典型的普遍的腐败；不然就像在拉丁美洲等地经常发生的那样，退回到某种传统的独裁统治或寡头统
146 治。因此，对革命的缔造者来说，主要的问题是如何既避开斯库拉式的乌托邦的狂热主义，又防止卡律布迪斯式的玩世不恭的机会主义，继续推动革命向前发展。

应该说，斯大林发现并应用一种方法，在某种意义上切实有效地解决了这一特殊问题。从理论上说，历史和自然（按黑格尔或马克思的解释）遵循自身的辩证过程，应该在关键时刻引起这些对立面的冲突，推动现实上升到一个富有创造力的螺旋而不是陷入单方面的破产。但是显然历史和自然往往容易打盹，人们必须时不时来协助一下这些客观的主角。政府一看到追求以往物质享受的危险迹象，必然收紧统治政策，强化宣传，劝诫，威吓，恐怖统治，需要的话惩戒再多的堕落典型也要阻止这种溃退。那些逃避责任者、追求安逸者、怀疑者、异端者以及其他各种"消极因素"均被清除。这就是所谓"正题"。其余的人经过适当的磨练，惮于恐怖统治而不是出于对利益或信仰的渴望或向往，投身于所需要的工作中，经济一度大踏步地向前迈进。但是接下来那些革命的纯粹派中的精英，狂热的恐怖主义者，党内真正的核心，他们一定真诚地相信剪除政治躯体中的腐败枝干乃是他们神圣的职责，因而走得势必有些过头。如果他们没有这么过头，如果他们能够及时地适可而止，他们也不会成为以极大的热情和必需的冷酷来完成审判任务的那种人；伪君子、半信半疑的信徒、中庸者、机会主义者，还有那些判断谨慎、富有人情味的人，对这一目标而言毫无用处，因为正如巴枯宁早就提醒过的，他们会半途而废。随后来临的这段时间，全体人民或是因为都被吓得战战兢兢，或是生活得过于贫乏，开始厌倦、怠工，生产力和生产效率也开始下降；这是一段仁慈的时期。狂热分子被指控行为过头，他们被指控压迫人民，而且——通常是一场群众运动——轮到他们公开地遭到整肃，在斯大林统治时期就是被流放和处决。在一些偏远的领域—— 147
比方说，文学批评、诗歌和考古学，这些与经济和政治这样的核心事物离得较远的领域——允许获得更多的自由。这便是"反题"。人民又可以松口气了，到处充满了乐观、感激，到处都在谈论着统治者的英明，因为他们已经看到那些不可靠的官员的"过分行为"，到处期盼着更多的自由，一派融冰的气象；生产一跃而上，政府因回归到从前那更宽容的理念而受到赞誉，一段相对幸福的时光开始了。

这不可避免地再次导致了精神涣散、纪律松弛、生产力下降。再次出现一种呼声（新的正题），希望回归意识形态的纯洁性，重建各项基本原则和忠诚，消灭企图隐藏在人民内部的各类寄生的消极怠工者、利己主义者、懒惰者、外国间谍和人民公敌。又开始新一轮的清洗，掀起新一波意识形态的狂热，进行新一轮的讨伐，不得不再一次斩断反革命（新的反题）的魔头。

这样全体人民就好像永远都在疲于奔命，而且左左右右、步履维艰。个人能否保全自己取决于他是否能够准确地感觉到中央权力机关何时会下达前进或后退的命令，以及他是否能够迅速调整自己转向新方向。在这里，时间的把握至关重要。由于惰性或政治方面的不敏感而导致的误算，更糟的是由于在政治上或道德上的坚定，使他在一条已经被判了死刑的路线上徘徊太久，如果他还顽固不化的话，几乎肯定意味着遭到羞辱或者死亡。

不可否认的是，斯大林借助这一费尽心机的策略（精心调控着强度不一、张弛有度的清洗和反清洗的节奏），确实把一个业已存在但还不能被他人主动承认，或被多数当事人自然接受的体制延续了下来，而且持续的时间要比迄今为止其他任何一场革命所能存活的时间都长得多。关于这一方法，先前援引过的奥蒂斯的那篇文章已经做过充分讨论。虽然，如作者在文章中强调的，这一方法若想见效，要求它的发明者要极具手腕，但看来这一方法要比它的发明者活得更长。尽管斯大林的
148 继承者之间的权力斗争、冲突和内讧的公开化，以及让莫斯科完全始料未及的西方被压迫民族的起义，都给这个体制带来了沉重的打击，但是看起来奥蒂斯所谓的“人为的辩证法”仍然在起作用。过去的五年间，苏联统治者按照严格的顺序依次发起了一系列“自由的”或镇压的运动，不论是在国内还是国外，虽然操作得不再像斯大林那样精妙娴熟（或带有他个人深深的施虐倾向），但其操作模式之规范，绝非无意为之。作者

提出的这套假设原本只是用来解释斯大林本人的统治方法，现在看来也适用于他的继承者。

该方法是一项政治原创,其发明完全归功于斯大林。它费尽心机的一项副产品就是把那些在苏联还被称为知识阶层的人——热心艺术和思想的人——完全地非道德化。即使在受沙皇压迫最厉害的时候,毕竟也还存在一些完全自由的表达领域;至少,你可以一直保持沉默。斯大林彻底改变了这一切。没有任何领域独立于党的方针之外;而且拒绝说上面命令你说的话,就是不服从,就会受到惩罚。要做到“内心的流亡”,必须让人有可能运用自己的头脑和个人的表达方式，至少是某种中立的方式。但是,如果一个人单纯维生的机会都已经要靠不断地积极支持那些看起来可能是荒谬的或与道德相悖的原则或政策时;如果,更有甚者,一个人的整个心智不停地在操心如何在致命的死海中寻找航线,如何从一个位置转到另一个位置，当一个人的道德品质经受着必须向不仅仅是一个而是无数个反复无常、变化莫测的神低头的考验的时候;稍有疏忽、懈怠或者错误都会让人付出高昂代价——那么他就越来越不可能考虑他自己的想法，不可能遁入使自己秘密地保持异见和精神独立、探求自己真正信仰的内心世界。斯大林做得更绝。他不仅禁止一个学术团体和另一个学术团体之间、实验室与研究机构之间进行哪怕是最低限度的官方交流,而且成功地遏制了一切权威知识中心的发展,无论它们是多么的谦卑和顺从,也不管它们多么会蒙骗和愚弄。绝不允许出现任何辩证唯物主义的教士集团，因为根本不容许对理论问题有任 149
何的讨论;科学院、红色教授协会以及马恩研究所的工作就是引用马克思的话来支持斯大林的行为：至于教义，由他本人或某个政治局成员(当然不是教授)来提供。

哪里有官方教会或占卜团,且自身带有特权和神秘感,哪里就有相对隔绝的领域，在这个领域的围墙内无论是正统还是异端都能够得到充分的发展。斯大林竭力想抑制这样的观念——顺便提一下,他为此付出了高昂的代价，这不仅体现在苏联公民的基础教育上（更不要说没有任何利益关系的智识活动以及“纯学术”研究之类），甚至体现在那些实用的应用学科上。后者因缺乏讨论的自由而受到极大限制，并因各类投机冒险家、江湖骗子和职业告密者混杂其中而深受其害。所有这些给每一种形式的智识生活所带来的压抑，都远远超出了哪怕是最敌视最悲观的西方观察家的想象，或者就这点来说，也超出了处于苏联势力范围外的那些共产党的想象。能够创造出这样一种体制对斯大林来说已经是一件非常令人震惊的成就，我们不应该低估它的重要性。因为起码就目前来说，它已经摧毁了一个曾经在世界上最具天赋最有创造力的国家的活力。

五

值得一提的是这种体制还会带来另外一种结果，即马克思主义者众口一词地归咎于资本主义的大多数典型的罪恶，只有在苏联自己身上才能找到它们最纯粹的表现。我们对资本主义剥削、工资铁律、把人变成纯粹的商品、剩余价值被那些掌握生产资料的人所榨取、意识形态的上层建筑取决于经济基础，以及其他共产主义术语这类常见的马克
150 思主义范畴耳熟能详。但这些概念最适合应用在哪里呢？

经济剥削在西方是一种非常熟悉的现象；但没有哪一个社会像苏联的工人阶级一样受到他们的统治者如此长期、系统而又公开的“剥削”。诚然，从中所得到的利益并没有落入雇佣者或资本家私人的腰包。真正的剥削者是国家本身，说得更确切些是那些实际操纵权力机构的人。这些掌权者——无论他们充当的是党的干部或者政府官员的角色，或者身兼二任——表现得比当今西方任何在世的资本家都更像马克思神话中的资本家形象。苏联统治者的的确确努力向工人们提供不多不

少正正好最低限度的食物、住所、衣物、娱乐、教育等等，它们被认为是苏联决策者一直追求的最大限度地提高商品生产数量所必须的。余下的就当作剩余价值被剥夺了，而且做得比没有计划的西方便捷、麻利得多。他们以最符合“铁律”的方式调节着工资——根据生产的需要。在这里发生经济剥削的劳动环境是西欧和美国所无法想象的。[①]还是在苏联，官方宣传的意识形态——原则、口号、理想——几乎与现实完全脱节。还是在那里，某些知识分子真的可以说是统治集团的御用走狗(其中一些人行动迟缓而不情愿，另一些人则知足长乐、因自己能干而得意洋洋)。在那里，远比西方更明显的是，思想、文学和艺术作品用来为残酷事件的合理性作辩护，或充当它们的烟幕，或作为逃脱罪孽感和愚昧感的工具，或作为麻痹人民大众的鸦片。在那里，国教——已经在苏联官方哲学家头脑中固定僵化的“辩证唯物主义”，事实上已经或多或少地公然变成了苏联的国教——无非是有意识地用来抵抗国内外敌人的 151
武器，并不自诩是“客观”真理。

历史唯物主义理论告诉我们，决定个人和社会生活的首要因素是经济，即处于生产体系中的人与人之间的关系；而像他们的宗教、伦理和政治观念，他们的司法和行政机构，他们的文学、艺术和科学信念等等这些文化现象，都属于不同层次的“上层建筑”，也就是说是受“经济基础”决定的——是它的一项功能。这个影响极大的著名学说，确实包含大量新的、重要的、富有启发性的内容，如今得到非常广泛的认可，尽管如此，它也从未真正在细节上与历史上某个社会或某个历史时期完

---

① 米洛万·吉拉斯在《新阶级》(纽约，1957)一书中进一步证实了这一点。这种体制究竟是所谓的国家资本主义(该国绝对不是一个民主国家)或是一个“堕落的工人国家”，抑或是一个赤裸裸的专制国家，尚未有一个恰当的说法。但事实本身是毫无疑问的。——以赛亚·伯林

全吻合过。每一次勉强运用这一理论①总会遇到太多的例外:要把这些例外都搪塞过去,通常不得不曲解滥用它们,直至把该理论弄得含糊不清或附加上太多的限制条件从而使其失去任何有效性。然而它竟然非常适用于苏联。在苏联每个人都非常明确哪一部分是经济基础哪一部分是上层建筑。作家和建筑师对于他们构成金字塔的哪个层面不能抱有任何幻想。经济、军事和其他“物质性”的需求的的确确完全决定着——因为它们被精心地安排用来决定——观念意识,而不是相反。这一状况的形成并非自然或历史的产物,而是由人一手精心策划的,斯大林及其同僚正是凭借这种人为的工程彻底改造了俄罗斯帝国。

本来发明用来描述西方资本主义的概念和范畴,结果却与它的不共戴天之敌极为匹配,此乃莫大的历史反讽。但这绝非偶然,绝非历史的异形(lusus historiae)。研究俄国革命的每一位学者都清楚,布尔什维
152 克与正统的马克思主义派别——孟什维克——最深刻的分歧在于,直接向社会主义过渡是否可行。孟什维克一直认为,按照马克思的所有解释,真正的社会主义只有在一个已经高度工业化的社会才可能实现——在这个社会里组织严密的无产阶级构成了人口的大多数,他们通过致力于克服“不可避免的”且日益严重的经济发展的“矛盾”,从而能够剥夺剥夺者并开始进入社会主义。谁也不敢说俄罗斯帝国已经达到了这一阶段。但布尔什维克,主要在托洛茨基的启发下,宣称不必半被动地等待资本主义(资产阶级共和国)去完成这项任务——那样将不能充分地保护工人,使之免于“历史”、“自然”等等的任意玩弄——无产阶级专政可以掌控这一过程;在共产党调节的适宜环境下,俄国能够穿越“历史辩证法”所要求的那几个阶段。这便是著名的无产阶级专政的“过渡”时期,以人为或调控的方式取代西方资本主义的“自然”发展:两

① 例如,证明托马斯·拉夫·皮科克的作品只可能在英国19世纪早期的经济环境下出现;而一个世纪后的经济环境必然产生出诸如奥尔德斯·赫胥黎(或其他像他一样的人)的作品。——以赛亚·伯林

条道路同样通往欣欣向荣的共产主义，只不过俄国的路线不再听任“自然”的捉弄，而是由掌握自己命运的人们加以规划，因此能够减少痛苦。这些人拥有马克思主义理论这个“科学”的武器，能够通过一场成功的革命来“缩短分娩的阵痛”。如果你像列宁一样，一开始就狂热地信奉马克思主义对历史分析的正确性，那么那些用来描述西方资本主义的内容哪怕与事实不那么吻合，也没有什么要紧。如果理论模式与事实不一致，那么就必须让事实变得与理论模式相符。相对来说，1917年的俄国还没有多少资本主义，无产阶级也很弱小。但是历史辩证法是不可能被糊弄的。除非马克思主义基于一种惊天谬论，否则没有与资本主义相对应的阶段是根本无法自圆其说的。因此不得不人为地制造出那些相应的现象——用人为手段使之出现。

有时也可以成功地做到这一点，例如日本。但日本人接受的是理性和经验的指引。他们实现自身的现代化靠的似乎是发奋图强，而未受理 153
论教条的束缚。他们实现自己目标的过程脱离不了残酷，却迅速而且卓有成效。这一过程列宁及其追随者并不知晓。由于他们对马克思主义经典的忠诚，迫使他们的实际判断不得不屈从于理论的要求：俄国社会经济的发展必须遵循马克思主义教科书规定好顺序的固定步骤。这产生出巨大的困境，克服这些困境将付出可怕的人员代价。俄国必须经历——按照马克思的理论——西方资本主义在工业革命期间或之后所经历的那几个阶段。为了符合一种不太有效的虚构模式，为了证明一个根本不像自己的社会取得的进步，俄国的现实必须加以改变。为了符合旨在解释某个社会演进的理论，结果却将这个社会活活地肢解了。某些文字一开始只是描述性的，后来却变成了规范：一种意在解释19世纪西欧发展和行为的理论却变成了20世纪东欧发展的蓝图。

基于错误的社会观察基础上的行动未必都会带来不好的结果。众所周知，美国宪法的制定就是受到孟德斯鸠对英国政治理论和实践误读的启发。列宁的错误显然代价更为惨重。俄国陷入前所未闻的工业化的恐怖之中，在很大程度上是由于马克思业已为西方资本主义描绘了一幅暗淡的前景,并预言没有哪个社会能够逃脱相同的命运。将布尔什维克的体制强加给一个经济落后的国家可以说是一桩罕见的令人恐惧的伟业，证明了一小撮人的意志及其对历史与经验证据的极度蔑视究竟有多大力量。它也是对理论和实践统一的一种令人不寒而栗的诠释。

六

面对危机和可能的崩溃,列宁做出了部分的让步。而他的继任者,
154 迫于形势的压力，用各种追求实际的权宜之计以及现实主义的方法和政策取代列宁满脑子不切实际的乌托邦式的设计。然而布尔什维克革命的核心是与现实决裂。显然,除非把这个政权弄垮否则就不可能消除这种分裂;起码从来没有人认真地去消除这种分裂。因此苏联社会,就一般意义而言,还根本算不上是一个公民社会(文明社会)。

正常的人类社会首要目标是生存；其次才是满足那些被穆勒视为人类最深层的兴趣,换句话说,无论如何人们在满足了基本的需求之后才会去满足一些最起码的正常需求——比如说,自我表现、幸福、自由和正义。只有适当地实现了这些价值的政府才被认为履行了它的职责。然而这些并非苏联社会或苏联政府的主要目标。受革命起源的局限,它组织起来是为了实现各种目标,是为了应对各种挑战,是为了不断地赢得胜利。它就像一所学校、一个团队,乃至一支行进中的部队,它就是为了某些特定的目标组建起来的一个专门的组织，而这些目标必须由它的领导人为其成员明确制定出来。苏联的生活就是由追求各种目标构成的。而这些特殊的目标是什么——是军事方面的还是民政方面的,是在国内还是国外战胜敌人，抑或是实现某些工业目标——并没有什么要紧,苏联社会要想继续存在下去,必须有明确宣布的目标。那些领导

人深知这一点,无论他们是否被看作是他们自身体制的囚徒,他们知道如果他们不想让政权分崩离析,他们就必须不断地要求他们的国民更加努力。他们处于战时军事指挥官的地位,他们清楚除非确保他们的部队维持起码的运转、纪律、团队精神,否则无法保证这些作为战斗单位的部队继续存在下去。

苏联领导人,就我们所知,目前可能在秘密地寻求一种和平的状态,希望放弃政府那微不足道的显赫以及那无休无止的残酷和不幸,退回到"正常的"生存状态。如果他们心中暗藏这样的渴望,那么他们知道起码这在短期内是不现实的。因为苏联社会组织起来并不是为了追求幸福、舒适、自由、正义和个人关系,而是为了战斗。无论他们乐意与否, 155
这辆庞大列车的司机和操纵者现在不可能让它半道上停下来或中途跳车,否则会有车毁人亡的危险。如果他们想要活下来而且还想保有权力,他们就必须继续前进。他们能否在它运行的过程中部分地改变它从而让它变得不那么残忍,对他们自己和人类不那么危险,还需拭目以待。无论如何这必定是那些认为可以避免战争的人们的希望。

与此同时,这种漫画式的国家统制(dirigisme)已经败坏了社会理想主义传统的声誉,清洗了与之相关的知识阶层,其结果或许比单纯迫害更彻底。国家本身先采取了某些目标,尔后又不可避免地背叛和败坏这些目标,没有什么能比这种情况更有效地摧毁一场少数派的运动。成功之后,就没有什么是做不到的了。这种例子很多。

七

或许你会认为新的苏联人——受斯大林主义熏陶那么多年——同样也会被改造,成为适应新的人为辩证法的新人类,就像苏联体制与西方的统治方式截然不同一样,苏联人也有别于它的西方同类。但是事实上并非如此。就我近来与苏联的学生、店员、出租司机以及各类偶遇的熟人的谈话,可以得出一个较为客观的印象,结论是它只是发育迟滞的婴儿,而不是另一种成熟的异类。

在今天的苏联，你可以看到在那种对各种不同程度和种类的责任都有非常明确规定的组织中经常见到的情形——像在纪律严明的学校、军队或其他各种森严的等级中看到的一样,其中统治者和被统治者之间的差别极为明显。事实上统治者与被统治者之间的裂痕是苏联社会所能见到的最深刻的隔阂;只要和苏联公民一交谈,你马上就能清楚
156 地辨认出他们属于哪个集团。开诚布公地讨论据说是这个新社会赖以生存的目标,或者据说是为实现那些目标而采取的最重要的手段,但无论在这一鸿沟的哪一边,这种讨论都不受鼓励。本分的工作必须完成,而任何浪费时间或带来麻烦的事则绝不允许。但在某一方产生的结果会与另一方的结果有所不同。

让我先从被统治者说起。他们没有野心把自己变成统治者,而且基本接受了自己在苏联的等级秩序中处于较低等级这样一个位置，他们似乎也没有对公共问题感到深深的忧虑。他们知道他们根本无法影响那些问题,而且,讨论那些问题还容易引火烧身。因此就算他们在谈话中涉及到这些问题，他们也就像学生讨论那些超出他们理解能力之外的严肃的公共问题一样兴奋、好奇而又不负责任,是为了好玩,别以为他们会拿它太当真,也就是说些胆大的、触碰禁区的话从而获得某种快感。这些人维护着私人的德行,身上保留了那些以往经常被外国人提起的典型的俄国人的特性。他们通常和蔼可亲,自然率性,乐于探究,孩童般天真,喜欢享乐,对新鲜的感受极为敏感,一点也不厌世,而且与外部世界隔绝了那么久，他们的眼光和品位本质上仍然是维多利亚式的和一本正经的传统类型。他们不再像在斯大林时代那样诚惶诚恐,当时没有人知道还有什么不可能发生在自己头上，任何向司法机构的上诉都可能石沉大海。专制者虽然死了，而一整套管理和统治制度却还在

那里。

各项规章制度异常严厉,但非常明确,让你明白只要你触犯了你就会受到惩罚,除非你是无辜的——生活得异常小心谨慎,不冒任何风险,不见任何外国人,不发表任何有危险的想法　　才有理由指望平安无事,如果被捕了,只能指望有一个合理的机会能够消除误会而重获自由。你会发现对这些规章制度本身的公正性并没有进行多少讨论。问题并不是问这些规章制度是好是坏。它们似乎被看作是理所当然的,就像来自上方的指示,总的来说让人不愉快,绝不会像想象中的忠诚的共产 157
党员那样以那种虔诚的献身精神去信仰。但是它们显然是被统治者不能改变的,那就把它们当作自然规律接受好了。

趣味仍然单纯、清新、未受任何污染。苏联公民是用经典文学喂养大的——包括俄国的(如今几乎是不受限制的)和外国的——大多数作者都被认为具有"社会意义":席勒、狄更斯、巴尔扎克、司汤达、福楼拜、左拉、杰克·伦敦,此外还包括赞美社会道德、宣扬恶人终有恶报的"童子军"小说。因为不允许文学垃圾、色情或"问题"文学扰乱他们的心思,在这种教育体制下的学生仍然保持着饥渴和单纯的态度——那种青年人的,有时还是非常有魅力和天赋的青年人的态度。在列宁格勒的艾尔米塔什博物馆举办的精彩绝伦的法国艺术展上,俄国的参观者(起码照一位曾与他们中的许多人有过交谈的外国人所说)几乎没人欣赏1850年代以后的绘画作品,觉得印象派,尤其是莫奈和雷诺阿,难以欣赏,对高更、塞尚和毕加索的绘画公开地表示厌恶。在这方面有许多明显的例子。当然苏联也有一些趣味高雅之士,但也只是凤毛麟角,而且他们没有太广泛地去宣扬他们的趣味。

学生被鼓励钻研科学技术而不是人文研究,而且学习的领域与政治扯得越近,讲授的东西就越不怎么样。因此最糟糕的是经济学家、现代史专家、哲学家和法学专家。一位在莫斯科列宁图书馆做研究的外国学者发现他周围的大多数人都是研究生,他们准备的论文大部分都是照抄其他已经获得博士学位的论文，特别是引用得到公认的经典著作的语录——主要是列宁和斯大林的著作(即使到1956年还有人引用斯大林的著作)——既然它们已经经受住了那么多的考验,正体现了适者生存的道理。有人向这位外国学者解释说,不引用这些著作,论文根本就别想通过。显而易见的是,考核者和被考核者都对这类必需的引用心
158 知肚明,引用这些著作是取得学位的必要条件。真正认真读书的学生人数远远少于那些读论文的学生,后者还查阅《真理报》的选集以及其他包含各种可引用的官方声明的共产党出版物。

哲学的状况尤其令人悲观。虽说哲学——也即辩证唯物主义及其来源——是所有大学院系的必修科目，但要找到对这个学科哪怕表面感兴趣的教师也不容易。其中的一位,也许是一不留神,竟然对一位困惑不解的外国哲学业余爱好者解释说,在沙皇统治时期,要求牧师巡访学校的每一个年级,例如每周一次,每次都絮絮叨叨讲他的《圣经》课,而要求男孩子们安安静静地坐好。孩子们很少甚至从未被要求回答问题;假如他们不找麻烦,不打断或表达什么攻击宗教或颠覆性的想法,可以默许他们整节课睡觉——双方都不希望对方太较真。那些官方哲学家就是今天的玩世不恭的牧师。辩证唯物主义的讲师只是宣讲他们的陈年旧稿，内容已经近二十年没有改动过——从那时起就禁止哲学家之间的辩论,哪怕在辩证唯物主义的范畴里也不允许。从那以后,整个学科已经变成对文本的机械重复，由于这些文本如此神圣，不容置辩，甚至不管它们是否适用于——除了作为一种口头禅——其他学科(比如说经济学或历史学),所以它们也就逐渐丧失了原有的意义。无论是官方形而上学的专家还是听众都同样意识到它的无用。实际上已经很宽大为怀了,但只有足够重要的人才能摆脱它:比如核物理学家,目前他们的工资可能是最高的，他们显然被允许甚至在公开场合说辩证法哲学——实际上所有的哲学——在他们看来都是没有任何意义的废话,不可能指望他们在这上面浪费时间。大多数与莫斯科的哲学教师交

谈过的人(如今许多西方的访问者都已经和他们交谈过)都一致认为, 159
他们每个人都热切地渴望了解西方正在发生的变化,不停地问“新实证主义”、存在主义等等问题,像意外获准品尝禁果的孩子一样仔细地聆听。当被问及他们自己的学科进展时,他们略带愧疚的渴望神情立刻消失了,显得非常的不耐烦。他们都明白那是一个死气沉沉、基本没有任何意义的话题,几乎普遍不愿意对无法理解这一点的外国人谈论这些事情。学者们对此都再明白不过,他们的哲学研究就是一出闹剧,谁都知道这一点,因此他们渴望能够让他们解读和讨论即使像费尔巴哈或孔德那样的已经过时的思想家,但那些当权者会认为这不合规矩。显然,“被统治者”似乎并没有偏听偏信。学哲学的人都知道摆在他们面前的哲学都是些僵化的谬论。经济学的教授绝大多数都明白他们被迫使用的术语充其量也都已经过时了。

从一个更宽广的层面上看,要找一个对从本国报纸或电台发出的,或从国外的媒体发出的消息还深信不疑的人,实属不易。他们一般都认为那主要是宣传,一些是苏联的还有一些是反苏联的,因此皆不可信;于是他们将注意力转移到其他可能可以进行更自由讨论的领域,主要是些有关私人生活、戏剧、小说、电影,他们的个人趣味和雄心抱负等等诸如此类的问题。他们对所有这些问题都感到新鲜、有趣,也不乏真知灼见。他们没有明显地受到排外情绪的毒害。无论他们会从当局那里得知什么,他们都不仇视任何外国人。他们甚至连德国人都不恨,尽管在1945—1946年时确实对德国人怀有深仇大恨,当然也不仇恨美国人,尽管他们担心由于两国政府的争执,美国会对他们发动战争;但即使把这看成像有可能发生地震或其他自然灾害也比老让人非议好。那些询问当前政治的人通常不带什么偏见,有的只是聪明的大孩子般的好奇。因 160
此出租车司机问他的乘客英国是否真的有两百万人失业,在得知事实并非如此之后,他的回答耐人寻味,“原来他们又在骗人”,说的时候已经没有哪怕一点的气愤,甚至看不出有明显的讽刺意思,完全就像在说一个非常明显的事实。他似乎在说(像所有战争期间的宣传大臣经常说的一样),政府干的就是散布这些谎言,但明白人不必去信它们。

苏联的大城市对外部世界的误导和错觉没有西方通常想象的那么严重——尽管消息匮乏,但过分杜撰出来的内容也少有人信。在我看来若说共产党在俄国的执政是受命运的眷顾或历史的垂青，那么俄国人民所需要的不是接受再教育——因为他们的体制尚未完全地吸收现有的这些学科——而只是普通的教育。就这一方面来说他们更像未受法西斯蒙骗的意大利人,而不像彻底被纳粹思想浸透的德国人。

事实上,对于苏联人为制造出来的知识阶层来说,最引人注目的事实或许是它相对缺少我们可以称之为共产主义神秘性的东西。无疑在波兰、南斯拉夫等其他国家有许多坚定的马克思主义者;但我认为,苏联不会有那么多——在那里,马克思主义已经成为一种公认的、不可抗拒的、但又极其乏味的官方说教形式。作家和知识分子想要的——在作协最近的一些会议上提出抗议的那些人和提出过类似抗议的那些人便是明证——并非是能够有多大的自由去抨击现行的正统，甚至是有多大的自由去讨论意识形态的问题;而是仅仅希望能够如实地描写生活,而不必一直参照意识形态的要求。小说家感到烦扰,或者厌恶,因为他们不得不将呆板的、概念化的苏联英雄和反派人物放进他们的小说或搬上舞台；他们热切地希望能以更强烈的——即便仍然十分幼稚的——现实主义,更多样的手法以及更大的心理自由来进行创作;他们抱着一种怀旧之情向往列宁主义统治的1920年代，在他们看来那就是一个黄金时代,但也仅仅到此为止。这与政治反抗的热情截然不同。作家们——或者说至少是一部分作家——希望在道德层面上公开谈论或
161 指责官僚体制、伪善、谎言、压迫、正不压邪等现象,甚至当局在表面上对此也予以支持。这些道德情怀是人类所共有的,既非异端又非公然地反马克思主义的观点，匈牙利人的起义就是在这个意义上显得毁誉参半,杜金采夫那部感人至深的新小说《不单是靠面包》(在文学上没有什

么价值，但作为社会征兆极其重要）也是出于这种情怀创作出来的，并受到热烈的讨论。[1]

被统治者——那些受支配的民众——绝大多数既非共产主义的信仰者，亦非软弱无力的异端。一些人，或许是大多数人，都感到不满；在极权主义国家，不满事实上带有政治性和颠覆性。但目前他们接受或至少是被迫忍受他们的政府，而专注其他的事情。他们为俄国的经济和军事成就而自豪。他们作为受到某种严酷统治的共同体的成员，焕发着一群受保护的、经过严格教育的、略带浪漫和幻想又有些幼稚的、完全非政治性的纯朴普通人的魅力。

至于统治者，那完全是另一回事。他们每个人既冷酷又渴望升迁，他们似乎存在一种共识：共产主义的语言和某种最低限度的共产主义学说，乃是唯一能够把苏联的各个组成部分紧密结合起来的黏合剂，因此过多地改动这些语言和学说将会危及到体制的稳定，并且会让他们自身的地位变得岌岌可危。因此他们竭力将头脑里的想法转化成一种与共产主义术语还算相仿的语言，好像还用它来彼此交流和与外国人交流。当你向他们提问（当然要知道你正与之谈话的是否是统治集团中较高等级的成员或是有志于此之人，仅凭他的长相、说话的口气和衣着以及其他较不明显的地方就能分辨），他们开始说的一些内容乍看起来好像仅仅是宣传的措辞，随后你才会逐渐意识到他们对他们所说的确 162
信无疑，可以说就好像所有国家的政客都相信一套表演术一样：自认为善于控制这种表演，并以此迎合观众，因为他的成功与发达取决于此。这套表演已经明显地与他的整个自我表达方式密不可分，甚至可能对自己也如此表演，对朋友和同事更不待言。

我不相信在苏联普遍存在一种双重道德：党的领导人和官僚对他

---

[1] “反对党人”的文学年鉴《莫斯科文学报》(*Literaturnaya Moskva*)也不例外，甚至更有过之：它既不是为了“纯粹”的艺术，也不是为了迎合某些非传统的政策，虽然有些遮遮掩掩。它那些“可疑的”文章迫切追求的是人的价值。——以赛亚·伯林

们的老百姓说一套被奉为神圣的晦涩语言，随后脱下所有的伪装彼此又说一套玩世不恭的常识。他们的语言、概念和观点都是这二者的混合物。另一方面，或许还像传统的俄国官僚和世界各地的某些政治操纵者和掌权者一样，他们对他们自己的官方学说，乃至对他们自己关于外部世界的教条通常抱有一种怀疑的，甚至是玩世不恭的态度。诚然他们确实坚持某种极为简化的马克思主义主张。我认为，他们真的相信，资本主义世界注定会被它自身的内在矛盾所毁灭；评判一个社会的实力、发展方向和存在价值的恰当方法，在于探寻某些"唯物主义"经济学或社会学方面的问题（遵循列宁的教诲），因此对这些问题的回答，对于形成和规划他们自己的极为关键的政治经济政策起着至关重要的作用。他们相信，世界不可阻挡地向集体主义发展，任何想阻止甚至改变这一进程的企图都是幼稚和盲目的表现；相信他们自己的体制只要能顶住资本主义的狂暴冲击，终将获得最后的胜利，如果现在要改变它，或仅仅为了让他们的老百姓过得更幸福或更好而退让得太远，可能给他们自己带来厄运和毁灭，甚至——有谁知道？——还会危及到他们的老百姓。换句话说，他们是按照马克思主义的概念和范畴来思考，而不是按照马克思主义最初的目的和价值——摆脱剥削和强制，甚或不受某些集团、阶级和民族的特殊利益驱使——更不是按照最终的理想：个人的自由、创造力的解放、普遍的满足等等来思考的。他们为此态度生硬，道
163 德冷漠。他们没有宗教信念，但他们既不相信某种特别的无产阶级道德，也不相信逻辑或历史模式。

他们对知识分子的态度在某种程度上可与世界各地的政治首脑相比：当然这主要取决于领导人——苏共中央委员会的成员——所定下的基调。这些人中的大多数，除了对那些迷恋从来都是祸根的各种观念的人心存疑虑之外，个人对他们也感到不舒服。之所以对他们没有好感，也只能说是出于某些社会的原因。正是由于诸般理由，各国的工会积极分子面对知识分子通常混杂着一种既自豪又自卑的感情——自豪

是因为他们自认为更务实、更有经验，经过更艰辛的磨练从而对世界有着更深刻的理解；而在社会地位、知识涵养方面又让他们感到自卑，因为面对知识分子他们总感到不自在。这帮左右着苏联命运的大老粗——你只要看一眼政治局（现在称常委）就能明白，他们这些人在街头聚会中、在公共讲坛上比在书房里更快乐——抱着一种不安的感觉来看待知识分子，就像他们看待穿得更好、吃得更好的外国使团成员（外交官和记者）一样，他们对这些人的态度混杂着夸张而又虚伪的礼貌，嫉妒、轻蔑、厌恶，间断的和蔼以及深深的猜疑。同时他们觉得伟大的民族必须拥有重量级的教授，杰出的艺术家和充分的文化装饰。因此他们给予那些行业的最高从业者很高的薪水，但又难以摆脱（纯粹出于怨恨）一种难以抑制的威吓后者的冲动，或（出于一种深深妒忌的自卑感）一种敲打、欺负、公开羞辱后者的诱惑，当后者稍微表现出某种独立或希望保护自身尊严的迹象时，就迫使后者记住身上拴着的锁链。

当然，有些知识分子本人就属于这个等级体系的上层；但在其他大多数知识分子眼中，这些人要么算是半个变节者，是政府的工具，要么本身就是无耻的政治操纵者和煽动者，却需要摆出一副博学多才之士或才思泉涌的艺术家的样子。真正的作家能够以正常人的语气和其他作家交谈，他们与文学官僚之间的区别——也是统治者与被统治者之 164
间的区别——乃是苏联知识生活中最深刻的分界线。一位统治者没有向来访的美国记者大谈自己，而是谈论知识分子整体的情况。他告诉这位记者，不要以为作为一个阶级的知识分子特别渴望赋予苏联的工人和农民以更大的自由。事实上按他的说法，如果开始你给的自由太快，可能给工厂和农村带来太多的不安定因素——罢工，骚动；而知识阶层，作为苏联社会中很受尊敬的一个阶层，不会愿意社会秩序受到威胁，因为他们从这个体制中获得很多——首先是名望和财富。“你真的理解吗？”他问道。

那么到此为止，我们已经看到，19世纪整个俄罗斯文学就是对俄国生活愤怒的大控诉；我们还看到了1920年代和1930年代初的各种痛楚、热情和苦涩，经常的绝望、冲突以及殊死的决斗。一部分前斯大林时代的文人幸存下来，名声显赫，但已是凤毛麟角；他们是出自神奇但衰亡的时代的传奇人物，既值得敬仰，又让人惊诧。张牙舞爪而又趋炎附势的、半吊子马克思主义的市侩居于其上；一群真正有教养的、有洞察力的、道德尚未泯灭且通常天赋超群，但被吓得战战兢兢，对政治不闻不问的"专家"居其中；诚实、易受影响、天真得要命、纯粹、渴望知识，非马克思主义又有半吊子文化，充满难以满足的好奇之人居其下。大体而
165 言，这便是今日苏联的文化。

不死的俄国知识阶层
1990

你要我对近来欧洲发生的事件做一回应。我没有什么新的要说：我的反应事实上和我认识的或我知道的所有人一样——既惊讶又振奋又幸福。那些被暴虐而又残忍的政权禁锢了那么久的人，如今能够挣脱套在他们身上的至少是一部分的枷锁，在这么多年之后能够哪怕只是初尝到一点真正自由的滋味，只要稍微有点儿人情味的人，又怎能不为之深深感动？

要补充也只能像贵为一代皇帝、三位国王和一位王后之母的波拿巴夫人说过的一样，她在为自己拥有如此独一无二的显赫历史地位而接受朝贺时曾经说过："Oui, pourvu que ça dure."（"要是能一直这样下去就好了。"）但愿我们能够肯定不会再有反复，特别是在苏联，而这正是某些评论家所担心的。

在历史上也曾经触动过所有人，足以与此事件相比拟的是1848—1849年革命。当时掀起的一股自由和民主的高潮推翻了包括巴黎、罗马、威尼斯、柏林、德累斯顿、维也纳和布达佩斯在内的诸多政府。

已故的刘易斯·纳米尔爵士将这些革命的失败——因为到1850年为止所有的革命都结束了——归结为它们已经，按他的话说，变成一场

① L. B. 纳米尔：《1848年：知识分子的革命》（伦敦，1946）。

“知识分子的革命”。然而，我们也知道这场失败还可能是由于那些被派来镇压这些革命的武装力量——普鲁士和奥匈帝国的军队，南斯拉夫的军队，拿破仑三世在法国和意大利的军队，尤其是沙皇派往布达佩斯的军队——正是他们镇压了这次运动并在一定程度上维持了欧洲的旧
166 秩序。

幸运的是，今天的形势看起来显然不同。当前的运动已经发展成真正的、自发的、普遍的反抗，几乎所有的阶级都参与其中。因此我们有理由保持乐观。

除了这些普遍的反响之外，还有一件特别的事情强烈地触动了我——出乎所有的人意外，经过这场劫难之后，俄国知识阶层居然幸存了下来。

知识阶层并不等同于知识分子。有人说，知识分子关心的只是如何把思想变得尽可能有趣。而“知识阶层”是一个俄语词汇，表达的是一种俄国现象。它诞生于1815—1830年间，是由一群有教养的、道德敏感的俄国人发起的一场运动，他们不满蒙昧的教会，不满对大多数生活在卑贱、贫困和无知中的老百姓无动于衷的残忍暴虐的政府，不满在他们看来简直是践踏人权、阻碍思想与道德进步的统治阶级。

他们坚信个人与政治的自由，坚信非理性的社会不平等注定会被消灭，坚信真理的存在，在他们看来这与科学的进步在某种程度上是统一的。他们持一种启蒙的观点，推崇西方的自由和民主。

知识阶层主要是由需要专门知识的职业人员组成。最著名的是那些作家——所有那些伟大的名字（甚至包括还非常年轻的陀思妥耶夫斯基）都在不同程度上以不同的方式参加了这场争取自由的斗争。正是这些人的后继者成了1917年的二月革命的主要发起者。他们中的一些人信奉极端的措施，参加了对这场革命的镇压，并在俄国，后来又在其他地方，建立起了苏联共产主义体制。在接下来的过程中知识阶层不同程度地被系统地瓦解了，但并没有完全被消灭。

1945年在苏联的时候，我不仅见到了两位伟大的诗人和他们的朋友及支持者，他们在革命前就已经长大成人，还见到了许多年轻人，主要是学者、图书馆员、博物馆馆长、翻译家，和其他那些在苏联社会各个不显眼的角落里努力生存下来的老一代知识阶层成员的孩子或孙子。167
但看起来他们能够幸存下来的并不多。

当然还有一个词叫“苏联知识阶层”，经常出现在官方的出版物上，指的是那些需要专门知识的职业人员。但很显然这个词无非是一个同音异义语，事实上他们是传统意义上的知识阶层的继承人，是那些追求我提到过的那些理想的人们。我的印象是真正的知识阶层正在变得越来越少。

在过去的两年中，我非常惊喜地发现我错了。我见到了许多苏联公民，他们相对年轻，而且显然是许许多多同辈中的典型代表，他们看起来继承了老一代知识阶层的道德品质、正直的思想、敏锐的想象力和极强的个人魅力。他们大多是些作家、音乐家、画家、各个领域（戏剧和电影）的艺术家，当然还有学者。其中最著名的一位是安德烈·德米特里耶维奇·萨哈罗夫，想必他一定非常熟悉屠格涅夫、赫尔岑、别林斯基、萨尔蒂科夫、安年科夫以及他们在1840年代和1850年代的朋友们。

萨哈罗夫英年早逝，我和所有人一样为之感到深深的悲恸。在我看来他完完全全属于那个高贵的传统。他的科学眼光，身体上和道德上难以置信的勇气，特别是他始终不渝地献身于真理，让我们不可能不把他看成是我们时代的新老知识阶层中最纯洁最善良的完美典型。此外，从我个人认识的角度说，他和他们一样文雅至极并具有我所能说的巨大的道德魅力。他对书籍、观念、人以及政治观点有着超强的悟性和浓厚的兴趣，我本以为这能够让他从非人的虐待中挺过来，然而他却厌倦了这样的生活。

他并不孤单。在经历了那段恐怖的历史之后，他所属的整个文化还能在瓦砾和灰烬中幸存下来，在我看来这简直是一个奇迹。当然这也为

我们的乐观提供了充足的理由。这一切对俄国来说要比对其他正在挣
168 脱枷锁的民族真切得多——因为在那些地方独裁者掌权的时间还没有
那么长；在那些地方文明的价值和对过去自由的记忆，在前一阶段尚未
崩溃的幸存者中还有很深的影响。

我花了数年时间研究19世纪俄国知识阶层的思想和行动，发现这场运动还远没有到退出历史舞台的时候——正如现在还可以这么称呼它——而且已经延续到现在并正在恢复昔日的活力和自由，这是一个启示，同时也让我感到无比的欣慰。俄罗斯人是一个伟大的民族，他们拥有无穷的创造力，一旦他们获得自由，说不准他们会给世界带来什么样的惊喜呢。出现一种新的专制主义并非没有可能，但目前我还看不到有任何迹象。邪恶终将被战胜，奴役正在走向灭亡，人类有理由为这一
169 切而感到自豪。

人名汇编

海伦·拉帕波特

本汇编无意囊括本书中的所有人名，只是想对伯林提及的俄国和苏联时期的多数人物做一简介。这其中有许多人在斯大林时代遭到迫害，身陷囹圄，他们的著作遭到封杀。其中还包括文中出现的一些西方作家和持不同政见者。如今这其中许多人的著作已经湮灭无闻，尽管在内战时期他们曾唤起过人们对苏联试验的研究兴趣，甚至在伯林写作的时代还广为人知。总而言之，本汇编不包括那些19世纪和20世纪欧洲文学界和文化界比较著名的人物，以及那些俄国最著名的作家。

阿巴库莫夫，维克托·谢苗诺维奇（Abakumov, Viktor Semenovich，1894—1954），作为国家安全部MGB（Ministerstvo gosudarstvennoi bezopasnosti）的首脑（1947—1951），他是斯大林手下中最擅溜须拍马并长期担任秘密警察负责人的一个，声名可疑。在斯大林统治末期，他直接参与了对苏联犹太人的新一轮迫害，包括1948年对著名犹太演员所罗门·米霍埃尔斯（Solomon Mikhoels）的谋害。他也是“列宁格勒事件”的主谋之一，在1948—1950年间对列宁格勒苏维埃的共产党员和政府官员进行了大清洗。当他实际上与所有人都反目成仇时，斯大林和他这位值得信赖的助手之间的反目也就在所难免。1951年7月阿巴库莫夫被捕。只是由于

1953年3月斯大林的逝世才使他幸免于难,但这也只是苟延残喘。由于阿巴库莫夫用心极其险恶且残酷成性,他成了第一个接受新政府传讯的罪犯;1954年12月他被秘密审判,此后不久被枪决。

阿达莫维奇,格奥尔基·维克托罗维奇(Adamovich, Georgy Viktorovich, 1884—1972),出生在俄国的阿克梅派诗人和文学评论家。他的早期诗
171 歌,如诗集《云彩》(*Oblaka*,1916),受到了尼古拉·古米廖夫和阿赫玛托娃(参见各自条目)的影响。阿达莫维奇于1922年离开俄国,加入巴黎的俄国移民圈子,在那里他成了一位有影响的人物,他为《最新消息》(*Poslednie novosti*,1928—1939)等报刊写稿。他的诗歌作品保留下来的不多,因此收集整理他关于俄国移民文学的评论便成了当务之急,这些评论被编辑成两本文集:《孤独与自由》(*Odinochestvo i svoboda*,1955)和《评论集》(*Kommentarii*,1967)。

阿赫玛托娃,安娜·安德烈耶夫娜(Akhmatova, Anna Andreevna, 1889—1966),俄国女诗人和民族英雄,出生在乌克兰的敖德萨。在革命前的俄国,她是俄罗斯诗歌的"白银时代"中阿克梅派的杰出代表,出版有诗集《黄昏》(*Vecher*,1912)、《玫瑰园》(*Chetki*,1913),以及描写失意爱情之痛的感人至深的《白色的云朵》(*Belaya staya*,1917)。1921年,她的第一任丈夫,诗人尼古拉·古米廖夫(参见本人条目)被枪决。一年后,阿赫玛托娃本人也被指责为个人主义和缺乏政治忠诚。由于遭到批评者的诬陷,她无法出版自己的作品,直到二战期间对作家的责难才短暂地缓和。但是1946年日丹诺夫(参见本人条目)对她的作品又发起了新一轮更为猛烈的攻击。在斯大林高压统治的那段漫长而又黑暗的岁月里,她创作了她的代表作组诗《安魂曲》(*Rekviem*),该诗最终于1963年出版。关于1945年她与以赛亚·伯林的会面,她在《没有主人公的长诗:三首》(*Poema bez geroya: triptikh*,1960)中暗指伯林是"来自未来的客人"。

阿克萨科夫家族(Aksakovs),是一个卓越的俄罗斯家族,这个家族出了许多著名的斯拉夫派作家、理论家和文学评论家。谢尔盖·季莫费耶维奇(Sergey Timofeevich,1791—1859)曾是帝俄官僚,作家兼戏剧评论家,以描写在俄国边境靠家族财产生活的自传小说《家庭纪事》(*Semeinaya khronika*,1856)而著名。他的长子康斯坦丁·谢尔盖耶维奇(Konstantin Sergeevich,1817—1860)在莫斯科大学变得激进化,在那里他服膺黑格尔哲学,与巴枯宁、赫尔岑和别林斯基结交。后来他抛弃了黑格尔主义成为了一个直言不讳的斯拉夫派。其弟伊凡·谢尔盖耶维奇(Ivan Sergeevich,1823—1886)在圣彼得堡学习法律(1838—1842)并主编了一系列的激进杂志。康斯坦丁死后,他接过了斯拉夫派的领导权,相继在《日子》(*Den'*)和《莫斯科》等杂志上发表激进主义和民族主义的文章,煽动1887—1888年俄国对土耳其的战争。 172

阿尔德里奇,(哈罗德·爱德华·)詹姆斯 [Aldridge,(Harold Edward) James,1918年生],出生在澳大利亚的英国共产党作家,之前曾在墨尔本做记者,1930年代末定居英国。他最著名的作品是根据他做战地记者的经历而写成的《光荣的战斗》(1942)和《海鹰》(1944),但因带有马克思主义的语调而受到批判。他还为孩子们写过童话故事。

亚历山大洛夫,格奥尔基·费多洛维奇(Aleksandrov, Georgy Fedorovich,1908—1961),苏联行政官员,黑格尔派哲学家兼官方的斯大林主义理论家。作为二战期间共产党宣传机器的领导人他写了一部斯大林的官方传记,并于1946年出版了《西欧哲学史》。后一部著作1947年遭到日丹诺夫(参见本人条目)的抨击,罪状是过分夸大了西方哲学对马克思主义发展的影响。1946年他被开除出苏共中央委员会,虽然同年他被任命为苏联哲学研究所的所长(直到1954年);他还短暂地担任过苏联文化部部长(1954—1955)。

阿列克谢耶夫，米哈伊尔·帕夫洛维奇（Alekseev, Mikhail Pavlovich, 1896—1981),具有国际学术声望的苏联文学史家和文学评论家。作为普希金故居博物馆馆长、俄国文学研究所的所长,他促进了俄国学术界和西方学术界的合作。从1959年开始他担任了普希金委员会的主席。阿列克谢耶夫对俄罗斯文学和古斯拉夫文学在世界文化史上所处的地位进行了专门研究，他自己还利用多种语言资料对俄罗斯文学和欧洲文学之间的联系进行了广泛的探讨。

安年科夫,帕维尔·瓦西里耶维奇(Annenkov, Pavel Vasil'evich,约1812—1887),俄国作家、评论家和传记作家,最著名的作品是他对同时代的赫尔岑、别林斯基(参见各自条目)、屠格涅夫和巴枯宁等人生动的记录。整个1840年代,他都在欧洲游历,在那里与果戈理(当时住在意大利)和马克思建立了深厚的友谊。回到俄罗斯重新从事文学研究,他编辑了第一部七卷本的普希金选集,于1855年出版;他还写了几本研究普希金的名著，包括1874年出版的《亚历山大时代的普希金》(*A. S. Pushkin v Aleksandrovskuyu epokhu*,1799—1826)。然而今天之所以人们还记住他主要是因为他对1830年代和1840年代俄罗斯知识分子状况的生动记录:《光辉的十年》(*Zamechatel'noe desyatiletie*,1880)。以赛亚·伯林对该
173 书赞赏有加(见他在《俄国思想家》一书中在同一题目下发表的四篇文章)。

安年斯基，因诺肯季·费多洛维奇（Annensky, Innokenty Fedorovich, 1856—1909),俄国诗人、文学评论家和翻译家。安年斯基是一位古典学者,教授希腊语和拉丁语。他翻译了欧里庇得斯的悲剧(1907—1921年出版)以及法国和德国的诗歌。他的全部诗歌作品的灵感更多地来自于

法国象征主义运动而不是俄国象征主义运动。他反对后者的过度神秘化。同时他也为阿赫玛托娃和古米廖夫(参见各自条目)等阿克梅派诗人提供了创作灵感。他的主要诗歌选集有《低吟浅唱》(*Tikhie pesni*, 1904)和《柏木雕花匣》(*Kiparysovyi larets*, 1910);他还写有两卷本的文学评论集《反映集》(*Knigi otrazhenii*, 1906年和1909年)。

安列普,鲍里斯·瓦西里耶维奇·冯(Anrep, Boris Vasile'vich von, 1883—1969),出生在俄国的流亡艺术家和镶嵌细工师,1908—1918年间他大部分时间穿梭于巴黎、伦敦和圣彼得堡。1915年春天他遇见了安娜·阿赫玛托娃(参见本人条目)并发生一段恋情。她在她的诗集《白色的云朵》(*Belaya staya*, 1917)和《车前草》(*Podorozhnik*, 1921)中有三十多首诗就是献给他的。1918—1926年他住在伦敦,在那里他确立了自己在艺术圈子中的地位,并和布卢姆斯伯里派的成员包括弗吉尼亚·伍尔夫、梅纳德·凯恩斯和奥特林·莫瑞尔等人交往。他最出色的作品,例如在泰特美术馆的圆形大厅和布莱克展厅中的镶嵌画,以及国家美术馆委托的许多重要任务,都是在伦敦完成的。其中最重要的是1956—1962年为威斯敏斯特大教堂做的镶嵌画。1965年阿赫玛托娃访问巴黎期间两人再次相见;他对她的回忆在他死后才出版。

阿拉贡,路易(Aragon, Louis, 1897—1983),法国超现实主义小说家,诗人兼左翼杂志的编辑。1919年他与人共同创办《文学》杂志,并在1920年代出版了超现实主义诗歌和散文,包括小说《巴黎的乡人》(*Le paysan de Paris*, 1926年译成英文,1950年译本的译名为《夜行人》)。1927年他加入共产党,在1930年访问苏联后,他采取了一种社会主义现实主义的写作风格。这在他四卷本系列小说《现实世界》(*Le Monde réel*, 1933—1951)和六卷本的《共产党人》(*Les Communistes*, 1949—1951)中得到反映。二战期间他的诗集《断肠集》(*Le Crève-coeur*, 1941)成了法国抵抗组

174 织的宣言。

阿尔西品科，亚历山大·P.[Arkhipenko(又名Archipenko), Aleksandr P., 1887—1964],俄国流亡雕塑家。他出生在基辅,1900年代在巴黎美术学校学习期间从当地的艺术圈子中获得灵感,从而成为了立体派的先锋。1921年他离开俄国前往柏林教书，后来定居美国,1928年入美国籍。1939年他在纽约开办了一所雕塑学校，在那里他尝试把树脂玻璃和其他新材料运用到雕塑中,他还发明了一个术语“阿尔西品科式绘画”来描述其作品的流动性。他最著名的雕塑作品是《步行的女人》(1912)和《拳击比赛》(1913)。

阿谢耶夫，尼古拉·尼古拉耶维奇（Aseev, Nikolay Nikolaevich, 1889—1963),苏联诗人和文学理论家。在革命前他是一位杰出的未来主义诗人,1914年他出版了第一部诗集《夜笛》(*Nochnaya fleyta*)。1916—1921年在远东待了五年后,他加入了马雅可夫斯基的左翼文艺阵线(LEF)作家和诗人团体,创作了像《布琼尼》(1923)这样激动人心的关于内战领袖的政治宣传诗。随着他对新的苏联政权的热情逐渐衰退,他在他的叙事诗《抒情的插话》(*Liricheskoe otstuplenie*, 1924)中表达了他对政治的失望。然而他对马雅可夫斯基的热爱丝毫未减,他以一部较为传统的社会主义现实主义史诗《马雅可夫斯基正在开始》(*Mayakovsky nachinaetsya*, 1937—1940)对他表示了敬意,该书为他赢得了斯大林奖。

阿韦尔巴赫，列奥波德·列昂尼多维奇(Averbakh, Leopold Leonidovich, 1903—1939),苏联文学评论家。作为苏联共青团①青年运动的思想领袖,他主编了共青团刊物《青年真理报》(*Yunosheskaya pravda*)和《青年近

① “共青团”是“全苏列宁主义共产主义青年团”(“All-Union Leninist Communist League of Youth”)的简称,它是为14—28岁的青年建立的唯一官方的共产主义青年组织。

卫军》(*Molodaya Gvardiya*)。作为无产阶级文学的热情支持者和主要代言人,他积极参与俄罗斯无产阶级作家联合会(拉普)的活动。1920年代他主编了联合会会刊《在文学岗位上》(*Na literaturnom postu*)。在1932年拉普解散和社会主义现实主义概念提出后,他逐渐失宠。在斯大林的大清洗中他被捕并被处决。

巴别尔,伊萨克·埃玛努伊洛维奇(Babel', Isaak Emmanuilovich,1894—1940),极富潜质的苏联犹太裔短篇小说家、记者、电影话剧编剧,斯大 175
林大清洗的受害者。巴别尔出生在敖德萨,1915—1917年他在笼罩着革命气氛的彼得格勒做高尔基的门生,并在自己主编的《新生活》(*Novaya zhizn'*)上发表了他的第一批新闻作品。他在*Konarmiya*(按字面是"骑兵军"的意思,1926;被译成《红色骑兵军》)中写的三十四个故事,其灵感来自于他在内战期间作为布琼尼将军的第一骑兵军的随军新闻通讯记者的经历。他的《敖德萨故事集》(*Odesskie rasskazy*,1931)也是基于童年的犹太生活写成的。然而到1930年代初,巴别尔因无法适应社会主义现实主义的要求而变得销声匿迹。他转向了电影编剧,与爱森斯坦(参见本人条目)合作写了电影《白静草原》(*Bezhin lug*),该片1937年遭到斯大林的查禁。他于1939年5月被捕,被关在莫斯科的卢比扬卡监狱。数月后1940年1月终遭审判和枪决。

巴格里茨基,爱德华(Bagritsky, Eduard,1897—1934)(爱德华·格奥尔吉耶维奇·玖宾的笔名),苏联犹太裔诗人,巴别尔(参见本人条目)的密友。他早期的浪漫主义革命诗篇主要受阿克梅派和未来主义诗人的影响。1925年他定居莫斯科并加入了构成主义的诗人团体,于1928年出版了他的第一部诗集《西南方》(*Yugo-zapad*)。1930年之前他迫于压力加入了作家的官方组织——俄罗斯无产阶级作家联合会(拉普),创作了更多遵奉当权者的诗歌。1932年他又出版了两部诗集,《胜利者》

(*Pobediteli*)和《前夜》(*Poslednaya noch'*),但他却因气喘病英年早逝,享年三十七岁。

巴尔蒙特,康斯坦丁·德米特里耶维奇(Bal'mont, Konstantin Dmitrievich, 1867—1942),俄国流亡的象征派诗人、作家和翻译家。在1900—1917年间,他没有完成他的法律学业,却转向了诗歌创作,出版了他的代表作《着火的房屋》(*Goryashchie zdaniya*)等。在此期间,他周游各地,最终于1920年定居巴黎,在那里,他在穷困潦倒和默默无闻中度过余生。巴尔蒙特熟练掌握多门语言,依靠写作诗歌和文学作品,翻译雪莱、柯勒律治、美国的沃尔特·惠特曼和埃德加·爱伦·坡的浪漫主义诗歌以及各种欧洲与东方诗歌来维持生计。

巴拉丁斯基,叶甫盖尼·阿布拉莫维奇(Baratynsky, Evgeny Abramovich, 1800—1844),俄国诗人。他从沙俄的帝国军事学校毕业后,曾在帝国军队中任职,同时他作为俄罗斯文学爱好者自由协会的成员,继续追求自己的文学爱好。作为普希金的崇拜者和同时代人,他还是所谓的普希金
176 七诗人之一,出版了叙事诗《埃达》(*Eda*,1824)和《舞会》(*Bal*,1825—1828)。前者是根据他在芬兰的六年经历写成的,后者讽刺了莫斯科的上流社会。他后来的诗歌逐渐变得悲观和具有反思性,著名的有《最后的死亡》(*Poslednaya smert'*,1827)和《秋》(*Osen'*,1836—1837)。经过五十年的沉寂之后,他的作品在1900年代被阿赫玛托娃和她的同代人热切地重新发掘出来。

巴尔明,亚历山大·格奥尔基[Barmine, Alexander Gregory(Aleksandr Grigorevich Barmin),1899—1987],冷战中最引人注目的苏联叛逃者之一。他曾在苏联红军中担任情报官员。之后于1935年被派往雅典,表面上作为临时代办,实际上是领导苏联在希腊的情报搜集工作。1937年,

在大清洗达到顶点之时,他接到命令召他回苏联。巴尔明意识到回国必死无疑,于是他在巴黎叛变并于1940年逃往美国。在美国他改行从事新闻工作,在著名的“美国之声”电台广播上抗议斯大林对苏联政治家和知识分子的迫害。1945年出版回忆录《一个幸存者》。

别林斯基,维萨里昂·格里戈里耶维奇(Belinsky, Vissarion Grigor'evich, 1811—1848),俄罗斯文学评论家、哲学家和政治思想家。自1829年起他就是莫斯科大学激进的辩论圈子中的核心人物,在那里他结识了赫尔岑(参见本人条目),但因自己的激进主义被开除。1833年他进入了《望远镜》(*Teleskop*)杂志做文学评论。1836年在杂志被查封后他依靠做家庭教师和写新闻维持生计,1839—1846年间他为一本叫《祖国纪事》(*Otechestvennye zapiski*)的杂志写文学评论。最后他在涅克拉索夫(参见本人条目)的《现代人》(*Sovremennik*)杂志上刻下了自己的印记,然而此时的他由于常年生活在赤贫状态加之肺病的发作而变得极其虚弱。两年后肺病夺走了他的生命。别林斯基虽然英年早逝,但他给俄罗斯留下的遗产是巨大的,而且一直影响至今,他标志着新一代出身下层、非贵族血统的知识分子,“平民知识分子”(raznochinets)的崛起。伯林论别林斯基的文章收在他的论文集《俄国思想家》(1978)中。

别雷,安德烈(Bely, Andrey, 1880—1934)(鲍里斯·尼古拉耶维奇·布加耶夫的笔名),俄国象征派作家、神秘主义者和诗人。1902年他在莫斯科大学研究哲学和数学,同时以“颓废”风格出版了他的第一本诗集。在信奉人智学之后,他的作品逐渐变得神秘,如宗教狂热般歌颂1917年革命 177
的著名的《基督复活》(*Khristos voskres*, 1918)。虽然1921—1923年间他四处流亡,但最终还是回到俄国。他的装饰主义散文风格虽从未流行,但《彼得堡》(*Peterburg*,1913)却由于获得了果戈理和陀思妥耶夫斯基式的反响而备受评论家的关注。

别尔戈利茨，奥尔加·费奥多罗夫娜（Berggolts, Olga Fedorovna，1910—1975），俄国诗人和作家，安娜·阿赫玛托娃的密友。1920年代中期她加入了“转换”（Smena）小组，成为一位新闻记者和儿童文学作家。她在1934年之后的声誉主要基于她创作的诗歌，她最著名的作品是记述列宁格勒之围的诗体日记《列宁格勒笔记》（*Leningradskaya tetrad'*，1942）。作为一位作家，别尔戈利茨竭力迎合社会主义现实主义的需要，创作了叙事诗《彼尔沃罗西斯克》（*Pervorossisk*，1950），描述了以这个名字命名的城市的工业建设，该诗在1950年为她赢得了斯大林文学奖。但是，她一直强调艺术家需要自由才能获得真正的创造力，后来出版的她在以色列的日记节选也主张这一态度。

勃洛克，亚历山大·亚历山德罗维奇（Blok, Aleksandr Aleksandrovich，1880—1921），十月革命时期令人崇敬的俄国象征派诗人，以他的叙事诗《十二个》（*Dvenadsat'*，1918）最为著名，该诗生动地描绘了十月革命动荡不安的情景。1904年勃洛克在圣彼得堡大学学习哲学并出版了他的第一部诗集《美妇人诗集》（*Stikhi o prekrasnoi dame*）。虽然他由十月革命激起的对新世界的道德秩序和政治秩序的梦想很快就破灭了，但由于他的诗歌《十二个》的巨大影响力，使他在整个苏联时期都得到官方的认可。晚年，他患上了严重的精神忧郁症，无法写作，在贫困中死去。伯林翻译了他的《人道主义的崩溃》（“The Collapse of Humanism”）：《牛津展望》（*Oxford Outlook*）第2期，1931年，第89—112页，并在《一种厄运降临的预感》（“A Sense of Impending Doom”）（1935；原题为《文学与危机》）一文中对他进行了讨论，《泰晤士报文学副刊》，2001年7月27日，第11—12页。

勃柳姆金，雅科夫·格里戈里维奇（Blyumkin, Yakov Grigorevich，1898—

1929)，左派社会革命党人。1918年奉命暗杀了德国大使米尔巴赫，被判三年监禁后获得赦免，在托洛茨基手下战时人民军需委员会工作，后调任苏军总参谋部驻外情报局(军事情报)，在那里他仍与此时已遭到流放的托洛茨基保持联系。当勃柳姆金被派驻土耳其后，担当起托洛茨基 178
与其在苏联国内支持者的中间人。1929年他回国后不久即遭逮捕并被处决。

博纳尔子爵，路易—加布里埃尔—昂布鲁瓦兹(Bonald, Louis-Gabriel-Ambroise, Vicomte de，1754—1840)，法国历史学家、哲学家和政治家。1796年他发表了《政治和宗教权力的理论》(*Theorie du pouvoir politique et religieux*)，支持法国波旁王朝的君主政体，并因此被迫流亡德意志。1814年波旁王朝复辟后，他返回法国在拿破仑一世手下担任教育部长。(最后一句，原文有误。博纳尔早已返回法国，1822年被波旁王朝任命为教育部长。——译注)

小布朗，克拉伦斯·弗利特伍德(Brown, Clarence Fleetwood, Jr，1929年生)，美国学者兼文学评论家。从1970年起他在普林斯顿担任比较文学教授，逐渐成为研究1890—1920年俄罗斯文学中的现代主义运动的专家、翻译理论的专家以及研究曼德尔施塔姆作品的专家。他是《奥西普·曼德尔施塔姆的散文》(*The Prose of Osip Mandelstam*，1965)和《纳博科夫的普希金和纳博科夫的纳博科夫》(*Nabokov's Pushkin and Nabokov's Nabokov*，1967)两本书的作者，同时他还与W. S. 默温合编了《奥西普·曼德尔施塔姆诗选》(1973)。

勃留索夫，瓦列里·雅科夫列维奇(Bryusov, Valery Yakovlevich，1873—1924)，评论家、文学学者，俄罗斯诗歌中象征派运动的创始人之一。一战之前他创作了他最好的作品：诗集《第三班值勤》(*Tertia Virgilia*，

1900)和《致全世界》(*Urbi et Orbi*,1903)。此后他的学术著作和他从拉丁语、美语和法语翻译过来的文学作品使他声名更盛,其中流传最广的是他翻译的维吉尔的叙事诗《埃涅阿斯纪》(*Aeneid*)。

布勃诺夫,安德烈·谢尔盖耶维奇(Bubnov, Andrey Sergeevich,1883—1938),布尔什维克“老近卫军”(老战士),1920年代早期转向支持斯大林。他被安排掌管俄共(布)中央宣传鼓动部,他是始终保持忠诚的党的干部,创作了一系列标准的联共(布)党史著作。1924年他接管了红军政治部,直到1929年他又接替卢那察尔斯基担任主管文化和教育的人民委员。1929—1937年他主编《红星报》(*Krasnaya zvezda*)。尽管地位显赫,但他还是于1937年12月被捕,并于1938年8月1日被枪决。

布哈林·尼古拉·伊万诺维奇(Bukhrin, Nikolay Ivanovich,1888—1938),杰出的布尔什维克领导人和经济学家。作为政治局和共产国际中有影
179 响的人物,他从1918年起开始主编《真理报》并逐渐成为苏联主要的经济政策理论家。他在1920年代实行列宁的新经济政策中的温和立场给他戴上了社会主义人道主义的光环,然而在他错误地将自己与斯大林拴在一起反对托洛茨基之后,这层光环迅速被击碎。1929年他遭到官方的批判,被迫从《真理报》主编的位置上退下来。在1934年召开的党的代表大会上,他宣布放弃原来的信仰并对斯大林歌功颂德,希望以此来恢复自己的地位。他也得到了回报,在起草1936年斯大林宪法中获得了一个职位。然而1937年布哈林被捕并被指控犯有间谍罪。1938年3月他在一场公开审判中遭到例行的诋毁,随即被枪决。直到1988年他才得到平反。

布尔加科夫,米哈伊尔·阿法纳西耶维奇(Bulgakov, Mikhail Afanas'evich,1891—1940),苏联剧作家和小说家,最初在基辅学医。内战期间他做了

一名战地医生，这段经历为他写的第一部小说《白卫军》(*Belaya gvardiya*,1924)提供了素材。1926年他将这部小说改编成舞台剧《图尔宾一家的日子》(*Dni Turbinykh*)。此后布尔加科夫的小说和一些戏剧逐渐变得荒诞和具有讽刺性，最著名的是他的代表作、长期遭到查禁的小说《大师与玛格丽特》(*Master i Margarita*,1967年用英文首次出版)，直到1973年才在苏联境内出了该书的全本。斯大林由于刚愎自用的性格，多年来一直与布尔加科夫玩猫捉老鼠的游戏。他是《图尔宾一家的日子》的忠实观众，该剧在莫斯科艺术剧院巡演期间，他曾看过多场，尽管该剧中对反布尔什维克的怀特一家有同情性的描写。然而到1930年厄运降临到布尔加科夫身上，他长期以来一系列颇受争议的戏剧很快遭到当局的查禁。他个人的移民申请也被斯大林拒绝。但到1939年，斯大林给了他一次为自己赎罪的机会，要他写一个剧本描写他，也就是斯大林本人早年在高加索的革命活动。毫无疑问，这个剧本没有通过，随之而来的压迫对布尔加科夫本已十分脆弱的健康状况来说简直是雪上加霜，一年后便夺走了他年仅四十九岁的生命。

蒲宁，伊万·阿列克谢耶维奇(Bunin, Ivan Alekseevich,1870—1953)，一位鲜为人知但在帝俄时代晚期最独具风格的短篇小说家。他出生在一个没落的地主家庭，在转入专业写作之前曾做过新闻记者和图书馆员。他从1880年代末期开始发表小说和诗歌，在他的许多小说中描写了各地的异国风情，表明他经常到北非、中东和印度等地旅行。蒲宁对十月革命极其厌恶，1918年他离开俄国，到法国定居，并逐渐成为一位重要 180
的流亡作家和苏联政府直言不讳的批评者。蒲宁的诗人天赋贯穿于他内容丰富感情充沛的小说中；在他那些更加写实的小说故事里，他和契诃夫一样严格遵循一种简约的风格。最著名的例子当属《乡村》(*Derevnya*,1909—1910)以及他的代表作《来自旧金山的绅士》(*Gospodin iz San Frantsisko*,1916)。1933年他获得诺贝尔文学奖。他晚期最杰出的作品是他虚构的自传体小说《阿尔谢尼耶夫的一生》(*Zhizn' Arsen'eva*,最早在巴黎出了两卷本,1930年和1939年)。

恰达耶夫，彼得·雅科夫列维奇（Chaadaev, Petr Yakovlevich,1794—1856),俄国哲学家。1827年至1831年间他写了系列的《哲学书简》,在俄国知识分子中引起了斯拉夫派与西方派的论争。他出生在一个贵族地主家庭,拿破仑战争期间在帝俄的军队服役,此后周游欧洲各国。1836年他在《望远镜》(*Teleskop*)杂志上发表了他的系列书简中的一篇,直言不讳地批评了俄国思想文化的落后状况。结果导致杂志被查封,恰达耶夫本人也被宣布为神经错乱被囚禁起来。尽管公开讨论恰达耶夫的思想是被严厉禁止的，但对他那一代的许多人来说他仍是一位极具感召力的人物。

丘科夫斯卡娅,莉季娅(Chukovskaya, Lidiya,1910—1998),科尔涅伊·丘科夫斯基(参见本人条目)之女,苏联文学评论家、作家,同时还是少年读物编辑。丘科夫斯卡娅作为苏联著名的文学自由和人权的捍卫者,与阿赫玛托娃(参见本人条目)是密友,并于1976年在巴黎出版了一部关于她的回忆录《与阿赫玛托娃交往札记》(*Zapiski ob Anne Akhmatovoi*)。她是斯大林恐怖统治的直接受害者——她的第二任丈夫在大清洗中遇害,她在国外发表了两部关于斯大林恐怖统治的小说。当阿赫玛托娃的作品在苏联遭到查禁的时候,为了挽救它们,她靠记忆把她的一些诗歌记录下来。丘科夫斯卡娅讲述斯大林大清洗的小说《索菲娅·彼得罗夫娜》(*Sof'ya Petrovna*)感人肺腑,描写了大清洗对普通家庭的影响。该书预计1963年在苏联出版，但在最后一刻被撤下，原因是所谓的观点错误。该书于1965年在巴黎出版。丘科夫斯卡娅表达不同政见的举动使得她于1974年从作协中被开除。

丘科夫斯基，科尔涅伊·伊万诺维奇（Chukovsky, Korney Ivannovich, 1882—1969）(尼古拉·瓦西里耶维奇·科尔涅伊丘科夫的笔名)，丘科夫斯卡娅(参见本人条目)的父亲。杰出的苏联文学家、文学评论家兼翻译家，同时还是一位颇受欢迎的儿童文学作家。大革命前他通过自学在一家报纸做记者。他发表了讨论俄国文学的评论文章，专长是研究诗人尼古拉·涅克拉索夫(参见本人条目)，后来又编辑儿童文学，创作了许多颇受欢迎的童话故事诗，并为孩子们改编其他人写的故事，包括笛福的《鲁滨逊漂流记》。自1918年担任世界文学出版社英美文学的负责人起，他先后把马克·吐温、科南·道尔、惠特曼、吉卜林等人的作品翻译成俄文。他的翻译理论集成《翻译的艺术》(*Iskusstvo perevoda*, 1930)和《崇高的艺术》(*Vysokoe Iskusstvo*, 1941)两本书发表。 181

西里加，安特(Ciliga, Ante, 1898—1992)，克罗地亚作家、政治评论家和民族主义者。1918年加入社会民主党，但旋即退出去领导南斯拉夫共产党的克罗地亚分支。1926年为在苏联的共产国际工作，并以共产党官员的身份游历欧洲。1930年西里加因作为托洛茨基派被捕，他在古拉格待了六年，接着又遭到国内流放，最后获准出国。到了西方世界，他宣布放弃共产主义信仰，并发表了描述斯大林专制统治的见证实录：《俄罗斯之谜》(*The Russian Enigma*, 1938)。1941年他重新定居克罗地亚时被捕并一直被囚禁到1943年。战后，他定居罗马，在那里他笔耕不辍，广泛讨论了克罗地亚的各种问题直到逝世。

德波林，阿布拉姆·莫伊谢耶维奇（Deborin, Abram Moiseevich, 1881—1963）(阿布拉姆·莫伊谢耶维奇·约费的笔名)，马克思主义哲学家和政治理论家，所谓“辩证家”(“dialectician”)学派的领导人。德波林的理论，基于黑格尔的辩证法，在苏联哲学中长期占据统治地位。直到1930年，也即在他出版《哲学和马克思主义》(*Filosofiya i marksizm*)之后不久，他的理论被斯大林斥为“孟什维克主义的唯心论”。德波林被迫隐姓埋名十八年，直到1953年斯大林死后才又开始公开发表作品。

杰尔查文，加甫里尔·罗曼诺维奇（Derzhavin, Gavriil Romanovich，1743—1816），18世纪俄罗斯杰出的抒情诗人，普希金的一位重要先导。他出生于没落的贵族家庭，曾在军队服役，1777年转入文职。他的《费丽察颂》（*Oda k Felitse*，1793）一眼就能看出是对叶卡捷琳娜大帝的颂歌，该诗的发表引来其他许多人的效仿，也为他赢得了官方的认可，并于
182 1791年被任命为叶卡捷琳娜大帝的秘书。他还出任过亚历山大一世的司法大臣，1803年退休。作为古典颂诗的大师，杰尔查文最著名的作品，如《梅谢尔斯基公爵之死》（‘Na smert’ knyaza Meshcherskogo’，1779）和《瀑布》（‘Vodopad’，1791—1794），虽然带有道德说教的口吻，但仍以生动的意象赞美了大自然的伟力。

德斯蒂·德·特拉西，安托万—路易—克洛德（Destutt de Tracy，Antoine-Louis-Claude ，1754—1836），法国大革命时期的军人，著名的法兰西学院院士，哲学中的“意识形态学派”（the ideologie school，通常又译为“观念学派”）的创始人。1789年他被选入国民公会，但在恐怖统治时期（1793—1794）被捕入狱。作为一位观念科学的哲学家，德斯蒂以1796年创造“意识形态”一词和描述有意识的人类行为而得名。德斯蒂对国民教育的拥护以及对个人自由的坚信逐渐被拿破仑视为一种威胁，1803年拿破仑查禁了他的著作。法国君主政体复辟后，他被授予伯爵爵位。德斯蒂的哲学著作包括四卷本的《意识形态要素》（*Eléments d’ideologie*，1801—1815）和《对孟德斯鸠〈论法的精神〉的注解和评论》（*Commentaire sur L’Esprit des lois de Montesquieu*，1808）。

吉拉斯，米洛万（Djilas, Milovan，1911—1995），南斯拉夫作家和政治家，

在第二次世界大战德国占领南斯拉夫期间，与铁托元帅一道是南斯拉夫游击队的领导人。1933—1936年因参加共产党反对南斯拉夫王室统治的活动而被监禁。大战期间，他和铁托亲密合作，出访莫斯科，在那里会见了斯大林，在他的《同斯大林的谈话》(1962)一书中留下了珍贵的实录资料。1953年他升任南斯拉夫副总统，然而一年后，由于他对铁托统治日益尖锐的批评使他被开除出共产党，并在1956—1966年间三度入狱。他关于共产党寡头政治的批判性研究《新阶级：关于共产主义体制的分析》(1957)在纽约出版，颇受好评。

杜金，米哈伊尔·亚历山德罗维奇(Dudin, Mikhail Aleksandrovich, 1916年生)，农民出身的苏联诗人。1930年代开始写诗。二战期间一边在红军服役一边从事新闻写作。从那以后，他赢得了一个多产却循规蹈矩的战地诗人的名声，他最著名的诗歌是《夜莺》("Solovei", 1942)。他那些现在已被遗忘的叙述性和说教性的诗歌反映了斯大林时代下层艺术家的生活。他们选择成为共产党和作协成员这样一条安全的出路。他本人后来登上了作协的显要位置。 183

杜金斯卡娅，娜塔莉娅·米哈伊洛夫娜(Dudinskaya, Natal'ya Mikhailovna, 1912—2003)，俄罗斯最杰出的芭蕾舞女演员，舞蹈家康斯坦丁·谢尔盖耶夫(参见本人条目)的妻子。作为列宁格勒舞蹈学校的毕业生，1930年她加入基洛夫芭蕾舞团，在那里她以她的保留剧目中的经典角色而闻名，包括《天鹅湖》中的白天鹅和黑天鹅以及《吉赛尔》中的主演。1961年退休，从1951年到1970年她都是基洛夫芭蕾舞演员中的女一号，1970年代她和她的丈夫还编导了包括《哈姆雷特》在内的多出芭蕾舞剧。

杜金采夫，弗拉基米尔·德米特里耶维奇(Dudintsev, Vladimir Dmitrievich, 1918—1998)，苏联小说家。二战期间他从莫斯科大学法律系毕业后(1940)参加了红军,后来担任了《共青团真理报》(*Komsomolskaya pravda*)的记者。1956年,也就是在他的小说《不是单靠面包》(*Ne khlebom edinyn*)出版的同一年,他在一部短篇小说集《在七勇士之间》(*V semi bogatyrei*[1])中描写了工业的进步。前一部小说虽然在国外得到了广泛的认可,却因对苏联的官僚制度有消极的描写而在国内遭到批判。现在保留下来的大多数杜金采夫创作的文学作品几乎都已经无人知晓了。

艾亨鲍姆,鲍里斯·米哈伊洛维奇(Eikhenbaum, Boris Mikhailovich, 1886—1959),苏联学者、文学史家、形式主义批评家。从1918年开始他在列宁格勒大学教授哲学,直到1949年退休,其间发表了《论俄罗斯抒情诗的旋律》(*Melodiki russkogo liricheskogo stikha*, 1923),并写了许多广泛涉及托尔斯泰的文章,他还是托尔斯泰选集(1928—1958)的编者之一。1923年他在一篇著名的评论文章中指责阿赫玛托娃(参见本人条目)的诗,称她"一半是修女,一半是荡妇"("half nun, half harlot"),从而进一步增强了长期以来苏联对她作品的嫌恶。

爱森斯坦,谢尔盖·米哈伊洛维奇(Eisenstein, Sergey Mikhailovich, 1898—1948),苏联电影导演,是他所提出的"电影魅力中的蒙太奇"("montage of film attractions")的先行者。他的事业是从在梅耶荷德(参见本人条目)经营的亚历山德林斯基(Aleksandrinsky)剧院做舞台设计开始的,1922年他加入了一个短命的文化组织无产阶级文化协会(Proletkul't),做它的巡游剧场的艺术指导。他的第一部电影《罢工》(*Stachka*, 1925)创造性地运用了蒙太奇的各种特征,在他影响更为深远
184 的两部电影《战舰波将金号》(*Bronenosets Potemkin*, 1925)和《十月》(*Oktyabr'*, 1927)中,他进一步完善了蒙太奇的手法。1930年爱森斯坦前

[1] Bogatyrei:中世纪基辅罗斯的一位勇士。——译注

往好莱坞派拉蒙影业(Paramount Pictures)发展,一段令人沮丧的行程之后,他回到苏联发现他前卫的艺术风格正在遭到批判。1937年影片《白静草原》(*Bezhin lug*) 失败之后,1938年的电影《亚历山大·涅夫斯基》(*Aleksandr Nevsky*)获得了巨人的成功,深受观众喜爱,爱森斯坦重新得宠。1947年他因《伊凡雷帝》(*Ivan groznyi*)第二部,再次与斯大林交恶,这使得他精疲力竭,导致心脏病突发,英年早逝。

爱伦堡,伊利亚·格里戈里维奇(Erenburg,Ilya Grigorevich,1891—1967)(即西方国家所熟知的Ehrenburg),内战期间俄罗斯最著名的流亡作家之一。他出生在基辅的一个犹太家庭,1909年离开俄国居住在巴黎。十月革命后回到俄国支持反布尔什维克的白色阵营,但在1921年,内战结束时返回巴黎,在那里做记者和作家,发表了一系列没有什么文学价值的小说。他最杰出的作品是他对西方批判性的嘲讽之作《胡里奥·胡列尼托及其门徒的奇遇》(*Neobychainye pokhozhdeniya Khulio Khurenito*,1922)。爱伦堡一直是一位忠诚的俄罗斯爱国者,二战期间他积极支持苏联反纳粹的宣传机构。战后他描写苏联战事的小说《暴风雨》(*Burya*,1947)表露出他对美国的日益反感,并为他赢得了斯大林奖。斯大林死后,他成为"解冻"时期文学界的一位重要人物。在他最畅销的小说《解冻》(*Ottepel*,1954)的英译本(1956)面世后,这个词就被西方广泛地使用。同时这也是最早从苏联传出的提到大清洗的作品之一。他的回忆录《人、岁月与生活》(*Lyudi, gody, zhizn'*,1960—1965)为展现俄罗斯的文化生活提供了重要的资料,同时也为在斯大林统治下俄国知识分子遭到的压迫提供了明证。

叶尔莫洛娃,玛丽亚·尼古拉耶夫娜(Ermolova, Mariya Nikolaevna,1853—1928),俄罗斯杰出的戏剧女演员,因她主要在莫斯科小剧院扮演的悲剧角色而闻名。叶尔莫洛娃在席勒的《奥尔良少女》(1884)和《玛丽亚·斯图尔特》(1886)以及拉辛的《菲德拉》(*Phaedra*)(1890)等剧中对主要人物的精彩演绎,赢得了广泛的赞誉。十月革命后,她成功地转型,扮演了许多苏联时期新的、反资产阶级的角色,并成为第一个获得"苏联人民艺术家"和"劳动模范"称号的女演员。1937年一座以她的名字命名的剧院(伯林在《斯大林统治下的俄罗斯艺术》一文中提到的那个剧
185 院)在莫斯科建成。

叶赛宁,谢尔盖·亚历山德罗维奇(Esenin, Sergey Aleksandrovich,1895—1925),苏联诗人,自称是艺术界的"流氓"。他出生在一个农民家庭,是苏联早期最捉摸不定、最不遵从传统的人物之一,1919年在莫斯科加入意象派诗人团体,并逐渐以豪饮和搞怪而著称。他的诗集《一个流氓的自白》(*Ispoved khuligana*,1921)和《莫斯科酒馆之音》(*Moskva kabatskaya*,1924)进一步强化了他这样的名声。叶赛宁最初曾满怀激情地歌颂十月革命,但很快就对革命不再抱有幻想。他最杰出的作品保留在他描写俄罗斯乡村,以及表达他对传统的乡村生活方式遭到破坏的失望之情的那些更为抒情和怀旧的诗歌里。他与美国舞蹈演员邓肯的婚姻(1922—1923)既短暂又充满了激烈的争吵,随后他逐渐陷入癫狂、放荡和绝望之中,1925年他在列宁格勒的一家旅馆中自缢,孤独地离开了这个世界。

叶若夫,尼古拉·伊万诺维奇(Ezhov, Nikolay Ivanovich,1895—1940)。作为"叶若夫恐怖时代"(Ezhovshchina,指的是发生在1936—1938年的大清洗的顶点)的始作俑者,叶若夫试图通过令人震惊地超额完成行刑指标来讨好斯大林。他曾在内战期间担任政治委员,但由于缺乏知识素养未能提升到党的领导岗位。他凭借斯拉夫人效忠和谄媚的天赋一步一步努力成为斯大林的内室亲信。1935年他取代被谋杀的基洛夫(参见本人条目),赢得了列宁格勒共产党书记的职位,1936年他被提拔为秘密警

察NKVD(内务人民委员会)的头目。在其任期内,叶若夫对红军的军官阶层和共产党的地方领导人展开了大规模的屠杀。但他玩火自焚,1938年秋斯大林用拉夫连季·贝利亚取代了他。1939年4月叶若夫被捕,并于次年2月4日被处决。

法捷耶夫,亚历山大·亚历山德罗维奇(Fadeev, Aleksandr Aleksandrovich, 1901—1956),苏联小说家,斯大林手下一位冷酷的文学官员。1918年成为一名共产党员,1920年代开始从事党的工作,并以小说《毁灭》(*Razgrom*,1925—1926)获得最初的好评。《青年近卫军》(*Molodaya gvardiya*,1945),一部描写二战期间苏联游击队的作品,还是在法捷耶夫遵照斯大林的建议进行大幅修改之后,被大肆吹捧为社会主义现实主义的典范。在法捷耶夫担任苏联作协总书记以及后来出任作协主席这段独霸时期,他对许多作家实施压制,包括阿赫玛托娃和左琴科(参 186
见各自条目),但最终他良心发现。1953年斯大林死后他受到公开的谴责,于1956年自杀。

费定,康斯坦丁·亚历山德罗维奇(Fedin, Konstantin Aleksandrovich, 1892—1977),苏联评论家、作家和苏联科学院院士,苏联作协的一位重要成员。内战期间他在军队工作,后来从事编辑工作并模仿契诃夫的风格写短篇小说。1924年他试图通过《城市与岁月》(*Goroda i godi*,1924)来反映革命后的新世界,但因其主人公的消极性而遭到批判。此后他的作品逐渐变得循规蹈矩,例如他高度赞扬公职人员,后来又为最高苏维埃充当代言人。他的两部战后发表的小说《早年的欢乐》(*Pervye radosti*,1945)和《不平凡的夏天》(*Neobyknovennoe leto*,1948)被视为社会主义现实主义文学的最佳样本。

费特,阿法纳西·阿法纳西耶维奇(Fet, Afanasy Afanasievich,1820—

1892)，俄国诗人和翻译家，托尔斯泰和屠格涅夫的好友。1840年代他在莫斯科大学学习并开始发表诗作，其间他还在帝国军队里服役了一段时间。作为一位保守主义者和唯美主义者，他的作品在1860年代遭到激进知识分子的抨击。在1863—1883年间费特没有发表任何作品，晚年他又发表了多卷诗歌，统一题名为《黄昏之火》(*Vechernie ogni*)。他后期的诗歌带有浓厚的形而上学的口吻，是那个世纪末兴起的俄罗斯诗歌象征主义运动的先驱。作为叔本华的崇拜者，1881年费特将叔本华的《作为意志和表象的世界》翻译成俄文；他还翻译了许多拉丁诗人包括奥维德、卡图卢斯和维吉尔的作品。

费舍尔，路特(Fischer, Ruth, 1895—1961)(埃尔弗里德·艾斯勒的笔名)，左翼犹太裔共产党活动家，作曲家汉斯·艾斯勒（Hans Eisler, 1898—1962)的姐姐，与贝尔托特·布莱希特(Bertolt Brecht)是好友。1914年费舍尔加入奥地利社会民主党，但在1918年退出并与人共同创建了奥地利共产党。她移居柏林，直至1926年被驱逐。其间(1921—1924)她还在那里担任了德国共产党主席。1933年她流亡法国，逐渐成为一位对共产主义直言不讳的批评者，尤其表现在她于1948年发表的《斯大林与德国共产主义》一书中。二战期间她前往古巴，此后直到返回欧洲之前，她一直在美国居住；最后她在法国逝世。

加博，瑙姆(Gabo, Naum, 1890—1977)(涅米亚·鲍里索维奇·佩夫斯内的笔名)，俄国犹太裔抽象派雕塑家。与他的哥哥安托万·佩夫斯内(参
187 见本人条目)同为动力雕塑艺术的先驱。他早先在慕尼黑求学，1913—1914年在巴黎跟随安托万加入前卫派的艺术圈子。1917他们返回俄国，一道起草了《现实主义宣言》(1920)，提出了日后成为苏联艺术中崭新的构成主义运动的概念。当这一运动遭到越来越多的批判时，加博离开了俄国，在德国、法国和英国待了一段时间后，最终于1946年定居美国。

吉皮乌斯，季娜依达·尼古拉耶夫娜(Gippius, Zinaida Nikolaevna，1869—1945)(即西方所熟知的Hippius)，俄国流亡诗人和作家，曾以安东·克雷尼(Anton Krainy)为笔名发表文学评论。1880年代后期，吉皮乌斯开始发表她的象征主义诗歌，在十月革命前她在圣彼得堡还拥有自己的文学沙龙。1889年她嫁给了评论家梅列日科夫斯基(参见本人条目)。由于激烈反对十月革命，1919年她与丈夫一道离开俄国，定居巴黎。她的诗集，包括《诗选》(*Stikhi*，1922)和《光辉》(*Siyaniya*，1938)中的大多数诗篇，都充满了深刻的自我剖析和自我批判，她还创作了许多尖锐的讽刺诗、小说、戏剧以及大量发人深省的文学评论。

革拉特科夫，费多尔·瓦西里耶维奇(Gladkov, Fedor Vasil'evich，1883—1958)，苏联作家，出生在一个农民家庭。他最早当中学教师，1920年代改行当记者。由于他赤裸裸地带有宣传性的获奖小说《水泥》(*Tsement*，1925)第一个歌颂了苏联的工业进步，使他在当时小有名气。他的下一部作品《动力》(*Energiya*，1932—1938)，描写了一座水电站的建设，相对就没那么成功。革拉特科夫最出色的作品是他的自传体小说《童年的故事》(*Povest' o detstve*，1949)。这部小说是受高尔基(参见本人条目)同类作品的启发，并为他赢得了斯大林文学奖。

格里埃尔，莱因戈尔德·莫里采维奇［Glier (Glière), Reingol'd Moritsevich，1875—1956］，俄罗斯导演兼作曲家。1894—1900年间他在莫斯科音乐学院学习小提琴和作曲，1905—1907年在柏林学习导演。此后，1913—1920年他到基辅音乐学院教作曲。他的第一项国际性的艺术成就是1927年为芭蕾舞剧《红罂粟》(*Krasnyi mak*)写的乐谱，这件作品可以称得上是日益发展起来的社会主义现实主义流派的先驱之作。格里埃尔的全部作品，包括交响乐、歌剧、协奏曲以及各种室内音乐作品，

尽管通常顺从政治和音乐的正统要求，但也反映了大量的民族音乐风
188 格和传统，例如1934年写的歌剧《沙赫·塞涅姆》(*Shah Senam*)，就利用了阿塞拜疆的民族音乐元素。在他诸多学生中最著名的有米尔斯科夫斯基和普罗科菲耶夫(参见各自条目)。

高尔基，马克西姆(Gorky, Maxim，1868—1936)(阿列克谢·马克西莫维奇·彼什科夫的笔名)，出身农民的苏联作家、记者和剧作家。他早年的生活极其贫困，这在他的代表作自传体三部曲《童年》、《在人间》和《我的大学》(*Detstvo*，1915；*V lyudyakh*，1916；*Moi universitety*，1922)，以及他最成功的戏剧《底层》(*Na dne*，1902)中有所反映。十月革命后，最初他尖锐地批判布尔什维克对政治自由的扼杀，结果1918年他主编的备受争议的报纸《新生活》(*Novaya zhizn*)被查封。1924年他移居意大利，在那里受到了热烈的欢迎。1928年斯大林通过大力吹捧加上物质利诱邀请高尔基回苏联担任思想界的领袖，着手建立社会主义现实主义指导下的苏联写作规范。从1934年起他担任新成立的作协主席，被各种光环所笼罩，但对斯大林的卑躬屈膝不可避免地使他落入陷阱并最终陷于孤立。

格林伍德，瓦尔特(Greenwood, Walter，1903—1974)，英国小说家和剧作家。格林伍德出生在兰开夏郡索尔福德的一个工人家庭，曾做过一系列仆人的工作，后来他把在大萧条时期艰难困苦的经历写进了一部颇受赞誉的小说《受救济的爱情》(*Love on the Dole*，1933)。这部小说大受欢迎，获得广泛的好评，1934年他将其改编为舞台剧，1941年还把它搬上荧幕。尽管后来他又写了更多的小说、短篇小说、戏剧，甚至转向电视，比如为《神秘王国》(*The Secret Kingdom*，1960)写剧本(改编自他自己的一部小说)，但没有一部能够超越他那第一部不朽的作品。

格里鲍耶陀夫，亚历山大·谢尔盖耶维奇（Griboedov, Aleksandr Sergeevich,1795—1829），俄国抒情诗人和剧作家，他唯一不朽的剧作《聪明误》(*Gore ot uma*,1822—1824),至今仍是俄罗斯经典剧目中的一个典范。格里鲍耶陀夫早先在莫斯科大学学习法律和科学,随后到军队服役,后来成为外交部的一名文职官员。虽然他还创作和改编了其他许多剧本,但他的名声大多还是得自于《聪明误》[在译本中通常以它的主人公查斯基(Chatsky)作为书名],该书未能通过帝俄审查官的审查,直到1861年才得以完整地出版。1825年正值俄罗斯与波斯交战,格里鲍耶 189
陀夫因公被派往高加索。在谈判达成和平协议之后,他被任命为驻德黑兰大使,在他到任后不久即在当地被暴乱分子杀害。

格罗斯曼，列昂尼德·彼得洛维奇（Grossman, Leonid Petrovich,1888—1965),苏联犹太裔学者,形式主义文学评论家和作家。起初他在敖德萨研修法律,1920年代早期他搬到莫斯科后,转而从事写作,同时在勃留索夫文学艺术学院任教。格罗斯曼发表了许多关于俄国文学家的研究著作,如《陀思妥耶夫斯基作品集》(*Tvorchestvo Dostoevskogo*,1959),普希金的传记(1936)和大量论述屠格涅夫及其戏剧的作品。他的历史传记小说大多是根据19世纪文学家的生平经历写成的,《达尔希亚克笔记》(*Zapiski D''arshiaka*,1945)中的普希金就是一例。

盖埃诺,让(Guéhenno, Jean,1890—1978),法国随笔作家、文学评论家和小说家。盖埃诺生于布里多尼(Breton)的一个工人家庭,他在一系列自传体小说中[如《改变生活》(*Changer la vie*,1961)和《一位四十岁男子的日记》(*Le Journal d'un homme de quarante ans*,1934)]描写了法国西北部一个工业城镇富热尔(Fougeres)的工人们贫困的生活。凭借《忏悔录之外的让—雅克》(*Jean-Jacques en marge des Confessions*,1948)和《让—雅克:良心史》(*Jean-Jacques, histoire d'un conscience*,1962)等一

系列研究,他一跃成为研究让—雅克·卢梭的一流专家。1962年他被选为法兰西学院院士。

古米廖夫,列夫·尼古拉耶维奇(Gumilev, Lev Nikolaevich,1912—1992),俄国诗人安娜·阿赫玛托娃(参见本人条目)之子。古米廖夫在斯大林统治时期长期遭到迫害和监禁。1933年和1935年两次被捕,紧接着1938年3月又被判流放古拉格群岛十年。和其他许多挺到了战争爆发的狱友一样,他获得释放到红军前线作战,直到1949年因对他母亲的新一轮迫害而再度入狱。阿赫玛托娃在她的《安魂曲》(*Rekviem*,创作于1935—1943年,出版于1963年)这整部诗集里描述了她在儿子被捕并遭囚禁的日子里所受到的煎熬。1956年古米廖夫终获自由,并于1975年撤销了对他的一切指控。

古米廖夫,尼古拉·斯捷潘诺维奇(Gumilev, Nikolay Stepanovich,1886—1921),十月革命前杰出的俄国诗人。古米廖夫不仅是一位文学理论家,1912年阿克梅派的创始人,而且是一位文学评论家、剧作家兼翻译家。
190 1910年他与诗人安娜·阿赫玛托娃(参见本人条目)结婚,一战期间他参加了帝国军队。古米廖夫对人种学的兴趣以及他去阿比西尼亚和索马里兰的旅行给他那些最著名的诗集《珍珠》(*Zhemchuga*,1910)、《篝火》(*Koster*,1918)和《火柱》(*Ognenny i stolb*,1921)带来某种异国情调。他还曾在世界文学出版社工作,翻译柯勒律治的作品;在艺术学院教过诗歌。他对十月革命极其反感,1921年他因"反革命罪"被捕并被枪决。

埃韦(Hervé,1825—1892)[弗洛里蒙·龙热(Florimond Ronger)的笔名],法国歌唱家、导演、作曲家,创作了一百多部轻歌剧,其中有许多是在巴黎的协奏乐园(Folies-Concertantes)上演。《堂吉诃德和桑乔·潘萨》(1848)和《舞台滑稽》(1853)是他最受欢迎的作品。1880年代他曾在伦敦待了一段时间，从事音乐剧的创作和编导。

赫尔岑·亚历山大(Herzen, Alexander, 1812—1870)(亚历山大·伊万诺维奇·格尔岑)，俄国革命思想家，记者兼作家，身边聚集了许多同时代的伟大思想家。他是一个富裕贵族的私生子，曾就读于莫斯科大学。1834年他因卷入激进的圈子而被捕并被流放直到1840年。回到莫斯科后，他与别林斯基(参见本人条目)交往甚密，但在1847年离开俄国前往巴黎，在那里他亲眼见证了1848年革命。1852年他迁往伦敦，凭借继承的遗产创办了一家俄罗斯印刷所，出版了颇有影响的报纸《钟声》(*Kolokol*, 1857—1867)，借此他极力推动俄国的政治改革，尤其是促进农奴的解放(1861年得以实现)。赫尔岑最有影响的政论，收集在《寄自彼岸》(*S togo berega*, 1847—1850, 1956年出了英文版，伯林为其写了导言)一书中，主要是他与同代的流亡者在激进出版物上以书信的形式进行的一系列政治和哲学辩论。在其代表作《往事与随想》中，他以热切的言辞、深沉的情感回忆了他的家庭和他的许多朋友。伯林为该书1968年的英文版写了导言。伯林论赫尔岑的文章分别在《观念的力量》(2000)和《反潮流》(1979)两本论文集中再版。

赫胥黎，奥尔德斯(Huxley, Aldous, 1894—1963)，英国小说家、小品文作家和编辑。他出身知识名门，在伊顿接受教育。最初他以诗人身份发表 191
作品，后为增加收入转入出版界。在为《雅典娜神庙》等文学期刊撰稿之后，特别是1921年随着他的第一部小说《克罗姆·耶娄》(*Crome Yellow*)的出版，他的经济状况有所改变。到1930年代末，随着一系列小说，包括《针锋相对》(*Point Counter Point*, 1928)和他不朽的作品《美丽新世界》(*Brave New World*, 1932)的成功出版，彻底改变了他先前的贫困状况。1937年他移居美国。他的后期作品，例如《知觉之门》(*The Doors of Perception*)，反映了他对神秘主义日益浓厚的兴趣以及他用酶斯卡灵

(mescalin)致幻剂做试验的情况。伯林有一篇论赫胥黎的文章收在他的《个人印象》(1980)一书中。

伊里夫,伊利亚,和叶甫盖尼·彼得罗夫(Il'f, Ilya, and Evgeny Petrov):伊利亚·阿尔诺利多维奇·法因济利贝格(Ilya Arnoldovich Fainzilberg, 1897—1937)和叶甫盖尼·彼得罗维奇·卡达耶夫(Evgeny Petrovich Kataev, 1903—1942)的笔名,苏联作家,尤以他们合作的经典小说《十二把椅子》(*Dvenadtsat' stulev*, 1928)而闻名。两人均出生在敖德萨,均从事新闻工作,1927年开始合作创作一系列短篇小说和长篇小说。他们的作品带有强烈的讽刺意味,尤其表现在小说《十二把椅子》的续篇《金牛犊》(*Zolotoy zelenok*, 1932)中。1933—1936年间他们获准出国旅行,从中选取素材,发表了《一层楼的美国》(*Odnoetazhnaya Amerika*, 1936)。好景不长,1937年伊里夫因肺结核病逝,他们的合作就此结束。彼得罗夫重操旧业撰写新闻稿,并开始从事电影剧本的创作,但他再也没能续写与伊里夫合作时的辉煌,1942年死于空难。

英培尔,薇拉·米哈伊洛芙娜(Inber, Vera Mikhailovna, 1890—1972),出生在敖德萨的苏联诗人、短篇小说家和记者。1922年她定居莫斯科并加入了构成主义诗派。1924—1926年间她作为通讯记者待在欧洲。与阿赫玛托娃(参见本人条目)一样,她在二战期间的列宁格勒之围中幸存下来,并以这段经历为题材创作了感人至深的叙事诗《普尔科沃子午线》(*Pulkovsky meridian*, 1942),因此获得1945年的斯大林文学奖。她还以她的战争日记为基础创作了《近三年:列宁格勒日记》(*Pochti tri goda: Leningradsky dnevnik*, 1945)。

伊万诺夫,格奥尔基·弗拉基米洛维奇(Ivanov, Georgy Vladimirovich, 1894—1958),出身贵族的苏联诗人,曾在帝国士官生团队服役。他最初的诗歌

《客厅》(*Gornitsa*,1914)和《石南花》(*Veresk*,1916)受到诗界的颓废主义和阿克梅派运动的影响。1923年他离开俄国,在巴黎的俄罗斯流亡艺术家社区定居,在那里他编辑杂志并撰写文学评论文章。他后期的抒情 192
诗,收录在《玫瑰花》(*Rozy*,1931)等诗集中,颇受好评。而他后期在巴黎、纽约和柏林出版的作品因他本人日益增长的悲观态度而失色不少。

伊万诺夫,维亚切斯拉夫·伊万诺维奇(Ivanov, Vyacheslav Ivanovich, 1866—1945[①]),流亡的俄国历史学家和象征派诗人。曾在莫斯科、柏林和巴黎研究古代史和古典哲学,此后他在中东待了一阵。他最早的诗集《北极星》(*Kormchie zvezdy*,1903)和《透明》(*Prozrachnost'*,1904)是在欧洲出版的。1905年他返回俄国,发表了一系列带有神秘主义色彩的宗教论文和那篇著名的论俄罗斯文化的演讲《两地书》(*Perepiska iz dvukh uglov*, 1920)。1920—1924年间他在巴库教授希腊语,之后他离开俄国前往意大利,在那里他皈依罗马天主教,先后在帕维亚大学(1926—1934)和教皇的东方研究院任教。虽然他在意大利度过余生,但他的著作却是在巴黎出版的。

伊文斯卡娅,奥尔加·弗谢沃洛多芙娜(Ivinskaya, Olga Vsevolodovna, 1912—1995),苏联编辑、诗歌翻译家,鲍里斯·帕斯捷尔纳克的爱人和合作者。伊文斯卡娅毕业于莫斯科大学,当她1946年遇到帕斯捷尔纳克时她正在《新世界》(*Novyi mir*)杂志任文学编辑。或许是由于与帕斯捷尔纳克的交往,她曾两次被捕并被流放到古拉格(1949—1953,1960—1964)。1953年斯大林逝世后,她搬到佩列杰利基诺的作家村,作为文学助手与帕斯捷尔纳克(始终未和妻子季娜伊达离婚)亲密合作。伊文斯卡娅关于她与帕斯捷尔纳克生活的回忆录《时间之囚》(*V plenu*

① 应为1949年。——译注

vremeni，英文书名为*A Captive of Time*，1978），1978年以俄文在巴黎出版。

卡巴列夫斯基，德米特里·鲍里索维奇（Kabalevsky, Dmitri Borisovich，1904—1987），苏联导演兼作曲家，苏联作曲家协会莫斯科分会的主要成员。1919—1925年卡巴列夫斯基在斯克里亚宾音乐学校学习，通过演奏钢琴为无声电影配乐来挣取学费。1925—1929年他在莫斯科音乐学院受教于米亚斯科夫斯基（参见本人条目）门下。他最初的作品主要是钢琴曲，最著名的是《第二钢琴协奏曲》（1935）。他还创作了三部交响乐和大量的其他乐器作品和合唱作品以及戏剧；二战后他的创作逐渐反映了社会主义现实主义的需要。从1939年起他就一直在莫斯科音乐学
193 院担任作曲教授。

卡冈诺维奇，拉扎尔·莫伊谢耶维奇（Kaganovich, Lazar Moiseevich，1893—1991），斯大林的"坚定的人民委员"（"Iron Commissar"）和苏共中央政治局的主要成员。卡冈诺维奇出生在基辅的一个犹太家庭，是一位忠诚的共产党员，通过努力成为斯大林的亲信，曾担任中央组织部部长（1922）和乌克兰共产党第一书记（1926—1928），并在1930年进入苏共中央政治局。在1930年代农业集体化期间，他负责监管苏联交通运输和重工业的改造，并因此在1935年获得列宁勋章。斯大林死后，他被赫鲁晓夫撤销了所有的重要职位，并被开除党籍。

康定斯基，瓦西里（Kandinsky, Wassily，1866—1944）（瓦西里·瓦西里耶维奇·康定斯基），出生在俄国的抽象派绘画的先驱。他放弃在莫斯科研究法律，前往慕尼黑学习艺术。1911年他在那里成立了"蓝骑士"（Blaue Reiter）艺术家团体。到1920年代他对抽象绘画形式的实验使他的作品几乎完全摆脱了有机的形式而转变成几何的形式。1914年他返回俄国，

1917年革命之后他担任莫斯科绘画文化博物馆的负责人(1919),并创建了俄罗斯艺术科学院(1921)。1922年他重回德国出任坐落在魏玛的颇具影响力的包豪斯设计学院(Bauhaus School)院长,但因纳粹的兴起他不得不于1933年移居法国,1939年获得法国国籍。虽然那时康定斯基在艺术界已经是一位具有国际知名度和影响力的人物,他在晚年还发展了一种独特的象形文字风格的作品。他发表过许多艺术理论著作,包括《论艺术的精神》(*Uber das Geistige in der Kunst*,1912)和《点、线到面》(*Punkt und Linie zu Fläche*,1926)。

卡达耶夫,瓦连京·彼得洛维奇(Kataev, Valentin Petrovich,1897—1986),颇受欢迎的苏联小说家、剧作家和短篇小说家,是典型描写"五年计划"的小说《时间啊,前进!》(*Vremya,vpered!* 1932)的作者。他1922年开始写小说,1926年发表了他的第一部小说《盗用公款的人们》(*Rastrachiki*,1926)。他1932年的那部小说是一部生动描写工业城市马格尼托格尔斯克进行劳动竞赛的社会主义现实主义作品,然而他以1905年革命为背景,更具抒情色彩的自传体小说《雾海孤帆》(*Beleet parus odinokii*,1936)则是一部超越苏联时期的不朽经典。卡达耶夫的戏剧《化圆为方》(*Kvadratura Kruga*,1928)也好评如潮。二战之前他已经是苏联官方文学机构的成员,在佩列杰利基诺拥有一处郊外别墅,同时他还是苏联作协的理事。 194

卡维林,维尼阿明·亚历山德罗维奇(Kaverin, Veniamin Aleksandrovich,1902—1989)(维尼阿明·亚历山德罗维奇·齐尔波的笔名),苏联小说家和儿童文学作家。他曾在莫斯科和彼得格勒学习阿拉伯语言和文学,1920年代加入"谢拉皮翁兄弟"(Serapion Brothers)文学团体从事写作。他早期的小说因质疑苏联社会对作家施加的各种政治和道德的束缚而遭致批判。他凭着比较正统的作品,如斯大林文学奖的获奖小说《船长与大尉》(*Dva kapitana*,1938—1944)赢得了官方的认可。在后斯大林时代他作为《莫斯科文学》(*Literaturnaya Moskva*)杂志的主编积极为解除对苏联作家的束缚而奔走，并支持安德烈·西尼亚夫斯基(Andrey Sinyavsky)和尤里·达尼埃尔(Yuly Daniel)等持不同政见的作家。

哈恰图良，阿拉姆·伊里奇(Khachaturyan,Aram Ilych,1903—1987),格鲁吉亚作曲家,他的作品深受通俗音乐和民间音乐的影响。斯大林十分赞赏哈恰图良的作品,因为他本人是格鲁吉亚人,对本民族的音乐和歌曲非常着迷。由于得到这样的官方认可,哈恰图良在1930年代吸收格鲁吉亚、亚美尼亚和阿塞拜疆的音乐主题创作的大量交响乐、组曲和协奏曲作品获得了巨大的成功。但在1948年安德烈·日丹诺夫以“形式主义”为罪名批判了一批引人注目的作曲家，他也成为众多苏联音乐界的受害者之一。从1950年开始,哈恰图良开始转向电影音乐创作,并在莫斯科音乐学院任教。斯大林死后他被评为苏联人民艺术家并获得列宁勋章(1959)。他创作的最优美最激动人心的作品之一是他为芭蕾舞剧《斯巴达克斯》(*Spartak*,1956)创作的音乐,虽然作为芭蕾舞剧最初并不成功,但作为作曲家的哈恰图良却赢得了广泛的好评,而且一经上演便成为流行的经典。伯林曾和布伦达·特里普(Brenda Tripp)在列宁格勒的基洛夫芭蕾舞剧院一起观看了由哈恰图良作曲的另一部流行的新编经典芭蕾舞剧《加雅涅》(*Gayaneh*,1942)的演出。

赫列勃尼科夫,维克托·弗拉基米罗维奇(Khlebnikov, Viktor Vladimirovich, 1885—1922)(即著名的韦利米尔· 赫列勃尼科夫),俄国诗人,语源学家和语言学理论家，俄国未来主义之父。赫列勃尼科夫出生在阿斯特拉罕,十月革命前在圣彼得堡研究数学和科学并加入了各种前卫圈子。虽
195 然赫列勃尼科夫本人除了叙事诗《壕沟里的一夜》(*Noch' v okope*,1921)和《冉格齐》(*Zangezi*,1922)、一篇历史神学论文以及几篇杂志文章外并

没有发表多少作品，他却受当时立体—未来主义诗歌运动的启发，雄心勃勃试图创造一种新的诗歌词汇。尽管他生平发表的作品极少而且他的作品在他死后许多年里遭到查禁，但他为像帕斯捷尔纳克和马雅可夫斯基（参见本人条目）那样的杰出诗人提供了创作的灵感。

霍达谢维奇，弗拉基斯拉夫·费里奇阿诺维奇（Khodasevich, Vladislav Felitsianovich，1886—1939），具有波兰犹太血统的俄国诗人和文学评论家。尼古拉·古米廖夫（参见本人条目）十分赞赏他最初的几本诗集：《青春》（*Molodost'*，1908）和《幸福的小屋》（*Schastlivyi domik*，1914），然而他在1922年发表了《沉重的竖琴》（*Tyazhelaya lira*）之后移居柏林，后又迁往巴黎。1927年后他几乎就没有再发表过诗歌，而逐渐转向为《文艺复兴》（*Vozrozhdenie*）杂志撰写文学评论。他的诗歌尽管在移民圈子中很流行，但直到1980年代中期开放之前还只是以地下出版物的形式在苏联传播。1980年代中期以后他的诗歌连同散文一道在苏联受到越来越广泛的欢迎。

基洛夫，谢尔盖·米洛诺维奇（Kirov, Sergey Mironovich，1886—1934）（谢尔盖·米洛诺维奇·柯斯特里科夫），1930年代最富魅力、最受欢迎的政治人物之一。自1904年加入布尔什维克后，他在党内拥有一个可以作为样板的经历。他迅速攀升到苏共中央委员会，成为其成员（1923），1926年斯大林又给了他一个美差，让他负责列宁格勒苏维埃的领导工作。在那里他更是成为最受瞩目的人物。斯大林在莫斯科注意到这个事实，日渐不满。1934年基洛夫在第17届苏共代表大会上获得的荣耀成为他陨落的征兆。同年12月他在列宁格勒被一名苏共低级官员枪杀，凶手随即被捕并被处决。斯大林为了达到自己的目的，马上利用基洛夫谋杀案为借口，掀起了一场对他所觉察到的政治对手的大围捕，这就直接导致了1936年和1938年的公开大审判。斯大林是否参予策划了基洛夫谋杀案至今仍然是一个激烈争论的问题。

克柳耶夫，尼古拉·阿列克谢耶维奇(Klyuev, Nikolay Alekseevich，1887—1937)，俄国农民诗人，与叶赛宁(参见本人条目)交往甚密。1907年他在勃洛克(参见本人条目)的帮助下发表了他的诗歌。他的诗歌中充满了民间传说，充满了对农民的神秘力量以及乡村宗教传统的迷恋。诗集《松涛轰鸣》(*Sosen perezvon*，1912）受到当时阿克梅派和象征派诗人的推崇。克柳耶夫起初在他的叙事诗《列宁》(*Lenin*，1924)中对十月革命及其领导者列宁抱着欢迎的态度，然而共产主义体制对俄国乡村的掠夺
196 使他与这个政权变得疏远。据他的一位后来自杀的朋友回忆，他在创作完《叶赛宁的挽诗》(“Plach o Esenine”，1927）之后就不再发表任何作品。他于1934年被捕，最后死在古拉格。直到1977年克柳耶夫的作品才在苏联再版。

克留恩，伊万·瓦西里耶维奇(Klyun, Ivan Vasil’evich，1873—1943)，俄国雕刻家和画家。作为马列维奇(参见本人条目)的朋友，1915年他加入马列维奇的至上主义艺术家团体。他早期的雕刻、浮雕和壁画作品受立体派几何形式的影响。1918—1921年间他在莫斯科自由艺术画室(Moscow Free Art Studios）任教，并为人民文化教育委员会组织展览。1920年代他脱离了至上主义，完善了一种更为简约的艺术风格——纯粹主义(Purism)。

科丘别伊家族(Kochubeys)，是帝俄时代一个有钱有势的家族。这个家族出了两位非常著名的人物，一个是富有的乌克兰地主和高级军官瓦西里·列昂季耶维奇·科丘别伊(Vasily Leont’evich Kochubey，1640—1708)，另一个是维克托·帕夫洛维奇·科丘别伊伯爵(Count Viktor Pavlovich Kochubey，1769—1834)，他是一位自由派政治家和改革家。

1792—1797年维克托伯爵任俄国驻君士坦丁堡的大使，此后他成了亚历山大一世和志同道合的自由派帕维尔·斯特罗加诺夫伯爵(参见本人条目)的亲密朋友和顾问。1802—1807年以及1819—1823年他两度出任内政大臣,并于1831年因对国家的贡献而被授予亲王的头衔。

库斯勒,阿瑟(Koestler, Arthur, 1905—1983),匈牙利裔英国作家、记者和随笔作家。他早年待在欧洲,做过编辑,1930年代在柏林主编过一份报纸。1931年他加入共产党,并访问苏联。西班牙内战期间他前往西班牙。虽然左躲右闪逃避抓捕,但还是被法西斯政府逮捕入狱。通过与另一位狱友对调他才免于一死。后来他在1937年写的《西班牙遗嘱》(*Spanish Testament*)一书中描述了他的这段经历。二战期间他被法国的维希政府囚禁了一段时间,出狱后他设法前往英国,并加入了英国军队。到1938年他对共产主义已经绝望,两年后他出版了完全以布哈林(参见本人条目)等人被捕并遭到公审为故事原型的令人震撼的反苏小说《中午的黑暗》(*Darkness at Noon*)。虽然他写过一些小说,但他把绝大部分精力都用于探讨科学与艺术问题，例如著名的《梦游者》(*The Sleepwalkers*, 197
1959)就是他对文艺复兴科学史的研究。众所周知,库斯勒赞成自愿的安乐死,当他得了不治之症白血病之后,他(和他忠实的妻子一道)选择了安乐死。

库普林，亚历山大·伊万诺维奇(Kuprin, Aleksandr Ivanovich, 1870—1938),流亡的俄国小说家和短篇小说家,他的许多小说都是基于他四处漂泊的经历写成的,先是当低级军官,后来又从事一系列其他职业。他最著名的作品包括小说《决斗》(*Poedinok*, 1905)、试图揭露卖淫罪恶的耸人听闻的小说《亚玛街》(*Yama*, 1909—1915)以及一篇浪漫小说《石榴石手镯》(“Granntovyi braslet”, 1911)。1919年移居巴黎之后,他的创作力逐渐衰退。最后他于1937年返回苏联,一年后去世。

库图佐夫，米哈伊尔·伊拉里奥诺维奇·戈列尼谢夫—，斯摩棱斯克亲王(Kutuzov, Mikhail Illarionovich Golenishchev–, prince of Smolensk, 1745—1813)，拿破仑战争期间俄国传奇式的军事领导人。他十四岁入伍，参加了对波斯和土耳其的战争，与苏沃洛夫(参见本人条目)并肩战斗了六年。他不断升迁，1784年升任总司令，在1805年指挥奥斯特利兹战役时一只眼睛已经失明。因战争溃败，库图佐夫受责失宠，直到1812年，亚历山大一世任命他指挥俄国军队参加博罗季诺战役。1812年10月拿破仑放弃莫斯科之后，库图佐夫把拿破仑的“大军”(the Grande Armee)彻底赶出俄国，在斯摩棱斯克战役中大获全胜，并追击残敌到普鲁士，最终病逝在那里。

列昂诺夫，列昂尼德·马克西莫维奇(Leonov, Leonid Maksimovich, 1899—1994)，斯大林时期官方权威的小说家和剧作家。他最初的文学活动是从事诗歌创作。他早期的诗歌试图以陀思妥耶夫斯基的风格尝试进行心理现实主义的写作，表达了对1920年代新生的苏联政权的忧虑。《獾》(*Barsuki*, 1924)、《贼》(*Vor*, 1927) 是他最早的一些受欢迎的文学成就，此后他反映斯大林五年计划巨大考验的社会主义现实主义作品则变得循规蹈矩得多。此时列昂诺夫已经是作协的官员，并且在1946年至1958年间成为最高苏维埃的成员，他的创作逐渐转向戏剧，创作了《波洛夫场的果园》(*Polovchanskye sady*, 1936)等许多颇受欢迎的苏联戏剧经典。

列别申斯卡娅，奥尔加·瓦西里耶夫娜(Lepeshinskaya, Olga Vasil'evna, 1916年生)，俄国最好的芭蕾舞女演员。她在莫斯科芭蕾舞学校接受训
198 练，1933年毕业。从1930年代中期到1963年退休前，她都是大芭蕾舞团的主要舞蹈演员，以扮演《堂吉诃德》中的吉特莉(Quitri)和《红罂粟》

(*Krasnyi mak*)中的桃花而著称。退休后她仍然留在大芭蕾舞团当一名受人尊敬的教师,并在欧洲和中国开设高级讲习班。她获得过无数的荣誉,包括斯大林勋章(四次)和“苏联人民艺术家”称号等。

莱纳,尼古拉·奥西波维奇(Lerner, Nikolay Osipovich,1877—1934),具有俄罗斯和犹太血统的文学史学家和评论家,研究别林斯基和普希金的专家,著有《普希金》(1903)、《别林斯基》(1922)和《普希金的散文》(*Proza Pushkina*,1923)。

列斯科夫,尼古拉·谢苗诺维奇(Leskov, Nikolay Semenovich,1831—1895),俄国短篇小说家,以擅长利用传统神话和民间传说而闻名。他在农庄中长大,没有接受过正规的教育,1860年代从事记者工作。作为一位传统主义者,列斯科夫对政治改革忧心忡忡,他在《结仇》(*Na nozhakh*,1870—1871)等小说中对激进主义进行了抨击。而这些作品的读者寥寥,他的名声主要是基于他讲故事的天赋,他讲的故事《姆岑斯克县的麦克白夫人》(*Ledi Makbet mtsesnkogo uezda*,1865)——肖斯塔科维奇1934年编导的那部歌剧即以此故事为脚本——和《被诱惑的流浪汉》(*Ocharovannyi strannik*,1873)等深受读者欢迎。列斯科夫晚年成了托尔斯泰宗教和伦理观念的信徒,他的作品也日渐带有道德说教的口吻。

刘易斯,(亨利·)辛克莱尔[Lewis, (Henry) Sinclair,1885—1951],美国小说家,诺贝尔文学奖获得者。他出生在美国中西部,曾做过编辑和记者。在写了几部平淡无奇的小说之后,凭借1920年发表的描写美国小市镇的畅销小说《大街》(*Main Street*)一举成名,并获得极大好评。他在1920年代出版的一系列颇受欢迎的新闻体小说进一步提高了他作为杰出的美国小说家的名望。这些小说包括《巴比特》(*Babbitt*,1922)、《阿罗史密斯》(*Arrowsmith*,1925)和《埃尔默·甘特利》(*Elmer Gantry*,1927),其中最后一部对中西部福音主义进行了揭露,以它改编的电影获得了1960年电影学院奖。1930年他成为第一位获得诺贝尔文学奖的美国人,然而此后他的文学创作力便逐渐衰退。

利普希茨,雅克(海姆·雅科夫列维奇·利普希茨),出生在立陶宛的立体主义雕塑家,毕加索和莫迪里阿尼的同代人,并且是1920年代他们在巴
199 黎的朋友。1909年利普希茨定居巴黎,1925年获得法国国籍,并在《持吉他的水手》(*Sailor with a Guitar*,1914)等作品中创造了一种三维的立体派雕塑风格。1941年他移居美国,在那里他以《抓住秃鹰的普罗米修斯》(*Prometbeus Strangling the Vulture*,1944—1953)等大型雕塑作品最终确立了他的名望。

李维诺夫,马克西姆·马克西莫维奇(Litvinov, Maksim Maksimovich, 1876—1951)(梅尔·沃拉希或瓦拉赫,Meir Wallach or Vallakh),出生在波兰的苏联犹太人,1930—1939年苏联外交部主要的国际外交家。1901年因参加革命活动被捕,出狱后离开俄国避难,从1907年开始在英国居住,1917年革命后他成为布尔什维克政府驻英国的代表,直到1918年他被捕并遭到驱逐。在苏联时期他成了外交界的重要人物,1927—1930年他是苏联在国联的世界裁军大会的官方代表。他还是欧洲集体安全的主要倡议者,在希特勒崛起之时,他作为苏联代表团的团长极力建议国联采纳这一主张。1939年他因反对1939年《苏德互不侵犯条约》而遭到解职,后又复职担任外交部代理部长(1941—1946)并短暂出任驻美大使(1941—1943)。

伦敦,杰克(London,Jack,1876—1916)(约翰·格里菲斯·钱尼的笔名),旧金山的作家和记者,他是个私生子,家境贫寒。在开始自学之前,他曾

做过各种职业，包括在克朗代克河(Klondike)上淘金。后来他开始从事写作，创作了极受欢迎的三部描写自然界的小说:《野性的呼唤》(*The Call of Wild*, 1903)、《海狼》(*The Sea-Wolf*, 1904)和《白牙》(*White Fang*, 1905)。他后来的作品反映出他日益觉醒的政治和社会意识，尤其是他在小说《深渊里的人们》(*The People of the Abyss*, 1903)中对伦敦的贫民窟进行了揭露。他对酒精的沉迷使他挥霍掉大量通过写作获得的收入，这在他的自传《约翰·巴雷肯》(*John Barleycorn*, 1913)中有所表现。最终他因使用吗啡过量四十岁便英年早逝。

洛波科娃，莉季娅(Lopokova, Lydia, 1891—1981)(莉季娅·瓦西里耶夫娜·洛波霍娃)，英国经济学家约翰·梅纳德·凯恩斯的俄国妻子，毕业于帝国芭蕾舞学校，曾是马林斯基剧院的舞蹈演员，之后于1910年加入佳吉列夫俄罗斯芭蕾舞团，并随团到欧洲巡演。定居英国后，她曾出演弗雷德里克·阿什顿的芭蕾舞《正门》(*Façade*, 1931)和维克—威尔斯芭蕾舞团的《葛蓓莉娅》(*Coppélia*, 1933)。1921年她与凯恩斯结婚，在凯恩斯 200
的帮助下1936年她创办了剑桥艺术剧院，1930年代她本人还多次出现在伦敦老维克的舞台上扮演角色。

卢那察尔斯基，阿纳托利·瓦西里耶维奇(Lunacharsky, Anatoly Vasil'evich, 1875—1933)，苏联戏剧家和文学评论家，早期苏联文化中一位不切实际的空想家。1890年代他作为年轻的政治活动家遭到逮捕并被放逐，成为流亡巴黎的俄国革命的领导者。1905年他返回圣彼得堡主编社会民主党的报纸《新生活》(*Novaya zhizn'*)，担任文学评论。1917年革命期间因作为彼得格勒的布尔什维克的组织者，他被新政府任命在人民文化教育委员会中担任要职(1917—1929)。在此期间他在列宁新经济政策指导下开始进行教育改革，推进成人扫盲计划。虽然卢那察尔斯基远离党派之争，但他鼓励苏联艺术百花齐放的主张仍很快遭到质疑。1933年斯大林将其解职并把他外派到西班牙任大使。卢那察尔斯基在赴任途中在巴黎逝世。

卢里埃,阿图尔·谢尔盖耶维奇[Lur'e(Lourié),Artur Sergeevich,1892—1966],俄国作曲家和音乐理论家,圣彼得堡一个活跃于1919—1924年间的叫“自由哲学协会”(Volnaya filosofskaya assotsiyatsiya,缩写Volfila)的前卫圈子的成员。十月革命后他被任命为公共教育部音乐司的人民委员。1922年他移居国外,到1941年前后一直居住在巴黎,此后定居美国。

马卡洛夫,斯捷潘·奥西波维奇(Makarov, Stepan Osipovich,1849—1904),出生于乌克兰的俄国海军工程师,船舶设计师,发明家和海军指挥官。1869年马卡洛夫进入俄国海军,并设计了俄军在1877—1878年俄土战争中使用的鱼雷艇。他开创了海洋学,设计了用于北极探险的破冰船,并发明了一种能够穿透装甲保护层的炮弹。1896年他被擢升为舰队副司令,负责指挥俄国海军太平洋舰队,1904年俄日战争期间,他的军舰在亚瑟港沉没。

马列维奇,卡西米尔·谢韦里洛维奇(Malevich, Kazimir Severinovich,1878—1935),画家和设计师,出生在基辅一个具有波兰血统的家庭,是20世纪早期抽象派艺术中一位充满灵感的艺术家。1895—1896年他在基辅学习绘画,1900年代他开始实验立体主义创作,进而创立了俄罗斯
201 艺术中的至上主义(Suprematist)流派。1918年在一系列著名的《白色上的白色》绘画作品中,将其几何形式的艺术风格简化成各种最朴素的艺术风格。1919—1921年间他任维帖布斯克(Vitebsk)实验艺术学院的院长,1923—1926年期间出任列宁格勒艺术文化学院院长。1927年他在华沙和柏林举办了他的个人作品展,为此回国后他遭到了申斥和囚禁。至

此以后，他发现自己的作品不可能满足社会主义现实主义的要求，遂不再向世人展示，最终在贫贱中凄然去世。

马尔罗，安德烈（Malraux, André，1901—1976），法国小说家和随笔作家，同时还是一位著名的艺术史家和艺术评论家。1920年代当他在柬埔寨研究古代手工艺品时，被法国殖民当局逮捕并监禁。他的经历促成了政治小说《征服者》（*Les Conquerants*, 1928）和《人类的状况》（*La Condition Humaine*, 1933）的诞生，这两部小说激烈地抨击了远东殖民主义。他反对欧洲法西斯主义的兴起，在西班牙内战期间为共和政府作战，并把这段经历改编成小说《希望》（*L'Espoir*，1937）。二战期间，他为法国抵抗组织工作。战后他的著作包括他论艺术的文选《沉默的声音》（*Les Voix du silence*，1951）和自传《反回忆录》（*Antimémoires*，1967）。

曼德尔施塔姆，娜捷日达·雅科夫列夫娜（Mandel'shtam, Nadezhda Yakovlevna，1899—1980），诗人奥西普·曼德尔施塔姆（参见本人条目）的妻子，和两部关于她与曼德尔施塔姆生活的回忆录的作者。1919年她在基辅学习艺术并结识了曼德尔施塔姆，两人于1921年结婚。后来他们搬到莫斯科，她在那儿开始从事翻译，1934年曼德尔施塔姆受审时她陪他一起流放。1937年这对夫妻返回莫斯科，得到了他们的诗人朋友安娜·阿赫玛托娃（参见本人条目）的极大支持。娜捷日达从阿赫玛托娃对1938年奥西普被捕表现出的悲伤和愤怒中发现她是一位坚强的难友[阿赫玛托娃的亲生儿子列夫·古米廖夫（参见本人条目）也长期流放古拉格]。她的余生主要致力于保存和宣传丈夫的诗歌（她早已通过反复背诵记住了其中的大多数）和撰写《回忆录》（*Vospominaniya*，1970；译成英文的题目是*Hope Against Hope*，娜捷日达这个名字在俄文中的意思就是"希望"）和它的续篇《被遗弃的希望》（*Vtoraya kniga*，第二部，1974；英文版题目*Hope Abandoned*）。这两本书作为对斯大林恐怖统治的强烈控诉——就个人而言是对她自己丈夫的迫害，就普遍而言是对许多艺术家和朋友们的压迫——被认为是对记录斯大林破坏苏联文化生活的行
202 径具有重要意义的著作。

曼德尔施塔姆，奥西普·艾米里耶维奇［Mandel'shtam（通常拼为“Mandelshtam”），Osip Emilievich，1891—1938］，苏联犹太裔诗人和文学评论家，与阿赫玛托娃（参见本人条目）一样是阿克梅派的成员。1910年他发表了自己的第一本诗集《阿波罗》（*Apollon*），但不得不自己做翻译并在报刊上打广告。他的诗集《哀歌》（*Tristiya*，1922）和他的散文集《埃及邮票》（*Egipetskaya marka*，1928），尽管别具才华，却极其晦涩难懂。作为一位记者，他在乌克兰和库班见证了集体化的实行，并为此感到震惊。他写了一首辛辣讽刺斯大林的诗，并在1933—1934年冬天流传开来。他也因此被捕并被流放到沃罗涅日。在那里他写了三本诗集，题为《沃罗涅日手记》（*Voronezhkie tetradi*，1980）。返回莫斯科后，他于1938年5月再次被捕，并被送往古拉格。由于身体已经十分虚弱加上患上了心理疾病，他难以在西伯利亚东北部的科累马河恶劣的环境下生存，到达后不到两个月就去世了。他的诗歌直到1987年以后才得以在苏联广泛传播。

马尔，尼古拉·雅科夫列维奇（Marr, Nikolay Yakovlevich，1865—1934），苏联科学院院士，因其伪语言理论而声名狼藉。他的这些理论成了斯大林学说的基础。马尔作为研究高加索语言的专家，曾是圣彼得堡大学的教授。1920年代他发表了他的马克思主义语言理论，主张所有语言都来自一个共同的根源，因此完全有可能创造出一种新的混合语言，特别是无产阶级的语言。马尔死于1934年，然而马尔语言学派仍不断宣扬他的那些理论，直到1950年斯大林以其难以预见的习惯性的大变脸否定了它们。

马雅可夫斯基，弗拉基米尔·弗拉基米洛维奇（Mayakovsky, Vladimir Vladimirovich, 1893—1930），格鲁吉亚血统的苏联诗人、设计师和艺术家，是后革命时代初期前卫派的领袖。他在莫斯科艺术学院学习时加入了未来主义圈子。1912年以艺术宣言的形式发表了他的第一首诗《给社会趣味的一记耳光》（*Poshchechina obshchestvennomu vkusu*）。他的虚无主义、自夸和雄辩的诗风，如《穿裤子的云》（*Oblaka v shtanakh*, 1915）和他的宣传诗《一亿五千万》（*150,000,000*, 1920）与布尔什维克统治之初激情燃烧的岁月非常契合，为此他还设计了许多出色的宣传海报。1923年他创立了未来主义文学组织"列夫"（LEF），并通过《臭虫》（*Klop*, 203
1928）和《浴室》（*Banya*, 1929）两部戏剧尝试新的戏剧风格，两部戏剧均由梅耶荷德（参见本人条目）导演。然而在斯大林的专制统治下，他对革命的热情支持迅速降温，而且长期受到精神抑郁症的折磨，固执地拒绝成为一个艺术的循规蹈矩者，他最终选择了自杀。

梅列日科夫斯基，德米特里·谢尔盖耶维奇（Merezhkovsky, Dmitry Sergeevich, 1865—1941），出身乌克兰贵族的俄国流亡文学评论家、宗教哲学家和辩论家。1889年他与志同道合的诗人季娜依达·吉皮乌斯（参见本人条目）结合。十月革命前，他在俄国已经是一个崭露头角的象征派诗人，并发表了他的宗教哲学三部曲《基督与反基督》（*Khristos i antikhrist*, 1896—1905）。1919年他离开俄国并成为在巴黎的俄国流亡者中的重要人物。他曾悲观地预言共产主义将在东欧扩散。他的历史小说至今大多还无人知晓；他的哲学论文和关于托尔斯泰、陀思妥耶夫斯基和果戈理的文学评论则表现出他的博学和虔诚的宗教信仰。

梅耶荷德，符谢沃洛德·艾米里维奇 [Meyerhold（Meierkhol'd），Vsevolod Emilievich, 1874—1940]，苏联犹太裔演员、制片人和导演。他曾在莫斯

科艺术剧院受教于斯坦尼斯拉夫斯基，并在那里演出契诃夫的戏剧。但他很快放弃了斯坦尼斯拉夫斯基的现实主义风格而作为先锋戏剧的领导者积极探索新的戏剧观念。作为他自己的“梅耶荷德剧院”的导演，他在1929年和1930年排演了马雅可夫斯基（参见本人条目）的作品《臭虫》（*Klop*）和《浴室》（*Banya*），其中所表现出的大胆创新和富有表现力的风格，因带有反传统性而让苏联评论家困惑不解。梅耶荷德被指责为“形式主义”，他后来的作品遭到当局的查禁。梅耶荷德在公开批判迂腐的社会主义现实主义艺术传统之后，于1939年6月被捕。他在莫斯科的卢比扬卡监狱遭到严刑审讯，于1940年4月，继作家巴别尔（参见本人条目）之后不久被枪决。

密茨凯维奇，亚当·伯纳德（Mickiewicz, Adam Bernard，1798—1855），波兰浪漫主义诗人和民族主义领导人。他出生在立陶宛（当时是俄罗斯帝国的一部分），在维尔诺（Vilna）大学卷入民族主义政治，并于1824—1829年被流放到西伯利亚；在那里他发表了色情诗《克里米亚十四行诗》（*Sonety krymskie*，1826）。此后他在欧洲居住、教书和旅行。他最著名的作品包括支持波兰民族独立的叙事诗《康拉德·华伦洛德》（*Konrad*
204 *Wallenrod*，1828）和《塔杜施先生》（*Pan Tadeusz*，1834），一部关于这位波兰贵族的史诗性作品，背景是在1812年拿破仑入侵俄国期间。他受到拜伦支持希腊民族主义英勇行为的感召，在1854—1856年战争期间前往克里米亚集结波兰军队与盟友一道与俄国作战，但不幸在当地染病而亡。

米尔巴赫，威廉·冯伯爵（Mirbach, Count Wilhelm von，1871—1918），1917年十月革命后最初的几个动荡不安的月份里出任德国驻俄国大使。米尔巴赫出身一个富裕的普鲁士家庭，1908—1911年曾任德国驻圣彼得堡大使馆的外交官。1918年12月到达彼得格勒之后，他成了社会主义革命派极端分子的目标，他们反对一战期间布尔什维克对德国的和平政策。米尔巴赫被一名契卡(秘密警察)成员雅科夫·布柳姆金(参见本人条目)刺杀。社会革命党人密谋策划的这起事件,目的是挑起新的俄德冲突。

米尔斯基，德米特里·彼得洛维奇·斯维亚托波尔克一，亲王(Mirsky, Prince Dmitri Petrovich Svyatopolk-,1890—1939)，出生在俄国的诗人、东方学家和文学评论家。俄国内战期间米尔斯基曾在邓尼金将军的反革命白军中担任近卫军官,1920年离开俄国。1922年定居伦敦,在斯拉夫和东欧研究院获得一个讲师职位(直到1932年)。在加入英国共产党后他决定返回苏联。但是他对当局的批评以及为当时已受到官方批判的帕斯捷尔纳克(参见本人条目)辩护使他在1937年被捕。几十年来,米尔斯基的命运无人知晓,直到今天才得以确认他于1939年死于古拉格。他的《俄罗斯文学史》(1926—1927)奠定了西方研究俄国文学的基石。

莫洛托夫,维亚切斯拉夫·米哈伊洛维奇(Molotov, Vyacheslav Mikhailovich, 1890—1986)(维亚切斯拉夫·米哈伊洛维奇·斯克里亚宾,Vyacheslav Mikhailovich Skryabin),斯大林统治时期的苏联外交部长,是一个毫无想象力而又难以捉摸的官僚,他的化名“莫洛托夫”(意指“锤子”)正好概括了他作为一个政治家的固执和狭隘。莫洛托夫在1906年加入布尔什维克后就使用他的化名,1926年他成为了联共(布)中央政治局成员。他一进入这个核心圈，便以一个具有献身精神的官员的全部身心来履行他的职责,1929—1930年间强制推行斯大林严厉的集体化政策。二战期间,尤其是1939年他被任命为苏联外务部长之后(他一直把持这一职务直到1949年,并在1953—1956年间再次出任此职),他迎来了自己政治生涯的巅峰期;冷战期间,他以一种斯大林主义的不合作面目出现于 205
联合国。此时进入晚年的斯大林疑心渐重,即使是他最忠诚的奴仆也未能幸免，莫洛托夫被免职(1949)，他的妻子被监禁。只是由于1953年斯大林自己去世才使他们双双得以死里逃生。1957年莫洛托夫最终被剥夺了一切政治权利，尽管如此，他直到九十六岁逝世为止始终是一个顽固不化的斯大林主义者。

米亚斯科夫斯基，尼古拉·雅科夫列维奇（Myaskovsky, Nikolay Yakovlevich，1881—1950），出生在波兰的俄国作曲家，曾师从里姆斯基—柯萨科夫(Rimsky-Korsakov)和格里埃尔(参见本人条目)。1908年他首次公演了他27部交响曲中的第一部，后来他成了莫斯科音乐学院的作曲教授。1948年他与肖斯塔科维奇和普罗科菲耶夫一道被日丹诺夫(参见本人条目)公开批判为形式主义者。他还创作了多部协奏曲、四重奏曲和钢琴曲。

纳希莫夫，帕维尔·斯捷潘诺维奇(Nakhimov, Pavel Stepanovich，1803—1855)，俄国海军上将，他在1827年纳瓦里诺海湾战役中初次经历战斗场面，继而便在1854—1866年的克里米亚战争中指挥俄国的黑海舰队。1853年12月他在锡诺普海战中指挥俄国舰队，摧毁了土耳其舰队的主力，并直接导致了第二年英国的参战。他领导俄国海军英勇地保卫被围困的克里米亚港口塞瓦斯托波尔长达八个月之久，在那儿赢得了俄国人民英雄般的爱戴，但却在1855年6月死于狙击手的冷枪。

涅克拉索夫，尼古拉·阿列克谢耶维奇(Nekrasov, Nikolay Alekseevich，1821—1878)，俄国诗人和出版家，许多作家和评论家的赞助人，其中著名的有屠格涅夫、托尔斯泰和别林斯基(参见本人条目)。尽管是贵族成员，但因其父拒绝资助他，他不得不写一些庸俗的诗歌和轻歌舞剧来供自己在圣彼得堡的大学学习。1846年他买下《现代人》(*Sovremennik*)杂志，并为了维持它的出版不懈地与沙皇的检查机关做斗争，直到1866年最终被查封。随后他在1868年获得了《祖国纪事》(*Otechestvennye zapiski*),由他与萨尔蒂科夫(参见本人条目)共同主编。涅克拉索夫最受欢迎的诗歌,例如《弗拉斯》(“Vlas”,1854)和叙事诗《严寒、通红的鼻子》(*Moroz krasny-nos*,1863),都改编自俄罗斯的民间故事。他的长篇讽刺诗《谁在俄罗斯能过好日子?》(*Komu na Rusi zhit' khorosho?* 1873—1876)歌颂了俄罗斯农民的美德。

涅高兹,海因里希(Neuhaus, Heinrich,1888—1964)(亨里希·古斯塔沃维奇·涅高兹),著名的苏联钢琴家,莫斯科音乐学院音乐教授。他出生在
一个“伏尔加德意志人”(Volga Germans)家庭,父母都有很高的音乐天 206
赋,并开办了他们自己的音乐学校。他在德国、意大利和维也纳音乐学院学习音乐后返回俄国,在基辅和莫斯科音乐学院任教。无论是作为演奏家还是指挥家,他都是著名的演绎斯克里亚宾(参见本人条目)作品的大师。1934年他的妻子季娜伊达·尼古拉耶夫娜成了帕斯捷尔纳克的第二任妻子(见“帕斯捷尔纳克,季娜伊达·尼古拉耶夫娜”条目)。

尼金斯基,瓦斯拉夫·弗米契(Nijinsky, Vatslav Fomich,1890—1950),富有传奇色彩的俄罗斯芭蕾舞演员和编舞艺术家。他出生在一个舞蹈家庭,在圣彼得堡的帝国芭蕾舞学校接受训练,并于1909年随佳吉列夫的俄罗斯芭蕾舞团前往巴黎演出。他在由米歇尔·福金(Michel Fokine)为他创作的《玫瑰精灵》(*Le Spectre de la rose*)和《彼得罗希卡》(*Petrushka*)(均在1911年),和由他自己编舞的《牧神的午后》(*L'Après-midi d'un faune*,1912)以及《春之祭》(*Le Sacre du printemps*,1913)等芭蕾舞剧中技艺精湛的表演,在巴黎引起轰动。他以一系列完全颠覆芭蕾舞传统的壮观而又矫健的表演瞬间征服了整个芭蕾舞界。一战后,尼金斯基随佳吉列夫巡回演出,然而他却渐渐难以抵挡偏执性精神分裂症的侵袭,不得不于1919年早早离开舞台,此后经常进精神病院接受治

疗。他死后被安葬在蒙马特尔区。

奥多耶夫斯基，弗拉基米尔·费多洛维奇公爵（Odoevsky, Prince Vladimir Fedorovich，约1803—1869），俄国诗人、哲学家、教育家和评论家。他是谢林的崇拜者，1823—1824年领导了以莫斯科为活动基地的哲学团体——“爱智者”。从1826年起他居住在圣彼得堡，成了一名公务员，担任鲁缅采夫博物馆的馆长和市公共图书馆的馆长助理，参与到公共教育和文化事业中。奥多耶夫斯基是一个热心的亲斯拉夫派，在他的哲学谈话录《俄罗斯夜话》（*Russkie nochi*，1844）中批判了西方对俄罗斯文化的影响。他的短篇小说和想象力丰富的故事，如《4338年》（“God 4338”，直到1926年才出了全本），经常反映出他对神秘主义和科学进步的兴趣。

奥尔洛夫，弗拉基米尔·尼古拉耶维奇（Orlov, Vladimir Nikolaevich，1908—1996），苏俄文学学者和评论家，最初研究的是艺术史。他发表了数量可观的关于18世纪末19世纪初俄国激进民主主义运动的论著，包括对那些十二月党诗人，自由主义改革家亚历山大·拉季舍夫和剧作家亚历山
207 大·格里鲍耶陀夫（参见本人条目）的研究。他最著名的是主编了“诗人图书馆”（Biblioteka Poeta）丛书，而且是研究亚历山大·勃洛克（参见本人条目）诗歌的专家，主编了他的文集，相继在1936，1955和1960—1963年出版。奥尔洛夫逝世前是圣彼得堡师范大学（University of Teaching Skills）的文化研究教授、俄罗斯艺术学会会员。1945年伯林曾在列宁格勒根纳季·拉赫林的书店与其会面（参见《访问列宁格勒》）。

奥斯特洛夫斯基，亚历山大·尼古拉耶维奇（Ostrovsky, Aleksandr Nikolaevich，1823—1886），俄国剧作家，在契诃夫之前他统治了整个19世纪的俄国戏剧。他曾研究法律，后进入政府机构，在商务法庭当一名书记官。他的

许多戏剧作品都来源于他对俄国商人阶级的了解以及他在政府机构工作的经历。他的第一部戏剧《破产者》(*Bankrot*,1847),因揭露了商人阶级的高利贷秘密而被检查机关查禁。但随着1852年《穷新娘》(*Bednaya nevesta*)的成功,他的作品变得大受欢迎。在四十年里,奥斯特洛夫斯基几乎是独立完成了一批数量惊人的演出剧目——约50部精心创作的喜剧和戏剧,包括他最著名的作品《大雷雨》(*Groza*, 1859),该剧成为俄罗斯新民族戏剧的精髓。他的戏剧《雪女》(*Snegurochka*,1873)由里姆斯基—柯萨科夫配乐,成为一部国际流行的歌剧作品。

帕斯捷尔纳克,鲍里斯·列昂尼多维奇(Pasternak, Boris Leonidovich,1890—1960),苏联诗人、作家和翻译家,诺贝尔文学奖的获得者;国际尊崇的《日瓦戈医生》(1957)的作者。他出生在一个受过良好教育的犹太家庭,曾经学习音乐作曲,后又研究哲学,1914年发表了他的第一本诗集《云雾中的双子星座》(*Bliznets v tuchakh*)。随着他的第三本诗集《生活啊,我的姐妹》(*Sestra moya zhizn'*,1922)和他的早期散文《短篇小说集》(*Rasskazy*, 1925)的出版,好评接踵而来。然而由于帕斯捷尔纳克一直沉浸在他那充满个性、充满天性、生活与爱的诗歌里,拒绝创作传统的作品,使他遭到抨击,直到1936年他都没有再发表过任何作品。他转向翻译莎士比亚、歌德、格鲁吉亚诗人塔比泽和亚什维里(参见各自条目)的作品,并着手创作他的代表作《日瓦戈医生》。1957年他同意该书在意大利出版。为此他遭到了官方的猛烈批判,并被作协开除,被迫拒绝离开苏联去接受第二年授予他的诺贝尔奖。尽管更多的帕斯捷尔纳克的 208
诗歌在他逝世后不久就在苏联出版,《日瓦戈医生》却直到1989年才最终在苏联面世。

帕斯捷尔纳克,季娜伊达·尼古拉耶夫娜(Pasternak, Zinaida Nikolaevna, 1894—1966),具有俄罗斯和意大利双重血统,诗人帕斯捷尔纳克的第二任妻子。1929年她因帕斯捷尔纳克而离开了她的第一任丈夫钢琴演奏家和作曲家涅高兹(参见本人条目)。他们于1934年结合,两年后定居在莫斯科郊外佩列杰利基诺的作家村。他们的儿子列昂尼德于1937年出世。1946年当帕斯捷尔纳克遇见并爱上了奥尔加·伊文斯卡娅(参见本人条目)之后,他和季娜伊达已经彼此变得日益疏远,但是直到他逝世,他们始终保持着婚姻关系。

佩夫斯内,安托万(Pevsner, Antoine,1886—1962)(纳坦·鲍里索耶夫·佩夫斯内),俄罗斯犹太裔构成主义画家和雕塑家,瑙姆·加博(参见本人条目)的哥哥。1911—1917年佩夫斯内在巴黎和奥斯陆待了六年,之后返回莫斯科在美术学院担任教授。1920年代早期他和他的兄弟开创了苏联的构成主义艺术,在1920年共同发表了《现实主义宣言》(*Realistic Manifesto*)。然而当实验在苏联艺术界遭到取缔后,佩夫斯内移居巴黎,在那里他开始从事雕塑创作,尤其是利用金属进行创作,并和加博一道开创了抽象艺术中的抽象创作派(Abstraction-Création school)。

皮利尼亚克(旧译皮涅克),**鲍里斯**(Pil'nyak, Boris,1894—1937?)(鲍里斯·安德烈耶维奇·沃高的笔名),具有德国和鞑靼血统的苏联作家;和巴别尔(参见本人条目)一样,是苏联早期文学中最具天赋、最有个性的声音之一。1915年他出版了他的第一本短篇小说集,他的小说《荒年》(*Golyi god*,1922)引起关注,然而由于他在《不灭的月亮的故事》(*Povest' nepogashennoy luny*,1926)中暗示斯大林与谋杀一位十月革命的将军有牵连而遭到批判。1920年代他在国外旅行,1929年在柏林出版了他的小说《红木》(*Krasnoe derevo*),为此他在苏联遭到公开的诋毁。他凭借社会主义现实主义小说《流向里海的伏尔加河》(*Volga vpadaet v Kaspiyskoe more*,1930)恢复了自己的名誉,并被准许进入作协。但是他在1937年失踪，至今仍难以确定他是立即被枪决还是后来死于古拉格。

普列汉诺夫，格奥尔基·瓦连廷诺维奇（Plekhanov, Georgy Valentinovich, 1856—1918），俄国革命者和主要的马克思主义思想家。他的政治活动始于1870年代的民粹主义运动，但他很快拒绝了极端主义者的恐怖主 209
义，并于1880年离开俄国。直到1917年他一直客居在日内瓦，1883年他以德国马克思主义为理论基础成立了一个政治团体；该团体1898年更名为俄国社会民主工人党。作为列宁的亲密同事，从1900年开始他与列宁一起主编马克思主义报纸《火星报》（*Iskra*），然而1903年由于在俄国社会民主工人党内部，列宁领导的布尔什维克和普列汉诺夫领导的孟什维克之间发生分裂，两人的合作就此结束。1917年他曾短暂地返回俄国，但由于反对十月革命，旋即离开前往芬兰。尽管普列汉诺夫从未掌握过政治权力，并对布尔什维克在俄国建立起的新霸权感到深深的幻灭，但因他为欧洲马克思主义贡献的至今仍对世界各地马克思主义思想家具有启发的大量（26卷）理论，而仍然受到人们的尊崇。伯林讨论他的文章见伯林的选集《观念的力量》。

波戈廷（旧译包哥廷），**尼古拉**（Pogodin, Nikolay, 1900—1962）（尼古拉·费多洛维奇·斯图卡洛夫的笔名），循规蹈矩的苏联剧作家，随着共产主义的瓦解，他的那些毫无创意的宣传性质的戏剧作品已然变得毫无可演性。1922—1929年他在《真理报》当记者，从而开始了自己的职业生涯，1930年代他将一部描写一个拖拉机厂建设的五年计划小说《速度》（*Temp*, 1930）改编成戏剧。他还在《雪花》（*Sneg*, 1932）一书中处理诸如青年犯罪问题，在《贵族们》（*Aristokraty*, 1934）一书中处理犯罪分子和被社会遗弃者如何恢复正常生活等主题，并在1935—1941年间创作了关于列宁的戏剧三部曲，该剧为他赢得了斯大林勋章和列宁勋章。1934—1962年期间他一直担任苏联作协理事。

普列奥布拉任斯基，弗拉基米尔·阿列克谢耶维奇（Preobrazhensky, Vladimir Alekseevich，1912—1981），苏联芭蕾舞演员。1931年普列奥布拉任斯基毕业于列宁格勒芭蕾舞学校，先后随基洛夫芭蕾舞团（1939—1943）和大芭蕾舞团（1943—1963）演出，随后几年与列别申斯卡娅（参见本人条目）搭档演出。他于1946年获得斯大林奖。

普里什文，米哈伊尔·米哈伊洛维奇（Prishvin, Mikhail Mikhailovich，1873—1954），苏联博物学家和短篇小说家。普里什文在俄国北方的农村长大，作为一位受过训练的农学家，他发表的小说主要以大自然为题材。他的第一本文集《飞鸟不惊的地方》（*V krayu nepugannykh ptits*，1905）并没有受到多少关注。他经过长期构思创作的自传体小说《恶老
210 头的锁链》（*Kashcheeva tsep*），于1923年至1954年间出版，这使他受到公众的关注，但他的作品在英语世界仍然鲜为人知。普里什文作为十月革命的反对者刻意地置身于文学主流之外，他的小说因对动物生活的生动描写在孩子们中赢得了一批崇拜者。

普多夫金，弗谢沃罗德·伊拉里奥诺维奇（Pudovkin, Vsevolod Ilarionovich，1893—1953），俄国演员和电影导演，杰出的电影理论家，与爱森斯坦（参见本人条目）一道被尊崇为俄罗斯电影的先驱。一战期间他在部队服役并度过了三年的战俘生活，之后到一家化工厂工作，后来又在电影学院学习并出演了几部经典影片，如《新巴比伦》（*Novyi Vavylon*，1929）。他的声望主要基于三部影响深远的革命影片，片名分别是《母亲》[*Mat'*，1926，改编自高尔基（参见本人条目）的小说]、《圣彼得堡的末日》（*Konets Sankt-Peterburga*，1927年为庆祝十月革命胜利十周年而拍摄）和历史传奇片《成吉思汗的后代》（*Potomok Chingis-khan*，1928，在西方以《席卷亚洲的风暴》为名发行，获得了巨大的好评）。

拉狄克，卡尔·伯恩哈多维奇(Radek, Karl Berngardovich，1885—1939)，原名索贝里松(Sobelsohn)，波兰犹太裔革命者，托洛茨基“不断革命”论的支持者。1917年加入布尔什维克后拉狄克离开了他的故乡加里西亚。1919年他在柏林从事地下工作，但最终没能在德国发动革命。1920年代他为共产国际工作，然而随着斯大林的崛起，他因是一个“托洛茨基主义者”而于1927年被开除出党。1929年他公开宣布放弃原先的信仰，从而得以恢复原职，并于1935—1936年被征召起草新的苏联宪法。1937年他被解职并遭到逮捕，勉强逃过死刑，最终于1939年死于古拉格。

罗里赫(又译作劳瑞茨)，**尼古拉·康斯坦丁诺维奇**(Roerich, Nikolay Konstantinovich，1874—1947)，俄国画家，同时还是一位著名的人种学家、平面艺术家、佳吉列夫的芭蕾舞剧《伊戈尔王子》(*Knyaz' Igor*，1909)的舞台设计师和考古学家。他在圣彼得堡艺术学院研究考古遗址，创作了影响古老的俄罗斯历史绘画的作品《罗斯托夫大帝》(1903)。他在中亚从事科学和考古研究探险之前，已然成为俄罗斯艺术中复兴斯拉夫派的重要代表。在中亚探险期间他收集了许多珍贵的手稿和手工艺品，
并广泛传播了他保存文化遗产的理想。 211

罗西(又名塔斯卡)，**安吉洛**(Rossi，Angelo，1892—1960)，意大利共产主义者和政治作家，以研究他的政治对手意大利无政府主义者葛兰西而著称。1929年他被意大利共产党开除，前往巴黎，德国占领期间他在那里为维希政府的情报部工作。1940年代他开设了关于“第三条道路”的讲座，主张中产阶级是保持社会稳定的关键。他曾发表过多本有关法国共产党、维希政权以及意大利法西斯主义兴起的研究著作。

梁赞诺夫(戈尔坚达赫，Gol'dendakh)，**大卫·鲍里索维奇**(Ryazanov,

David Borisovich，1870—1938），俄国革命者和杰出的马克思主义史学家，最广为人知的是他作为马恩学院的创建者和院长搜集并重新出版了散逸的马克思主义著作。1917年革命之前他就开始了学术研究，出版了马克思和恩格斯为德国社会民主工党撰写的文章汇编。整个1920年代他支持苏联商贸联盟独立于共产党的控制，1929—1930年间他进而又在支持马克思主义哲学家德波林（参见本人条目）的问题上与当局发生争执，不久斯大林策划安排梁赞诺夫离开马恩学院并将其开除出党。1931年他被捕并被送往萨拉托夫流放。

雷列耶夫，康德拉季·费多洛维奇（Ryleev, Kondraty Fedorovich，1795—1826），俄国军官、诗人，普希金的朋友，1825年十二月党革命的领导人。他是一位浪漫主义诗人，在他的革命抒情诗中赞美了公民的自豪感，在他所谓的"煽动性的诗歌"中对贵族进行了讥讽，在史诗中回顾了以往历史上英雄们的光荣殉道，例如在诗歌《沃依纳罗夫斯基》（*Voinarovsky*，1824—1825）中所表现的乌克兰民族主义者马捷帕（Mazeppa）。作为"北社"（一群密谋颠覆帝国家族的共和主义者）的主要领导人，他是流产的十二月党革命的五位领袖之一，革命失败后被捕并于1826年被绞死。

萨德柯（又译为萨特阔，Sadko），传说中诺夫哥罗德的旅行者，商人和吟游诗人，俄罗斯传统民间文学中一位深受喜爱的人物。他的故事最早记录在俄罗斯的史诗中，虽然它可能源于一个古婆罗门的传说。它成了1898年里姆斯基—柯萨科夫创作的同名戏剧的灵感之源。在这部戏剧中，当萨德柯爱上海底国王的女儿之后，他以一个吟游诗人不可思议的
212 力量进入水下的海底王国。最后他回到了家乡诺夫哥罗德，成了一个非常富有的人，并出资修建了圣鲍里斯和圣格列卜教堂。

萨哈罗夫，安德烈·德米特里耶维奇（Sakharov, Andrey Dimitrievich, 1921—1989），苏联科学家和科学院院士，勃列日涅夫时期一个主要的持不同政见者。他曾在莫斯科大学研究物理学，在直接参与过发展苏联氢弹（1948—1953）后，他表达了对核武器扩散的关注，并在1960年代发起禁止核试验条约的运动。这件事，加上他在苏联公开捍卫人权，使他获得了1975年的诺贝尔和平奖。尽管如此，他却被剥夺了本国一切荣誉，并于1980年被流放到高尔基城（今天的下诺夫哥罗德）。1986年萨哈罗夫的健康开始恶化，米哈伊尔·戈尔巴乔夫批准他返回莫斯科，在开放的改革政策下，萨哈罗夫被选入苏联人民代表大会。他一直活到看到柏林墙的倒塌，一个月后便与世长辞。

萨尔蒂科夫，米哈伊尔·叶甫格拉弗维奇（Saltykov, Mikhail Evgrafovich, 1826—1889）（也使用N.谢德林的笔名，通常称其为萨尔蒂科夫—谢德林），俄国小说家和讽刺作家。1844年他进入沙皇的行政部门。他早期的一些短篇小说批评政府，使他被流放到维亚特卡（Vyatka），尽管如此，他在1855年返回莫斯科后仍做了一名行政官员。1868年他离开行政部门，与涅克拉索夫（参见本人条目）一道主编《现代人》（*Sovremennik*）和《祖国纪事》（*Otechestvennye zapiski*）等杂志。他从1850年代开始发表讽刺小品文，这些小品文为他后来最出色的作品《一个城市的历史》（*Istoriya odnogo goroda*，1869—1870）以及他尖锐抨击日益衰弱的俄国贵族的《戈洛夫廖夫老爷们》（*Gospoda Golovlevy*，1876—1880）做了铺垫。

萨马林，尤里·费多洛维奇（Samarin, Yury Fedorovich，1819—1876），俄国斯拉夫派哲学家、随笔作家和行政官员。从1850年代开始，他携手康斯坦丁·阿克萨科夫（参见本人条目）和其他一些重要人物一道为斯拉夫派杂志《俄罗斯谈话》（*Russkaya beseda*）撰稿。作为行政官员他参与了亚历山大二世1860年代的改革，起草了1861年解放农奴的宣言。他最终在柏林逝世。

谢芙琳娜(旧译绥甫林娜),**莉季娅·尼古拉耶夫娜**(Seifullina, Lidiya Nikolaevna,1889—1954),出生在西伯利亚的苏联小说家、短篇小说家
213 和记者,以刻画农民生活而著称。谢芙琳娜是1920年代“同路人”作家中的一员,创作了一系列描写西西伯利亚生活的颇受欢迎的小说。她最成功的作品《维莉涅娅》(*Virineya*,1924)还被搬上了舞台。谢芙琳娜还致力于提高苏联的教育水平,为孩子们创作了多部戏剧和小说。尽管是作协成员,她却发现自己难以创作循规蹈矩的作品,只好坦然面对官方评论家的批判。

谢尔文斯基,伊利亚·利沃维奇(Sel'vinsky, Il'ya Lvovich,1899—1968),活跃于1920年代的苏联构成主义诗人,帕斯捷尔纳克和马雅可夫斯基(参见各自条目)的朋友。他的叙事诗《乌里亚拉耶夫主义》(*Ulyalaevshchina*,1927)讲述了国内战争期间俄罗斯远东游击队战士的故事。他因作品不合传统且语言晦涩难懂而遭到批判,于是他创作了描写一战的军事领导人勃鲁西洛夫的戏剧《勃鲁西洛夫将军》(*General Brusilov*,1943),以此来激励二战中的爱国主义精神。1947年他提出以“社会主义象征主义”的新流派来取代社会主义现实主义,但未能如愿获得官方的认可。

谢苗诺娃,玛琳娜·季莫费耶夫娜(Semenova, Marina Timofeevna,1908年生),俄罗斯芭蕾舞演员和教师。从1920年代中期起就是国立模范歌剧芭蕾舞剧院的明星,后来成为莫斯科大芭蕾舞团的首席女演员。1930—1952年间,她在《吉赛尔》、《天鹅湖》、《灰姑娘》、《睡美人》等芭蕾舞剧中扮演了几乎所有的女主角。2003年大芭蕾舞团为她举行了一场盛大的音乐会庆祝她九十五岁寿辰。

谢尔盖，维克托（Serge, Viktor，1890—1947），比利时作家，国际主义者和革命者，1920年代中期前往苏联，但在1930年代早期作为托洛茨基分子而被捕。由于他在西方的支持者协同行动以及亲斯大林主义的作家罗曼·罗兰从中斡旋，1935年他在遭受囚禁和国内流放之后才被苏联当局准许出境。二战期间他待在北非，他在他的《一个革命者的回忆录：1901—1941》（*Memoirs of a Revolutionary 1901—1941*）（1951年最先以法语出版，1963年出英文版）中对20世纪二三十年代的苏联政治做了很有价值的研究。

谢尔盖耶夫，康斯坦丁·米哈伊洛维奇（Sergeev, Konstantin Mikhailovich，1910年生），俄罗斯芭蕾舞演员和编舞艺术家。从列宁格勒编舞艺术学校毕业后，主要是与他的妻子杜金斯卡娅或乌兰诺娃（参见各自条目） 214
搭档，在国立模范歌剧芭蕾舞剧院塑造了许多重要的角色。他作为基洛夫芭蕾舞团的艺术指导，在1950年代和1960年代首次带团到欧洲巡演。

谢尔盖耶夫—岑斯基，谢尔盖·尼古拉耶维奇（Sergeev-Tsensky, Sergey Nikolaevich，1875—1958），苏联作家和苏联科学院院士，以其以战争为背景的历史小说而闻名于他那个时代。谢尔盖耶夫在十月革命前就在军队中服役。1920年代开始从事写作，发表了多篇短篇小说。这些作品被指责为扰乱革命和国内战争，因而遭到官方的斥责。他的军队背景启发了他最著名的作品：描写克里米亚战争的三部曲《塞瓦斯托波尔的苦战》（*Sebastopolskaya strada*，1936—1938），该书渴望达到像托尔斯泰的《战争与和平》一样的视野，并且获得了斯大林奖。他的其他作品，例如《勃鲁西洛夫的突进》（*Brusilovsky proliv*，1943）迎合了某种歌颂以往俄罗斯国家成就的需求——只不过是一战期间的而不是苏联当时的成就。

谢尔巴科夫，亚历山大·谢尔盖耶维奇（Shcherbakov, Aleksandr Sergeevich 1901—1945），苏联政治家。斯大林的门生，日丹诺夫（参见本人条目）的左膀右臂。1934年他被任命为作协的书记以确保社会主义现实主义作为唯一可以接受的文学流派的地位。1938—1939年间他在苏联的各个加盟共和国巡查，组织清洗当地的共产党官员，随后返回列宁格勒出任列宁格勒联共（布）第一书记。战争期间他一跃成为政治上的显赫人物，被擢升授予上校军衔，并成为苏共中央政治局候补委员。作为三枚列宁勋章的获得者，他死后被葬于克里姆林围墙墓园。

谢巴林，维萨里昂·雅科夫列维奇（Shebalin, Vissarion Yakovlevich，1902—1963），苏联作曲家，1923—1928年在莫斯科音乐学院师从米亚斯科夫斯基（参见本人条目），后来成为学院的作曲教授。由于冒犯了当局，他的作品被指责为“形式主义”。1948年他连同他的朋友肖斯塔科维奇一起被撤销了学院领导的职务（从1942年开始担任）。尽管如此，他继续坚持作曲直到逝世；他的代表作包括五部交响曲（1925—1962）。

什克洛夫斯基，维克托·鲍里索维奇（Shklovsky, Viktor Borisovich，1893—1984），颇有影响的苏联文学评论家、理论家和作家。1916年创立了名为“奥波亚兹”（Opoyaz）的“诗歌语言研究会”，推动文学评论中形式主义学
215 派的发展，他还影响了像马雅可夫斯基和卡维林（参见各自条目）一类作家的写作实验。什克洛夫斯基以机智闻名，在1920年代创作了《散文理论》（*O teorii prozy*，1925）等多部重要的评论著作。他在斯大林时代的批判中幸存下来，1950年代再度成为一位重要的评论家。什克洛夫斯基的自传《伤感的旅行》（*Sentimental'noe puteshestive*，1923）表明了他对18世纪英国小说家劳伦斯·斯特恩（Laurence Sterne）的推崇。

肖洛霍夫，米哈伊尔·亚历山德罗维奇（Sholokhov，Mikhail

Aleksandrovich,1908—1984),著名的苏联小说家和当权派,以其四卷本小说《静静的顿河》(*Tikhiy Don*,1928—1940)获得了前所未有的国际成就。作为哥萨克人又是农民出身,他最初发表的短篇小说集《顿河故事》(*Donskie rasskazy*,1926)主要写的是他家乡的故事。他的历史小说,英文书名为*And Quiet Flows the Don*,描写的是国内战争那段动荡不安的岁月,其广阔的视野堪比托尔斯泰的《战争与和平》。1965年它为肖洛霍夫赢得了诺贝尔文学奖,无论在国内还是在国际上它都将成为有史以来最畅销的苏联小说。然而他晚年在国外渐渐失去光环。此时他作为苏共的官员和作协理事会的成员对帕斯捷尔纳克(参见本人条目)等作家同事以及安德烈·辛亚夫斯基和尤里·达尼埃尔等持不同政见者表达了一些反犹主义的反动观点。

西蒙诺夫,康斯坦丁·米哈伊洛维奇(Simonov, Konstantin Mikhailovich, 1915—1979),苏联诗人、剧作家和小说家。他最初的文学成就是1930年代创作的爱情抒情诗。二战期间他的创作达到了巅峰,他成了一位《红星报》(*Krasnaya zvezda*)的战地记者,并转向创作浪漫的爱国主义诗歌。他写了一部反映战争年代的戏剧《我城一少年》(*Paren' iz nashego goroda*,1941),该剧获得了斯大林奖。他还是另外两部获奖小说《日日夜夜》(*Dni i nochi*,1944)和《生者与死者》(*Zhivye i mertvye*,1959)的作者。它们都是最为流行的战争题材小说。得到这样的官方认可进一步驱使他创作更具宣传性和说教性的戏剧和小说,然而它们都无法达到他早期作品的艺术质量。1946—1954年间他主编《新世界》(*Novyi mir*)杂志,并成为作协中的一位重要人物。

辛克莱,厄普顿·比尔(Sinclair, Upton Beall,1878—1968),美国左翼记者、小说家和社会改革家。在他的第五部小说《屠场》(*The Jungle*,1906)出版之前,他是一位写庸俗小说的职业作家,这部小说激起了一场激烈

216 的争论。他揭露出对移民劳工的剥削和芝加哥肉类包装厂肉制品掺假等令人震惊的事实，直接导致了《纯正食品药品法》的通过。他热诚的社会主义信仰加强了他在《煤炭大王》(*King Coal*, 1917)和《波士顿》(*Boston*, 1928)(描写萨科和万泽提案件)等小说中对资本主义的批判，这些小说在苏联受到广泛的欢迎。然而和他于1907年在新泽西创办的短命的乌托邦共同体一样，辛克莱多次希望进入政界的努力也均以失败告终。在他超过一百部作品中，十一卷本的史诗巨著《兰尼·巴德传奇》(*Lanny Budd saga*, 1940—1953)曾获普利策奖，然而《屠场》是唯一一部经受住时间考验的作品。

斯克里亚宾，亚历山大·尼古拉耶维奇(Skryabin, Aleksandr Nikolaevich, 1872—1915)，俄国钢琴家和作曲家。斯克里亚宾是一个音乐神童，很早便进入莫斯科音乐学院学习，并开始模仿肖邦和李斯特的风格创作浪漫主义的作品。1896年在一位热情的赞助人资助下他做了一次欧洲巡演，后来他成了音乐学院的钢琴教授，直至1903年移居瑞士。1906—1907年他到美国旅行。1908年他接受了神智学，此后他的作品发生了一种新的转变，变得心醉神迷似的狂喜。他继续在欧洲和俄国巡演，直到他因得败血症而英年早逝。他最著名的作品是第五交响曲《普罗米修斯：火之诗》(*Promete—poema ognya*, 1909—1910)，及管弦乐作品《神诗》(*Bozhestvennaya poema*, 1903)和《狂喜之诗》(*Poema extasa*, 1907—1908)。

斯莱特，汉弗莱(Slater, Humphrey, 1906—1958)，美国小说家，经常写一些苏联题材的作品，并在1940年代主编了一份短命的政治刊物《争鸣》(*Polemic*)。他的小说包括1946年的《异端》(*The Heretics*)和1948年的《同谋者》(*The Conspirator*)，后者1949年被改编为好莱坞电影。

索洛古勃，费多(Sologub, Fedor, 1863—1927)(费多·库兹米奇·捷列尔尼科夫的笔名)，俄国象征派诗人、剧作家和小说家。曾经做过高中教师和督学，直到1896年他才将他的诗歌和短篇小说结集成《影子》(*Teni*)出版。他的小说《卑鄙的魔鬼》(*Melkii bes*, 1907)讽刺了俄国外省生活的单调乏味，在这部小说获得成功后，他放弃了教职。1917年革命后他离开俄国的请求遭到了拒绝，1922年后他没有再发表任何作品。索洛古勃以一种荒诞的、颓废的风格创作了多部戏剧，其中一部《聪明蜜蜂的礼物》(*Dar mudrykh pchel*, 1907)还被梅耶荷德(参见本人条目)搬上了舞台。直到1970年代他的许多作品才得以在苏联再版。 217

苏汀，查依姆 (Soutine, Chaim, 1893—1943)(哈依姆·苏汀)，出生在俄国的画家，来自犹太人定居点的一个恪守教规的正统犹太家庭。1911年苏汀移居巴黎，在那里的美术学校(École des Beaux-Arts)学习。作为表现主义流派的一位创始人，他加入了位于蒙帕纳斯区的莫迪里阿尼的艺术圈子。经历了一次又一次严重的抑郁症后接着是一次又一次如痴如狂的作画，尽管生活拮据，他仍销毁了自己的许多画作。1940年法国陷落后，生为犹太人的他一直在躲避盖世太保，然而就在解放前夕他在一次搜捕行动中被打死。

斯特罗加诺夫家族(Stroganovs)，俄罗斯东北部地区的一个有权势的贵族家族。伊凡四世统治时期，他们在乌拉尔和西伯利亚被赏赐了大片的土地。彼得大帝统治时期他们巨大的财富聚集在格里戈里·德米特里耶维奇·斯特罗加诺夫伯爵(Count Grigory Dmitrievich Stroganov, 1650—1715)手中。该家族的商业事业包括控制索里维切戈茨斯克(Solvychegodsk)的主要盐业出口，他们还支配着西伯利亚的钢铁、木材和毛皮贸易。他们还是艺术的主要赞助人，修建了大量历史上著名的教堂，并投资兴建了斯特罗加诺夫圣像画学校(1580—1630)。亚历山大·

谢尔盖耶维奇·斯特罗加诺夫伯爵（Count Aleksandr Sergeevich Stroganov, 1733—1811）是18世纪俄罗斯艺术和文学的著名赞助人。他的儿子帕维尔·亚历山德罗维奇·斯特罗加诺夫伯爵（Count Pavel Aleksandrovich Stroganov, 1772—1817）是亚历山大一世统治时期的自由派改革家。那道名叫斯特罗加诺夫牛肉的菜肴便是以他的孙子、美食家帕维尔·谢尔盖耶维奇·斯特罗加诺夫伯爵（Count Pavel Sergeevich Stroganov, 1823—1911）的名字命名的。

苏斯洛夫，米哈伊尔·安德烈耶维奇(Suslov, Mikhail Andreevich, 1902—1982)，苏联政治家和意识形态理论家，苏共中央政治局成员。1921年加入共产党，1939—1944年任斯塔夫罗波尔(Stavropol)第一书记。1941年调任苏共中央委员会，负责苏联内务人民委员会(NKVD)的工作。二战期间作为苏共的官方代表负责监督立陶宛并入苏联的工作。战后他领导苏联的宣传工作（从1947年起担任苏共中央委员会的书记）直至逝世，1949—1951年还兼任《真理报》(*Pravda*)的总编。1955年他升任苏共中央政治局常务委员会(原政治局)常务委员，在赫鲁晓夫(正是他促使其下台)和勃列日涅夫手下工作。

苏沃洛夫，亚历山大·瓦西里耶维奇(Suvorov, Aleksandr Vasil'evich, 1729—1800)，俄国陆军元帅和军事统帅，因长期为国家服役，他先后被封为伯爵(1789)和公爵(1799)。苏沃洛夫生于莫斯科的贵族家庭，十五岁进入
218 军队，参加了七年战争(1756—1763)，镇压了波兰天主教徒的起义，并在1787—1791年俄土战争中证明自己是一位杰出的战略家。1794年他平定了又一次波兰民族主义叛乱，并在法国大革命战争期间统帅俄罗斯和奥地利军队在意大利北部与法国军队作战。他出版了自己的战争理论《制胜的科学》(*Nauka pobezhdat'*)。

塔比泽，基奇安·尤斯季诺维奇（Tabidze, Titsian Yustinovich, 1895—1937），与亚什维里（参见本人条目）一道是活跃于1918—1921年的象征派诗人团体"蓝色号角"（Blue Horns）中杰出的格鲁吉亚诗人。他与他的格鲁吉亚同乡鲍里斯·帕斯捷尔纳克（参见本人条目）私交甚密，并经常通信。帕斯捷尔纳克和他的伴侣奥尔加·伊文斯卡娅（参见本人条目）还将塔比泽的诗歌翻译成俄文。塔比泽与其他许多来自格鲁吉亚的艺术家和知识分子一起在大清洗期间失踪。直到1955年才发现，他于1937年被捕并遭到审讯，随即被草草处决。他与帕斯捷尔纳克的通信用英文发表在《致格鲁吉亚朋友们的信件》（1967）一书中。

泰罗夫（又译塔伊罗夫），**亚历山大·雅科夫列维奇**（Tairov, Aleksandr Yakovlevich, 1885—1950），苏联戏剧导演，1914年创办了莫斯科卡莫尔尼剧院[①]，在那里他吸收了芭蕾和马戏的诸多因素，并运用了立体主义的舞台背景，提出了一种更适合戏剧的表演风格。泰罗夫把尤金·奥尼尔和萧伯纳创作的西方经典搬上戏剧舞台，但最终还是不得不上演像弗谢沃洛德·维什涅夫斯基（Vsevolod Vishnevsky）《乐观的悲剧》（*Optimisticheskaya tragediya*, 1932）这样的作品，以顺应社会主义现实主义的需要。1939年他因把改编的福楼拜小说《包法利夫人》搬上舞台，而受到广泛的好评，1945年他被授予列宁勋章。

塔尔列（塔尔莱），**叶甫盖尼·维克托罗维奇**[Tarle（Tarlé）, Evgeny Viktorovich, 1875—1955]，著名的老派历史学家，列宁格勒科学院院士；以研究拿破仑战争和克里米亚战争著称，著有两卷本《克里米亚战争》（*Krymskaya voina*, 1942—1943）。1930年11和12月间斯大林首次发起对所谓"工人党"的公开审判时，塔尔莱被指控是这个反斯大林的"破坏集团"的一员，他被怀疑想建立军事独裁，他将在这个未来的独裁政府中出任外交

① 即莫斯科室内剧院。——译注

部长。然而塔尔列随即被斯大林释放并恢复原职，当起了斯大林政权最
219 主要的编年史家。

塔特林，弗拉基米尔·叶甫格拉弗维奇(Tatlin, Vladimir Yevgrafovich, 1885—1953)，苏联早期的先锋艺术家、雕塑家和设计师。塔特林在巴黎和柏林求学后发起了构成主义运动。他开创性地使用各种材料(包括金属、玻璃和木头)的技术，在1919年为他赢得了设计第三国际纪念塔的任务。然而他的设计遭到了加博(参见本人条目)的强烈批评，始终没有完成。塔特林的创新冲动似乎已在顺应社会主义现实主义艺术原则的巨大压力下消失殆尽。他在莫斯科纺织学院转向教学和实用艺术创作，并在1930年代开始从事舞台设计。

吉洪诺夫，尼古拉·谢苗诺维奇(Tikhonov, Nikolay Semenovich, 1896—1979)，苏联诗人和文学官员。一战期间他在部队服役时开始创作浪漫主义的革命歌谣。1922年他加入了“谢拉皮翁兄弟”(Serapion Brothers)，通过《蓝色小包之歌》(“Ballada o sinem pakete”, 1922)等歌谣歌颂了革命胜利之初的年代。但从1934年起，与他作为作协官员的职责以及他多次到苏联各个加盟共和国巡游相比，他的诗歌创作逐渐退居次席。他以《基洛夫和我们在一起》(*Kirov s nami*, 1941)等极具鼓动性和沙文主义色彩的战争诗歌三次获得斯大林奖。战后他成为最高苏维埃代表大会的代表。

托尔斯泰，阿列克谢·尼古拉耶维奇(Tolstoy, Aleksey Nikolaevich, 1883—1945)，循规蹈矩的苏联诗人、小说家和剧作家。他的那些被过誉的作品被拔高为斯大林时代苏联文学的经典。他出身俄罗斯贵族，是列夫·托尔斯泰的远亲。他曾短暂移居国外，后于1923年返回苏联。凭借一系列官方认可的历史题材作品，他巧妙地利用自己的艺术成就保持着一种

奢侈的生活方式。《苦难的历程》(*Khozhdenie po mukam*,1921—1941)成功地被译成英文,他的三部曲《彼得一世》(*Petr pervyi*,1929—1945)在战争中重新唤起了民族自豪感。斯大林十分推崇他的两幕剧《伊凡雷帝》(*Ivan groznyi*,1941—1943),然而许多人把托尔斯泰视为苏联政权的辩护者;他的作品现在已经无人问津。

托马舍夫斯基,鲍里斯·维克托罗维奇(Tomashevsky, Boris Viktorovich, 1890—1957),苏联学者、文学史家和形式主义评论家。他起初是一位工程师,后在彼得格勒学习哲学并教授文学理论(1921—1924)。1920年代他发表了两本形式主义批评的重要作品:《文学理论:诗学》(*Teoriya literatury: peotika*,1925)和《作家与作品:文本研究概论》(*Pisatel' i* 220
kniga: ocherk tekstologii,1928)。从1930年代开始他主要为"文学遗产"系列丛书这类学术出版物编辑普希金、契诃夫等人的文学档案。

特列尼约夫,康斯坦丁·安德烈耶维奇(Trenev, Konstantin Andreevich, 1876—1945),苏联的雇佣作家和剧作家。他早期的短篇小说(1915年出版)模仿高尔基(参见本人条目)的风格,不久后他转向戏剧创作。他的历史剧《普加乔夫起义》(*Pugachevshchina*)1924年被搬上莫斯科艺术剧院的舞台,然而他唯一知名的成功之作是以国内战争为背景的戏剧《柳博芙·亚罗娃娅》(*Lyubov' Yarovaya*,1926),该剧被官方用来当作正统的社会主义现实主义戏剧的范本。

托洛茨基,列昂(Trotsky, Leon,1879—1940)(列夫·达维多维奇·布隆施泰因的笔名),国际革命家和政治理论家,出生在乌克兰一个俄国化的犹太家庭。他为了参加革命活动放弃了自己的学业(1897—1898),并因此开始了他最初的几次牢狱生涯。在伦敦流亡的革命者圈子中,他站在孟什维克一边反对列宁,1905年他作为一名政治精力充沛者返回俄国,领导罢工和示威游行，并成为一位杰出的公共演说家。同年他再次入狱，在狱中他疯狂地论证他的“不断革命”理论，1917年革命期间他成了历次革命活动的核心人物。他被委以军事委员的要职（1918—1925）并创建了红军，但又因在随后进行的国内战争期间使用了残忍的强制性手段而备受指责。1924年列宁逝世后他在夺权的斗争中失败，随即被斯大林排除出权力中心。他被流放到中亚，并于1928年被驱逐出境。他余生创作了一系列政治著作不遗余力地痛斥斯大林的罪行。1936年他在墨西哥城找到了避难之处，1940年他最终在那里被苏联内务人民委员会（NKVD）所派的特务暗杀。

茨维塔耶娃，玛琳娜·伊万诺夫娜（Tsvetaeva, Marina Ivanovna，1892—1941），苏联诗人、作家和评论家；与阿赫玛托娃（参见本人条目）一样是俄罗斯女诗人中最富创新性的一位。她的第一部诗集《黄昏纪念册》（*Vechernii al'bom*）于1910年出版。她还尝试诗剧和叙事诗的创作，并发表了韵律工整的抒情诗《里程碑》（*Versty*，1921和1922）和《致勃洛克》（*Stikhi k Bloku*，1922）。因反对十月革命，1922年她移居国外，1925年在巴黎定居，除了继续创作诗歌外，她还写作散文和评论，从民间传说中
221 获取主题，不断回溯到她的俄国根源。客居他乡的孤独和贫困加剧了她的绝望感。1939年她错误地决定返回苏联，但并没有像她所渴求的那样获得诗人的待遇，而是遭到了官方文学圈子的排斥，两年后她在苏联的鞑靼斯坦共和国的叶拉布加（Elabuga）自杀。她最著名的诗集是《手艺》（*Remselo*[1]，1923）和《俄罗斯之后》（*Posle Rossii*，1928）。

图哈切夫斯基，米哈伊尔·尼古拉耶维奇（Tukhachevsky, Mikhail Nikolaevich，1893—1937），出身俄罗斯—波兰贵族的苏联陆军元帅和民族英雄，绰号“红色拿破仑”。图哈切夫斯基在一战中战功卓著。由于在国内战争期

① 原书印错，应为Remeslo。——译注

间指挥布尔什维克的军队，他被提升成苏联最具威望的军事领导人之一。1920年代他对红军进行了改革并使之现代化，将其改造成一支重要的军事力量。1935年斯大林虽然提升图哈切夫斯基为陆军元帅，但对他的个人主义心存疑虑，对他的显赫声望心生猜忌。1937年他解除了图哈切夫斯基的军职，并因一起捏造的他与其他七位红军高级将领阴谋夺权的指控对他进行了传讯。此后不久，图哈切夫斯基被枪决，1988年他才最终得到平反。

蒂尼亚诺夫，尤里·尼古拉耶维奇（Tynyanov, Yuri Nikolaevich，1894—1943），苏联文学评论家、翻译家和学者，一位重要的形式主义理论家。曾学习历史和哲学，之后他在共产国际任法文翻译（1918—1921），1921年成了一位文学史教授。他对普希金、陀思妥耶夫斯基、丘特切夫和勃洛克（参见各自条目）等诗人和作家的批判性研究，同他的《诗歌语言问题》（*Problema stikhotvoreniya*，1924）一样，成了标准的范本。他还写了许多学术性的传记小说，如《普希金》三部曲（1935—1943）和描写作家格里鲍耶多夫（参见本人条目）被害的《瓦济尔·姆赫塔尔之死》（*Smert' Vazir-Mukhtara*，1927—1928）。

丘特切夫，费多·伊万诺维奇（Tyutchev, Fedor Ivanovich，1803—1873），与普希金和莱蒙托夫齐名的俄罗斯杰出的天才诗人。他出身贵族，1822年成了一名外交官，先后被派往德国和意大利，侨居国外直到1844年。他与海涅通信。他翻译海涅的诗以及他自己许多受谢林《自然哲学》影响而写的诗歌，在1836—1837年以《寄自德国的诗》为题匿名刊登在《现代人》（*Sovremennik*）杂志上。返回俄国后，他当上了书报审查官。在被涅 222
克拉索夫（参见本人条目）发现后，他最终从1854年开始用自己的真名发表作品。晚年他歌颂自然和爱情的抒情诗逐渐被表达其泛斯拉夫主义情感的政治诗所取代。人们对他作品的兴趣日渐减弱，直到19世纪末俄国象征派诗人才又重新发现他的价值。

乌兰诺娃，加琳娜·谢尔盖耶夫娜（Ulanova, Galina Sergeevna, 1910—1998），国际著名的苏联芭蕾舞演员，冷战时期少数几位被允许到西方演出的艺术家之一。乌兰诺娃就读于彼得格勒芭蕾舞学校，以其生动的表演风格一举成名。从1944年起她一直占据着大芭蕾舞团首席女演员的地位，塑造了许多令人难忘的角色，例如《巴赫切萨拉伊的泪泉》（*Bakhchiseraiskii fontan*, 1934）中的玛丽亚和由普罗科菲耶夫配乐的《罗密欧与朱丽叶》（*Romeo i Dzhulietta*, 1940）中的朱丽叶。1962年退休后她留在大芭蕾舞团担任芭蕾舞教师。

瓦赫坦戈夫，叶甫盖尼·巴格拉季奥诺维奇（Vakhtangov, Evgeny Bagrationovich, 1883—1923），出生在美国的俄罗斯演员、导演和教师。自1911年起在莫斯科艺术剧院当演员，他研究了斯坦尼斯拉夫斯基的各种表演方法，在斯坦尼斯拉夫斯基的表演派和当时由梅耶荷德（参见本人条目）开创的俄国戏剧的荒诞派之间发展出一种折中的表演方法。作为一位杰出的教师和导演，瓦赫坦戈夫指导了契诃夫和梅特林克的戏剧，在莫斯科艺术剧院第三剧场（1926年为纪念他更名为瓦赫坦戈夫剧场）打上了自己深刻的印记。在病魔夺去他的生命之前，他最受好评的作品是1922年重新排演了卡罗·哥兹1762年创作的话剧《图兰朵》。

瓦尔加，叶甫盖尼·萨莫伊洛维奇［Varga, Evgeny Samoilovich，英译又作Eugen(e) Varga, 1879—1964］，出生在匈牙利的苏联犹太裔经济学家，莫斯科世界政治经济学院的权威。瓦尔加最著名的成就是他对世界资本主义经济危机的研究，包括1924年就这个主题与托洛茨基合写的一部著作。在《第二次世界大战后的资本主义》（*Kapitalizm posle vtoroi mirovoi voiny*, 1974年首次用俄文出版；英译本名为《二战给资本主义经济带来的变化》)一书中,瓦尔加大胆地挑战官方的共产主义理论,警告苏联不要指望战后资本主义会马上面临崩溃。这直接导致1947年官方对他的斥责,同时免除了他在苏联科学院的职务。 223

沃罗夫斯基,瓦茨拉夫·瓦茨拉沃维奇(Vorovsky, Vatslav Vatslavovich, 1871—1923),俄国文学评论家、记者,党报《前进报》(*Vpered*)编委会中主要的布尔什维克作家。与列宁交往甚密,十月革命后他作为俄国首批派往西方国家的外交使节在斯德哥尔摩工作。1922年他是苏俄在世界经济大会上的代表。他在洛桑出席一次讨论土耳其问题的国际会议时,被一个出生在俄国的瑞士人莫里斯·康拉迪(Maurice Conradi)暗杀。沃罗夫斯基出版了多部著作,包括《俄罗斯知识阶层与俄罗斯文学》(*Russkaya intelligentsiya i russkaya literatura*, 1923)。

弗鲁别利,米哈伊尔·亚历山德罗维奇(Vrubel', Mikhail Aleksandrovich, 1856—1910),俄国象征派画家,"巡回展览派"艺术家成员。弗鲁别利除了为歌剧院经理萨瓦·马蒙托夫(Savva Mamontov)做背景设计外,还是一位著名的雕塑家和壁画家,他的作品深受中世纪东正教艺术的影响。他的主要成就是为始建于12世纪的基辅圣基里尔教堂进行修缮和壁画修复工作。1906年他突遭心理崩溃和双目失明的双重打击,终致精神失常,在精神病院去世。

亚什维里,帕维尔(保罗)·吉布拉耶洛维奇[Yashvili, Pavel(Paolo) Dzhibraelovich, 1895—1937],杰出的格鲁吉亚诗人,和塔比泽(参见本人条目)一道,是1916年在第比利斯创立的著名的格鲁吉亚象征派诗人团体"蓝色号角"的领袖。他将莱蒙托夫、马雅可夫斯基和普希金(参见各自条目)的诗歌翻译成格鲁吉亚文,他自己的作品也被帕斯捷尔纳克(参见本人条目)翻译成俄文。他的作品遭到布尔什维克当局的查禁,整个

1930年代他都一直遭到各方的联合攻击。1937年他听到好友塔比泽被捕的消息后，知道相同的命运不久将降临到自己身上，于是自杀身亡。具有讽刺意味的是，斯大林作为一个格鲁吉亚人，对亚什维里的诗歌格外欣赏。

查德金，奥西普[Zadkine, Ossip(Osip Zadkin),1890—1967]，出生在俄国的犹太雕塑家，1909年定居巴黎之前他辗转居住在伦敦、巴黎和斯摩棱斯克。1920年代他尝试用立体主义的艺术风格进行创作，在美国待了一段时间后于1944年返回巴黎。他最著名的作品是为纪念二战期间遭到轰炸的鹿特丹而制作的青铜雕塑《致一座被摧毁的城市》(*To a Destroyed City*,1953)，他还为阿姆斯特丹和耶路撒冷等城市创作了许多重要的作品。

日丹诺夫，安德烈·亚历山德罗维奇(Zhdanov, Andrey Aleksandrovich, 1896—1948)，苏联艺术的官方发言人，1946—1948年间苏联官方艺术
224 政策，即日后所称的“日丹诺夫主义”(Zhdanovshchina)的设计者。在此政策下，作家和音乐家谁不遵循官方的艺术路线谁就受到有计划有步骤的迫害。1934年在苏联作家协会成立大会上，日丹诺夫作为一名低级官员崭露头角，他在会上提出了社会主义现实主义的艺术准则。1939年他获准进入苏共中央政治局。1946年斯大林对他在战争期间的工作进行了嘉奖，在列宁格勒保卫战期间，斯大林指使他策划了官方对阿赫玛托娃和左琴科(参见各自条目)的诋毁中伤。此后，日丹诺夫将注意力转向肖斯塔科维奇、普罗科菲耶夫和米亚斯科夫斯基(参见各自条目)等作曲家。

日尔蒙斯基，维克托·马克西莫维奇(Zhirmunsky, Viktor Maksimovich, 1881—1971)，苏联文学研究者和评论家，苏联科学院文学史所通讯院

士。作为列宁格勒大学的哲学讲师，日尔蒙斯基是一位与艾亨鲍姆(参见本人条目)齐名的重要的形式主义文学评论家。他以其《韵律学导论：诗歌理论》(*Vvedenie v metriku: teoriya stikha*,1966)以及对阿赫玛托娃(参见本人条目)、普希金与勃洛克(参见本人条目)的批判性研究而著称，此外他讨论世界文学的著作也很出名。

楚科夫斯基，瓦西里·安德烈耶维奇(Zhukovsky, Vasily Andreevich, 1783—1852)，诗人和翻译家，他的诗歌深受英国和德国前浪漫主义文学的影响。1808年他成为文学杂志《欧洲信使》(*Vestnik Evropy*)的编辑。1825年他被任命为未来的亚历山大二世的家庭教师，这一身份使他得以向宫廷悄悄注入自由主义的因素，他还经常在一些作家，包括普希金在内，与当局发生龃龉时，为他们提供庇护。楚科夫斯基1839年从宫廷退休之后，定居德国，在那里他成了翻译歌德和席勒作品的著名翻译家。他还翻译英国诗人格雷、骚塞和拜伦的作品。此外，他还有一个毕生的爱好——翻译荷马的《奥德赛》。在他的作品中，主要是在一些沉思冥想的挽歌里，弥漫着一种超自然的、哥特式的(指神秘恐怖、凄凉衰败的氛围)忧郁与伤感，这反映出他本人对神秘主义日渐浓厚的兴趣。

季诺维也夫，格里戈里·叶弗谢耶维奇 [Zinoviev(Zinov'ev),Grigory Evseevich,1883—1936](奥弗谢·格尔岑·阿罗诺夫·拉多米斯尔斯基的笔名)，乌克兰犹太裔政治家，十月革命后布尔什维克的领导成员之一。不久之后他批评列宁对政治生活的压制，但还没有勇气反对他。1921年之前他就已经进入联共(布)中央政治局。1920年代他对形势估计错误，与斯大林联合起来反对托洛茨基，1926年在意识到自己的错误之后只 225
好又重新与托洛茨基结盟。在接下来的十几年中，斯大林为了报复与季诺维也夫玩起了猫捉耗子的游戏。先是在1927年将他开除出苏共中央委员会，接着又三番两次地让他重新入党又开除出党。最终季诺维也夫于1936年被捕，与他的战友列夫·加米涅夫一道作为托洛茨基分子遭到审判，旋即被枪决。

左琴科，米哈伊尔·米哈伊洛维奇（Zoshchenko, Mikhail Mikhailovich, 1895—1958），苏联讽刺作家，以描写十月革命后动荡不安生活的一系列滑稽短篇小说而著称。作为“谢拉皮翁兄弟”文学小组的成员，1922年他发表了他的第一本小说集《蓝肚皮先生纳扎尔·伊里奇的故事》（*Rasskazy Nazara Il'icha*）。尽管他的作品在20世纪二三十年代极受欢迎，但他却因无法顺应社会主义现实主义的要求而冒犯了苏联当局。他的自传体小说《日出之前》（*Pered voskhodom sol'ntsa*, 1943）被认为是信口开河和有所指向的，他的幽默童话故事《猴子奇遇记》（*Priklyucheniya ob'ezyany*, 1946）立即被日丹诺夫揪住，指责它是对苏联公民的嘲弄，从而为各界联合批判左琴科提供了借口。他遭到作协的排斥，虽然靠翻译
226 勉强维持生计，但已变得心灰意冷。

进一步阅读文献

海伦·拉帕波特

伯林还写过其他一些以俄国为主题的文章，有一部分探讨的是苏联的政治体制，而大多数研究的是苏联之前的时代。但是即使在他著名的关于19世纪俄国思想家的研究中，他也不忘展望一下未来，我们现在知道他的预见已经正在变为现实，而这在某种程度上源于那场无休无止的关于俄国知识阶层的激烈争论。经过一番考虑和协商，我决定不再增加那些相对边缘的或篇幅较短的文章，以免扩大篇幅从而削弱本卷的主题，但以下这个书目清单对于那些希望搜寻伯林其他已出版的相关作品[①]并照例加入收藏的人来说或许不无裨益。它们都列在《反潮流》一书的伯林作品目录中，并贴在我们提到过的那个网站上，但只有篇名。这里我将它们的详细资料收罗如下以飨读者；此外我还收录了一篇与本书目显得格外契合的文章节选。

《俄国思想家》，亨利·哈代与艾琳·凯利编（伦敦，1978：荷加斯出版社；纽约，1978：维京出版社；哈芒斯沃斯和纽约，1979：企鹅出版社）：

① 另见前文第xxvii页，注①。此外还有大量未出版的文章也应归于此列，但我在本文中并未予以考虑。它们被列在伯林网站上的“未发表作品”里，它们的标题清晰地显示出了它们与本卷的关联。

艾琳·凯利的导论

俄国与1848

刺猬与狐狸:论托尔斯泰的历史观

227 赫尔岑和巴枯宁论个人自由

辉煌的十年(1838—1848)

Ⅰ 俄国知识阶层之诞生

Ⅱ 彼得堡与莫斯科的德国浪漫主义

Ⅲ 别林斯基

Ⅳ 赫尔岑

俄国民粹主义

托尔斯泰与启蒙

父与子:屠格涅夫与自由的困境

《现实感:观念与观念史研究》中的《艺术的责任:一份俄国遗产》,亨利·哈代编(伦敦,1996:查托与温达斯出版社;纽约,1997:法拉、斯特劳斯及吉洛克斯出版社;伦敦,1997:皮姆利可出版社)

《观念的力量》中的五篇文章,亨利·哈代编(伦敦,2000:查托与温达斯出版社;普林斯顿,2000:普林斯顿大学出版社;伦敦,2000:皮姆利可出版社)

俄国思想史

变成神话的人(别林斯基)

一位没有狂热的革命者(赫尔岑)

知识阶层的角色

俄国马克思主义之父(普列汉诺夫)

为拉尔夫·帕克的《同志,你好吗?》一文写的评论,《听众》第38期

(1947),第543,545页

《制造革命的三个人》,为伯特伦·D. 沃尔夫的《制造革命的三个人》一书写的书评,《美国历史评论》第55期(1949),第86—92页

《文化趋势》,为《历史视野中的1949年》一文写的一个章节,《1950年不列颠年度图书》(芝加哥/多伦多/伦敦,1950:不列颠百科全书出版公司),第xxii—xxxi页

《对所谓的马克思主义的态度:伯林博士进一步阐述他在曼荷莲学院的讲话》(以书信的形式),《纽约时报》,1949年7月8日,第18页

《苏联的初创》,为E. H. 卡尔的《苏俄史》第一卷:《布尔什维克革命:1917—1923》一书写的书评,《星期日泰晤士报》,1950年12月10日,第3页

《俄国文学:那个伟大的世纪》,为D. S. 米尔斯基的《俄罗斯文学史》一书写的书评,《国家》,第170期(1950),第180—183页,第207—208页 228

《对俄国的"现实感"》,为沃尔特·比德尔·史密斯的《我在莫斯科的三年》一书写的书评,《纽约时报书评》,1950年1月8日,第1—2页;在这篇书评中,伯林写到"苏联统治者也被快速发展的需要所驱使":

> 这是因为他们相信由于资本主义世界存在许多内在"矛盾",每进入一个新的生产阶段这些矛盾必然变得更加尖锐,因此资本主义世界注定会土崩瓦解。当最后的崩溃到来时,苏联必须要做好准备,否则就可能在两个世界的最后决战中失败,最终可能无产阶级获得了胜利而苏联却遭到毁灭。认为这两种体制有可能和平相

处是对马克思主义的无知,决定人类命运的总决战也许就在眼前。苏联要想继续存在就必须尽人力所及的最大努力，在最后的伟大决战——也是人类必然通向的一个巅峰——到来之前让自己变得不可战胜;除非资本主义世界真的不通过战争就主动投降,而那被认为是不可能的。

史密斯将军引用了斯大林在1930年说过的一段话:“有时人们会问,我们是否能够放慢脚步,放缓发展的速度。放慢脚步意味着落后，而落后就要挨打……我们要么追赶资本主义国家要么就等着灭亡。我们落后领先的资本主义国家五十到一百年。我们必须在十年内赶上。我们要么这么做要么被毁灭。”

如果苏联的公民将要面对这种可怕的前景，他们就必须不断地变得更加坚强。因此俄国的氛围就像一所严厉的半军事化的教育机构的氛围,那里的孩子们,比起其他地方的孩子更加落后也更加困难,却被无情地逼迫去追赶沙俄时代浪费的几百年的差距。也许更人道的方法也能很好地甚至更好地达到目的，但没有时间去尝试:其他国家发展得太快了,因此既然要想让这个机构中的学生们有所作为,就不得不使用强制的手段;所有的一切都指向这个唯一的目标;眼下孩子们肯定又冷又饿,但要改善这种状况还要保持
229 发展速度,现有的资源仍然非常匮乏;外面的世界是禁区,因为资本主义国家注定要灭亡,如果马克思预言正确的话,它们也必然越来越敌视苏联。

外国的访问者也不受欢迎，因为即使他们个人的意图是善良的,但他们也只会干扰那些正在接受训练、无暇顾及任何与安排给他们的任务无关之事的男女们。这些陌生人带着他们关于其他地方情况的旅行故事，只会扰乱那些只能通过最拼命的努力才有希望获得成功的工人，而历史和地理已经在他们成功的道路上设置过那么多的障碍。

既然在学校里核心的价值是道德的而非知识的，于是品质尤其是忠诚的品质就最为重要；如果学生不够聪明或老练，他们可能不会获得提拔，但如果他们说谎或不忠诚或怀疑学校的目标，那他们必定会受到惩罚或被开除。

这就是在苏联普遍存在的关于发展速度和道德氛围的基本事实——藉此，那些看起来令人震惊、极易让人归结为各种"斯拉夫灵魂"或"东方专制主义"以及"拜占庭主义"的事情，大都就变得更加明白了。

为埃德蒙·哈莱特·卡尔(Edmund Hallett Carr)[①]的《革命研究》一书写的书评，《国际事务》，第27期(1951)，第470—471页

《俄国文学一瞥》，为马克·斯洛宁《俄国文学中的史诗》一书写的书评，《党派评论》，第17期(1950)，第617—623页

为乔治 L. 克兰的《苏联哲学中的斯宾诺莎》一书写的书评，《牛津杂志》，第71期(1952—1953)，第232—233页

为理查德·黑尔的《夹在改革和革命之间的俄国人物肖像》一书写的书评，《英国历史评论》，第75期(1960)，第500—502页

(以释读的方式)为约翰·基普和莉莉亚娜·布瑞斯比主编的《苏联镜像中的当代史》(伦敦，1964：乔治·艾伦与昂温出版社)写的几段文字，第40—41页，第89，220，330页

《一位俄国新女性》，为约翰·卡斯威尔的《流亡者：艾薇·李特维诺夫传》

① 怀疑原文有误，应为爱德华·哈莱特·卡尔(Edward Hallett Carr)。——译注

一书写的书评，参见《星期日泰晤士报》，1984年5月6日，第41页

230 H. H.[1]

① Henry Hardy的缩写。——译注

索引

道格拉斯·马修斯　编

俄国人名采用《人名汇编》所用的拼写形式，
汇编为所选人物提供了更详细的资料。

（条目后的数字为原书页码，见中文本边码）

人文与社会译丛

第一批书目

1.《政治自由主义》(增订版),[美]J. 罗尔斯著,万俊人译　118.00 元
2.《文化的解释》,[美]C. 格尔茨著,韩莉译　89.00 元
3.《技术与时间:1. 爱比米修斯的过失》,[法]B. 斯蒂格勒著,裴程译　62.00 元
4.《依附性积累与不发达》,[德]A. G. 弗兰克著,高铦等译　13.60 元
5.《身处欧美的波兰农民》,[美]F. 兹纳涅茨基、W. I. 托马斯著,张友云译　9.20 元
6.《现代性的后果》,[英]A. 吉登斯著,田禾译　45.00 元
7.《消费文化与后现代主义》,[英]M. 费瑟斯通著,刘精明译　14.20 元
8.《英国工人阶级的形成》(上、下册),[英]E. P. 汤普森著,钱乘旦等译　168.00 元
9.《知识人的社会角色》,[美]F. 兹纳涅茨基著,郏斌祥译　49.00 元

第二批书目

10.《文化生产:媒体与都市艺术》,[美]D. 克兰著,赵国新译　49.00 元
11.《现代社会中的法律》,[美]R. M. 昂格尔著,吴玉章等译　39.00 元
12.《后形而上学思想》,[德]J. 哈贝马斯著,曹卫东等译　58.00 元
13.《自由主义与正义的局限》,[美]M. 桑德尔著,万俊人等译　30.00 元

14.《临床医学的诞生》,[法]M. 福柯著,刘北成译 55.00 元
15.《农民的道义经济学》,[美]J. C. 斯科特著,程立显等译 42.00 元
16.《俄国思想家》,[英]I. 伯林著,彭淮栋译 35.00 元
17.《自我的根源:现代认同的形成》,[加]C. 泰勒著,韩震等译 128.00 元
18.《霍布斯的政治哲学》,[美]L. 施特劳斯著,申彤译 49.00 元
19.《现代性与大屠杀》,[英]Z. 鲍曼著,杨渝东等译 59.00 元

第三批书目

20.《新功能主义及其后》,[美]J. C. 亚历山大著,彭牧等译 15.80 元
21.《自由史论》,[英]J. 阿克顿著,胡传胜等译 89.00 元
22.《伯林谈话录》,[伊朗]R. 贾汉贝格鲁等著,杨祯钦译 48.00 元
23.《阶级斗争》,[法]R. 阿隆著,周以光译 13.50 元
24.《正义诸领域:为多元主义与平等一辩》,[美]M. 沃尔泽著,褚松燕等译 24.80 元
25.《大萧条的孩子们》,[美]G. H. 埃尔德著,田禾等译 27.30 元
26.《黑格尔》,[加]C. 泰勒著,张国清等译 135.00 元
27.《反潮流》,[英]I. 伯林著,冯克利译 48.00 元
28.《统治阶级》,[意]G. 莫斯卡著,贾鹤鹏译 98.00 元
29.《现代性的哲学话语》,[德]J. 哈贝马斯著,曹卫东等译 78.00 元

第四批书目

30.《自由论》(修订版),[英]I. 伯林著,胡传胜译 69.00 元
31.《保守主义》,[德]K. 曼海姆著,李朝晖、牟建君译 58.00 元
32.《科学的反革命》(修订版),[英]F. 哈耶克著,冯克利译 68.00 元

33.《实践感》,[法]P. 布迪厄著,蒋梓骅译 75.00 元
34.《风险社会:新的现代性之路》,[德]U. 贝克著,张文杰等译 58.00 元
35.《社会行动的结构》,[美]T. 帕森斯著,彭刚等译 80.00 元
36.《个体的社会》,[德]N. 埃利亚斯著,翟三江、陆兴华译 15.30 元
37.《传统的发明》,[英]E. 霍布斯鲍姆等著,顾杭、庞冠群译 68.00 元
38.《关于马基雅维里的思考》,[美]L. 施特劳斯著,申彤译 78.00 元
39.《追寻美德》,[美]A. 麦金太尔著,宋继杰译 68.00 元

第五批书目

40.《现实感》,[英]I. 伯林著,潘荣荣、林茂、魏钊凌译 78.00 元
41.《启蒙的时代》,[英]I. 伯林著,孙尚扬、杨深译 35.00 元
42.《元史学》,[美]H. 怀特著,陈新译 89.00 元
43.《意识形态与现代文化》,[英]J. B. 汤普森著,高铦等译 79.00 元
44.《美国大城市的死与生》,[加]J. 雅各布斯著,金衡山译 78.00 元
45.《社会理论和社会结构》,[美]R. K. 默顿著,唐少杰等译 128.00 元
46.《黑皮肤,白面具》,[法]F. 法农著,万冰译 58.00 元
47.《德国的历史观》,[美]G. 伊格尔斯著,彭刚、顾杭译 58.00 元
48.《全世界受苦的人》,[法]F. 法农著,万冰译 17.80 元
49.《知识分子的鸦片》,[法]R. 阿隆著,吕一民、顾杭译 59.00 元

第六批书目

50.《驯化君主》,[美]H. C. 曼斯菲尔德著,冯克利译 88.00 元
51.《黑格尔导读》,[法]A. 科耶夫著,姜志辉译 98.00 元
52.《象征交换与死亡》,[法]J. 波德里亚著,车槿山译 68.00 元
53.《自由及其背叛》,[英]I. 伯林著,赵国新译 48.00 元

54.《启蒙的三个批评者》,[英]I. 伯林著,马寅卯、郑想译　48.00元
55.《运动中的力量》,[美]S. 塔罗著,吴庆宏译　23.50元
56.《斗争的动力》,[美]D. 麦克亚当、S. 塔罗、C. 蒂利著,李义中等译　31.50元
57.《善的脆弱性》,[美]M. 纳斯鲍姆著,徐向东、陆萌译　55.00元
58.《弱者的武器》,[美]J. C. 斯科特著,郑广怀等译　82.00元
59.《图绘》,[美]S. 弗里德曼著,陈丽译　49.00元

第七批书目

60.《现代悲剧》,[英]R. 威廉斯著,丁尔苏译　45.00元
61.《论革命》,[美]H. 阿伦特著,陈周旺译　59.00元
62.《美国精神的封闭》,[美]A. 布卢姆著,战旭英译,冯克利校　89.00元
63.《浪漫主义的根源》,[英]I. 伯林著,吕梁等译　49.00元
64.《扭曲的人性之材》,[英]I. 伯林著,岳秀坤译　69.00元
65.《民族主义思想与殖民地世界》,[美]P. 查特吉著,范慕尤、杨曦译　18.00元
66.《现代性社会学》,[法]D. 马尔图切利著,姜志辉译　32.00元
67.《社会政治理论的重构》,[美]R. J. 伯恩斯坦著,黄瑞祺译　72.00元
68.《以色列与启示》,[美]E. 沃格林著,霍伟岸、叶颖译　128.00元
69.《城邦的世界》,[美]E. 沃格林著,陈周旺译　85.00元
70.《历史主义的兴起》,[德]F. 梅尼克著,陆月宏译　48.00元

第八批书目

71.《环境与历史》,[英]W. 贝纳特、P. 科茨著,包茂红译　25.00元
72.《人类与自然世界》,[英]K. 托马斯著,宋丽丽译　35.00元

73.《卢梭问题》,[德]E. 卡西勒著,王春华译 39.00 元

74.《男性气概》,[美]H. C. 曼斯菲尔德著,刘玮译 28.00 元

75.《战争与和平的权利》,[美]R. 塔克著,罗炯等译 25.00 元

76.《谁统治美国》,[美]W. 多姆霍夫著,吕鹏、闻翔译 35.00 元

77.《健康与社会》,[法]M. 德吕勒著,王鲲译 35.00 元

78.《读柏拉图》,[德]T. A. 斯勒扎克著,程炜译 68.00 元

79.《苏联的心灵》,[英]I. 伯林著,潘永强、刘北成译 59.00 元

80.《个人印象》,[英]I. 伯林著,覃学岚译 88.00 元

第九批书目

81.《技术与时间:2. 迷失方向》,[法]B. 斯蒂格勒著,赵和平、印螺译 59.00 元

82.《抗争政治》,[美]C. 蒂利、S. 塔罗著,李义中译 28.00 元

83.《亚当·斯密的政治学》,[英]D. 温奇著,褚平译 21.00 元

84.《怀旧的未来》,[美]S. 博伊姆著,杨德友译 85.00 元

85.《妇女在经济发展中的角色》,[丹]E. 博斯拉普著,陈慧平译 30.00 元

86.《风景与认同》,[美]W. J. 达比著,张箭飞、赵红英译 79.00 元

87.《过去与未来之间》,[美]H. 阿伦特著,王寅丽、张立立译 58.00 元

88.《大西洋的跨越》,[美]D. T. 罗杰斯著,吴万伟译 108.00 元

89.《资本主义的新精神》,[法]L. 博尔坦斯基、E. 希亚佩洛著,高铦译 58.00 元

90.《比较的幽灵》,[美]B. 安德森著,甘会斌译 79.00 元

第十批书目

91.《灾异手记》,[美]E. 科尔伯特著,何恬译 25.00 元

92.《技术与时间:3. 电影的时间与存在之痛的问题》,
[法]B. 斯蒂格勒著,方尔平译 65.00 元
93.《马克思主义与历史学》,[英]S. H. 里格比著,吴英译 78.00 元
94.《学做工》,[英]P. 威利斯著,秘舒、凌旻华译 68.00 元
95.《哲学与治术:1572—1651》,[美]R. 塔克著,韩潮译 45.00 元
96.《认同伦理学》,[美]K. A. 阿皮亚著,张容南译 45.00 元
97.《风景与记忆》,[英]S. 沙玛著,胡淑陈、冯樨译 78.00 元
98.《马基雅维里时刻》,[英]J. G. A. 波考克著,冯克利、傅乾译 108.00 元
99.《未完的对话》,[英]I. 伯林、[波]B. P. -塞古尔斯卡著,
杨德友译 65.00 元
100.《后殖民理性批判》,[印]G. C. 斯皮瓦克著,严蓓雯译 79.00 元

第十一批书目

101.《现代社会想象》,[加]C. 泰勒著,林曼红译 45.00 元
102.《柏拉图与亚里士多德》,[美]E. 沃格林著,刘曙辉译 78.00 元
103.《论个体主义》,[法]L. 迪蒙著,桂裕芳译 30.00 元
104.《根本恶》,[美]R. J. 伯恩斯坦著,王钦、朱康译 78.00 元
105.《这受难的国度》,[美]D. G. 福斯特著,孙宏哲、张聚国译 39.00 元
106.《公民的激情》,[美]S. 克劳斯著,谭安奎译 49.00 元
107.《美国生活中的同化》,[美]M. M. 戈登著,马戎译 58.00 元
108.《风景与权力》,[美]W. J. T. 米切尔著,杨丽、万信琼译 78.00 元
109.《第二人称观点》,[美]S. 达沃尔著,章晟译 69.00 元
110.《性的起源》,[英] F. 达伯霍瓦拉著,杨朗译 85.00 元

第十二批书目

111.《希腊民主的问题》,［法］J. 罗米伊著,高煜译 48.00 元
112.《论人权》,［英］J. 格里芬著,徐向东、刘明译 75.00 元
113.《柏拉图的伦理学》,［英］T. 埃尔文著,陈玮、刘玮译 118.00 元
114.《自由主义与荣誉》,［美］S. 克劳斯著,林垚译 62.00 元
115.《法国大革命的文化起源》,［法］R. 夏蒂埃著,洪庆明译 38.00 元
116.《对知识的恐惧》,［美］P. 博格西昂著,刘鹏博译 38.00 元
117.《修辞术的诞生》,［英］R. 沃迪著,何博超译 59.00 元
118.《历史表现中的真理、意义和指称》,［荷］F. 安克斯密特著,周建漳译 58.00 元
119.《天下时代》,［美］E. 沃格林著,叶颖译 78.00 元
120.《求索秩序》,［美］E. 沃格林著,徐志跃译 48.00 元

第十三批书目

121.《美德伦理学》,［新西兰］R. 赫斯特豪斯著,李义天译 68.00 元
122.《同情的启蒙》,［美］M. 弗雷泽著,胡靖译 48.00 元
123.《图绘暹罗》,［美］T. 威尼差恭著,袁剑译 76.00 元
124.《道德的演化》,［新西兰］R. 乔伊斯著,刘鹏博、黄素珍译 65.00 元
125.《大屠杀与集体记忆》,［美］P. 诺维克著,王志华译 78.00 元
126.《帝国之眼》,［美］M. L. 普拉特著,方杰、方宸译 68.00 元
127.《帝国之河》,［美］D. 沃斯特著,侯深译 76.00 元
128.《从道德到美德》,［美］M. 斯洛特著,周亮译 58.00 元
129.《源自动机的道德》,［美］M. 斯洛特著,韩辰锴译 58.00 元
130.《理解海德格尔:范式的转变》,［美］T. 希恩著,邓定译 89.00 元

第十四批书目

131.《城邦与灵魂:费拉里〈理想国〉论集》,[美]G. R. F. 费拉里著,刘玮编译 69.00 元
132.《人民主权与德国宪法危机》,[美]P. C. 考威尔著,曹晗蓉、虞维华译 58.00 元
133.《16 和 17 世纪英格兰大众信仰研究》,[英]K. 托马斯著,芮传明、梅剑华译 168.00 元
134.《民族认同》,[英]A. D. 史密斯著,王娟译 55.00 元
135.《世俗主义之乐:我们当下如何生活》,[英]G. 莱文编,赵元译 58.00 元
136.《休谟的人生智慧》,[英]J. 巴吉尼著,杨春丽译 68.00 元
137.《自由意志、能动性与生命的意义》,[美] D. 佩里布姆著,张可译 69.00 元
138.《自由与多元论:以赛亚·伯林思想研究》,[英]G. 克劳德著,应奇等译 58.00 元
139.《暴力:思无所限》,[美]R. J. 伯恩斯坦著,李元来译 59.00 元
140.《中心与边缘:宏观社会学论集》,[美]E. 希尔斯著,甘会斌、余昕译 88.00 元

第十五批书目

141.《自足的世俗社会》,[美]P. 朱克曼著,杨靖译 58.00 元
142.《历史与记忆》,[英]G. 丘比特著,王晨凤译 59.00 元
143.《媒体、国家与民族》,[英]P. 施莱辛格著,林玮译 68.00 元
144.《道德错误论:历史、批判、辩护》,

[瑞典]J. 奥尔松著,周奕李译　58.00 元

145.《废墟上的未来:联合国教科文组织、世界遗产与和平之梦》,[澳]L. 梅斯克尔著,王丹阳、胡牧译　88.00 元

146.《为历史而战》,[法]L. 费弗尔著,高煜译　98.00 元

147.《康德与现代政治哲学》,[英]K. 弗利克舒著,徐向东译　58.00 元

148.《我们中的我:承认理论研究》,[德]A. 霍耐特著,张曦、孙逸凡译　69.00 元

149.《人文学科与公共生活》,[美]P. 布鲁克斯、H. 杰维特编,余婉卉译　52.00 元

150.《美国生活中的反智主义》,[美]R. 霍夫施塔特著,何博超译　68.00 元

第十六批书目

151.《关怀伦理与移情》,[美]M. 斯洛特著,韩玉胜译　48.00 元

152.《形象与象征》,[罗]M. 伊利亚德著,沈珂译　48.00 元

153.《艾希曼审判》,[美]D. 利普斯塔特著,刘颖洁译　49.00 元

154.《现代主义观念论:黑格尔式变奏》,[美]R. B. 皮平著,郭东辉译(即出)

155.《文化绝望的政治:日耳曼意识形态崛起研究》,[美]F. R. 斯特恩著,杨靖译　98.00 元

156.《作为文化现实的未来:全球现状论集》,[印]A. 阿帕杜莱著,周云水、马建福译(即出)

157.《一种思想及其时代:以赛亚·伯林政治思想的发展》,[美]J. L. 彻尼斯著,寿天艺、宋文佳译　88.00 元

158.《人类的领土性:理论与历史》,[美]R. B. 萨克著,袁剑译(即出)

159.《理想的暴政：多元社会中的正义》，[美]G. 高斯著，范震亚译（即出）

160.《荒原：一部文化史》，[美]V. D. 帕尔玛著，梅雪芹等译 88.00元

第十七批书目

161.《浪漫派为什么重要》，[美]P. 盖伊著，王燕秋译 49.00元

162.《欧美思想中的自治》，[美]J. T. 克洛彭伯格著，褚平译（即出）

163.《冲突中的族群》，[美]D. 霍洛维茨著，魏英杰、段海燕译（即出）

164.《八个欧洲中心主义历史学家》，[美]J. M. 布劳特著，杨卫东译（即出）

165.《记忆之地，悼念之地》，[美]J. 温特著，王红利译（即出）

166.《20世纪的战争与纪念》，[美]J. 温特著，吴霞译（即出）

167.《病态社会》，[美]R. B. 埃杰顿著，杨靖、杨依依译（即出）

168.《种族与文化的少数群体》，[美]G. E. 辛普森、J. M. 英格尔著，马戎、王凡妹等译（即出）

169.《美国城市新主张》，R. H. 普拉特著，周允程译（即出）

170.《五种官能》，[法]M. 塞尔著，徐明译（即出）